Phot. Elvira München

Prof. E. Grueber

Einführung in die Rechtswissenschaft

Eine juristische Enzyklopädie und Methodologie
mit Einschluß der

Grundzüge des bürgerlichen Rechts

von

Dr. jur. B. Erwin Grueber
Professor der Rechte an der Universität München

Siebente, neu durchgearbeitete Auflage

München, Berlin und Leipzig
J. Schweitzer Verlag (Arthur Sellier)
1928

Printed in Germany

Druck von Dr. F. P. Datterer & Cie., Freising-München

Der deutschen
die Rechte studierenden Jugend,
der deutschen
akademischen Studentenschaft
zum Besten
des deutschen Vaterlandes
gewidmet!

Vorwort.

Vielfach geäußerten Wünschen entsprechend, erscheint hiermit meine Einführung in die Rechtswissenschaft, bisher ein Teil von Birkmeyers Enzyklopädie der Rechtswissenschaft, in erweiterter Form als selbständiges Buch. Mag das Werk vielleicht einem auch in nicht juristischen Kreisen empfundenen Verlangen nach allgemeiner Rechtsbelehrung entgegenkommen, mag es vielleicht den Bedürfnissen jener entsprechen, deren Beruf ein gewisses Maß von Rechtskenntnis erfordert; — gedacht und geschrieben ist es für den Studierenden der Rechte. Ihm soll es eine klare Einsicht in die Grundbegriffe und den Hauptinhalt der Rechtsdisziplinen bieten, um ihn dadurch zu einem erfolgreichen Rechtsstudium zu befähigen.

München, im Dezember 1907.

Vorwort zur dritten Auflage.

Meine der neuen Auflage gewidmeten Arbeiten sind durch den plötzlichen Tod des einzigen blühenden Kindes infolge eines Unglücksfalles in den Alpen jählings unterbrochen worden. Möchte sich die Einwirkung dieses Schicksalsschlages dem Leser nicht allzu fühlbar machen!

Kochel (Oberbayern), 7. Oktober 1912.

Vorwort zur siebenten Auflage.

Die Aufgabe meiner Einführung hat seit dem Weltkriege tiefgreifende Erweiterungen erfahren. Die Notwendigkeit, den Kriegsteilnehmern ohne wesentlichen Zeitverlust zur Wiederaufnahme des unterbrochenen Studiums, insbesondere des bürgerlichen Rechts zu verhelfen, hat mich veranlaßt, für sie im Anschlusse an die allgemein gehaltenen Ausführungen meines Lehrbuches die für das Verständnis der einzelnen Lehren grundbegrifflich und praktisch wichtigsten Stellen des Bürgerlichen

Gesetzbuches zusammenzustellen und jeweils vorbereitendem Studium anzuempfehlen. Auf dieser Grundlage sind konversatorische Vorlesungen entstanden, die man zutreffend Grundzüge des bürgerlichen Rechts nennen kann. Die Verweisungen auf die Gesetzesstellen sind dann in Gestalt von 84 Anmerkungen der vierten und der fünften Auflage eingefügt worden; beide Auflagen waren auf dem Titelblatt zugleich ausdrücklich „zur Wiedereinführung der Kriegsteilnehmer in das Rechtsstudium, insbesondere das Bürgerliche Gesetzbuch" bestimmt. Da nun durch diese zwei Auflagen der Zweck, die Kriegsteilnehmer in tunlichst kurzer Zeit in das durch den Krieg entschwundene Wissen wieder einzuführen, erreicht war, wurde der Zusatz in der sechsten und der gegenwärtigen siebenten Auflage wieder weggelassen. Selbstverständlich aber will das Buch nach wie vor neben der allgemeinen Einführung in das gesamte Gebiet der Rechtswissenschaft einen Grundriß für die Vorlesung über die Grundzüge des bürgerlichen Rechts darbieten und damit für eine Vorlesung, die nach dem Urteil der deutschen Juristenfakultäten eine geeignete Vorbereitung für die Vorlesungen über das deutsche bürgerliche Recht ist. Seine besondere Bedeutung erblickt das Buch darin, daß es den Dozenten veranlassen will, die Anfänger durch entsprechende Anregung ihres Rechtsbewußtseins anzuleiten, die einfachsten Rechtsfragen des täglichen Lebens sachgemäß zu entscheiden und sie so zu befähigen, auf Grund selbsterarbeiteter Rechtsüberzeugung zum vollen Verständnis der einschlägigen Grundbestimmungen unserer Rechtsordnung zu gelangen. Eine solche durch eigene geistige Tätigkeit gewonnene Rechtserkenntnis ist, wie von hervorragender pädagogischer Seite — im Einklang mit nicht minder gewichtigen Ausführungen rechtsphilosophisch-ethischer Natur — betont wird, von größter Bedeutung nicht nur für den angehenden Juristen, sondern auch für die staatsbürgerliche Erziehung unseres ganzen Volkes und deshalb auch für die gesamte deutsche akademische Studentenschaft, die vor allem berufen ist, leitend und führend an dem Wiederaufbau des deutschen Vaterlandes mitzuarbeiten. Von dieser Überzeugung geleitet, will meine Einführung in ihrer gegenwärtigen Gestalt den angehenden Juristen wie allen anderen Studierenden, die den Fragen staatsbürgerlicher Erziehung ein Interesse entgegenbringen, darbieten: einmal einen Überblick über die alt überlieferten Bestandteile unserer Rechtsordnung in ihrer gegenwärtig geltenden Gestalt, mit Einschluß der tiefgreifenden Änderungen, welche insbesondere das Zivilprozeßrecht, das Strafprozeßrecht und das evangelische Kirchenrecht durch die Gesetzgebung der letzten Jahre erfahren haben. Sodann will die Einführung einen zureichenden Einblick in die Rechtsbildungen gewähren, die in den sozialen Nöten unserer Zeit ihren Grund haben, so in das Arbeitsrecht, das gesamte Sozialversicherungsrecht mit Einschluß der Angestellten-, der Knappschafts- und der Arbeitslosenversicherung, sowie in das umfassende Wohlfahrtsrecht, das Fürsorgerecht und das Jugendwohlfahrtsrecht.

Aus Anlaß der Vollendung dieses Werkes spreche ich meinem alten Schüler, Herrn Referendar Richard Thorsen in München, den wärmsten Dank aus für die andauernde und sachverständige Hingabe, mit der er meine auf Herstellung der siebenten Auflage gerichteten Arbeiten von Anfang an unterstützt und gefördert hat.

Ich gedenke zugleich dankbarst der Kollegen, die in alter und in neuer Zeit ihr Interesse an meinen der Einführung in die Rechtswissenschaft gewidmeten Bestrebungen durch Wort und Tat bekundet haben. Ebenso gedenke ich in herzlicher Dankbarkeit auch der Kommilitonen, welche mich in der Bearbeitung früherer Auflagen wirksam unterstützt haben. Endlich und vor allem fühle ich mich zum tiefsten Danke verpflichtet der Studentenschaft für den Rückhalt, den sie meinen Bestrebungen im Wechsel der Generationen und der Zeiten immer treu und unwandelbar geboten hat. So widme ich denn dieses Buch mit dem tiefen und innigen Wunsche, es möge dazu beitragen, die Einigung des deutschen Volkes im Geiste des Rechtes herbeizuführen, der deutschen, die Rechte studierenden Jugend, der deutschen akademischen Studentenschaft zum Besten des deutschen Vaterlandes.

München, 20. März 1928.

Erwin Grueber.

Inhaltsverzeichnis.

Berichtigung und Zusätze.

S. 103, Z. 11 von unten lies „Haftpflichtgesetzgebung“ statt: Haftpflichtversicherung.

In Ergänzung der Literaturangaben auf S. 3 Anm. *) ist noch zu nennen die erst nach erfolgter Drucklegung erschienene Einführung in die Rechtswissenschaft von F. Giese, Berlin 1928.

Zu S. 87 ist nachzutragen, daß die Verordnung über Tarifverträge vom 23. Dezember 1918 am 1. März 1928 in einer neuen Fassung bekannt gemacht worden ist (vgl. RGBl. 1928 I S. 47).

Vorbemerkung.

Über die Aufgabe einer Einführung in die Rechtswissenschaft.

Gegenstand.

I. Die Verordnungen der deutschen Bundesstaaten haben übereinstimmend vorgeschrieben, daß der Studiengang mit einer Vorlesung beginnen solle, welche als „Einführung in die Rechtswissenschaft" bezeichnet wird. Der Natur der Sache nach wird sich die Vorlesung auf folgende Punkte beziehen müssen.

Grundbegriffe des Rechts.

1. Soll der Studierende die einzelnen Disziplinen der Rechtswissenschaft zu erfassen befähigt sein, so muß er vor allem mit den Begriffen, welche für jede Disziplin grundlegende Bedeutung haben und daher ihnen allein gemeinsam sind, vertraut gemacht werden. Demgemäß wird das erste Kapitel die Grundbegriffe des Rechts, also das Recht und die vom Rechte normierten Verhältnisse, die Rechtsverhältnisse, zu erörtern haben (sogenannte „allgemeine Rechtslehre").

Gliederung des Rechts.

2. Es ist geboten, dem Studierenden eine Vorstellung vom Inhalt des Rechts in seinen einzelnen Teilen zu bieten. Da nun der Inhalt der Rechtsvorschriften abhängig ist von der Verschiedenheit der dadurch normierten Lebensverhältnisse, so wird auf Grundlage dieser Verschiedenheit in einem zweiten, der Gliederung des Rechts gewidmeten Kapitel in den Grundzügen der Inhalt der einzelnen Rechtsgebiete — des Privatrechts, des Staats-, Straf- und Prozeßrechts, sowie des Kirchen- und Völkerrechts — und ihr gegenseitiges Verhältnis zueinander darzulegen sein.

Rechtserkenntnis und

3. Vertraut gemacht mit dem, was Gegenstand der Kenntnis sein soll, fragen wir drittens, wie das Recht wissenschaftlich

Disziplinen. erkannt wird. Wie sich später zeigen wird, sucht die auf Erkenntnis des Rechts gerichtete Tätigkeit als Exegese und dogmatisch-systematische Forschung den Inhalt, als geschichtliche und philosophische Forschung den Werdegang bzw. die allgemeinen Grundlagen der Rechtsordnung zu ermitteln und festzustellen. Da nun diese verschiedenen Arten der Rechtserkenntnis in Verbindung mit der Verschiedenheit der einzelnen Rechtsgebiete im Laufe der Zeit zur Ausbildung der Rechtsdisziplinen geführt haben, welche heutzutage Gegenstand unseres akademischen Unterrichts sind, so wird das dritte Kapitel von der Rechtserkenntnis und den einzelnen Disziplinen des akademischen Unterrichts zu handeln haben.

Methodologie des Rechtsstudiums. 4. Die Grundbegriffe des Rechts, der Überblick über Inhalt und Gliederung des Rechtsgebietes, die Erkenntnis der Aufgaben der Rechtswissenschaft und der einzelnen juristischen Disziplinen bieten dem Studierenden in übersichtlicher Zusammenfassung (als Rechtsenzyklopädie) das gesamte propädeutische Wissen, dessen er für die weitere Verfolgung seiner Studien bedarf. Da aber ein erfolgreiches Studium ein bestimmtes zweckdienliches Verhalten in Anteilnahme an Vorlesungen und Übungen, insbesondere auch Einhaltung einer bestimmten Reihenfolge der Vorlesungen erfordert, so ist es dringend veranlaßt, in einem vierten, der Methodologie des Rechtsstudiums gewidmeten Kapitel die Ratschläge darzulegen, welche der Studierende zu befolgen hat, um sein großes Ziel in wirksamster Weise, ohne Überbürdung, innerhalb der ihm gesetzten Frist zu erreichen.

Geschichtliche Gestaltung des deutschen Rechts. Wenn wir bisher vom Rechte im allgemeinen gesprochen haben, so haben wir doch ein bestimmtes Recht, das im Deutschen Reiche geltende Recht, im Auge gehabt. Unsere Einführung muß daher im einzelnen auf den Zustand dieses Rechts Bezug nehmen, und da dieser Zustand wiederum ohne Bezugnahme auf die geschichtliche Entwicklung nicht verstanden werden kann — wie sollte jemand die Geltung des römischen Rechts in Deutschland verstehen, ohne den Vorgang der Aufnahme desselben zu kennen? —, muß die geschichtliche Gestaltung des in Deutschland geltenden Rechts in den wichtigsten Entwicklungsmomenten kurz veranschaulicht werden. Sie wird zweckmäßigerweise als Einleitung, und zwar in durchaus gemeinverständlicher Darstellung, den ihrem Inhalte nach bestimmten vier Kapiteln voranzustellen sein. Dadurch wird zugleich das Interesse und Verständnis für die rechtsgeschichtlichen Vorlesungen (über deutsches und römisches Recht) geweckt, während die nachfolgende Darstellung vor allem einer gründlichen Aneignung der Disziplinen des geltenden Rechts die Wege ebnen soll*).

II. **Grundzüge des bürgerlichen Rechts.** Eine Vorlesung, welche den vorstehenden Anforderungen entspricht, ist zweifellos geeignet, in die gesamte Rechtswissenschaft einzuführen und somit auch die Vorbereitung für jede einzelne Disziplin zu bieten. Gleichwohl ist der Vorbereitung auf die Vorlesungen über bürgerliches Recht noch eine zweite Vorlesung gewidmet, die neuer- Grundzüge des bürgerl. Rechts.

*) Nach den gegebenen Darlegungen ist der Einführung in die Rechtswissenschaft eine Aufgabe gestellt, welcher, in größerer oder geringerer Vollständigkeit, die bisherigen Vorlesungen über juristische Enzyklopädie und Methodologie zu entsprechen suchten. Siehe die folgenden (hinfort nur mit dem Namen der Verfasser zitierten), im einzelnen freilich sehr verschieden gestalteten Lehrbücher. L. Arndts von Arnesberg, Juristische Enzyklopädie und Methodologie, 11. Aufl., besorgt von E. Grueber, Stuttgart 1908; K. Gareis-Wenger, Enzyklopädie und Methodologie der Rechtswissenschaft, Gießen 1887, 5. Aufl. 1921; A. Merkel, Juristische Enzyklopädie, Berlin und Leipzig 1885, 7. Aufl., Berlin 1922; J. Kohler, Einführung in die Rechtswissenschaft, 5. Aufl., Leipzig 1919; J. W. Hedemann, Einführung in die Rechtswissenschaft, Berlin und Leipzig 1919, 2. Aufl. 1927; O. Fischer, Einführung in die Wissenschaft von Recht und Staat, München 1920; G. Radbruch, Einführung in die Rechtswissenschaft, 5. u. 6. Aufl., Leipzig 1925; Richard Schmidt, Einführung in die Rechtswissenschaft, 2. Aufl. Leipzig 1923, sowie die Literatur bei Arndts, § 8, S. 7 ff. (Außerdem werden nachstehend, zugleich zur Verweisung auf die darin angegebene Literatur, hauptsächlich nur die größeren Rechtsenzyklopädien und die üblichen Lehrbücher angeführt.) Wesentlich dieselbe Stellung, welche hier der Einführung in die Rechtswissenschaft, ist im englisch-amerikanischen Rechtsunterricht den Vorlesungen über „the elements of Jurisprudence" zugewiesen (darüber E. Gruebers Besprechung des unter diesem Titel erschienenen, jetzt in 12. Aufl., Oxford 1916, vorliegenden Lehrbuches von T. E. Holland in der Münchener krit. Vierteljahresschrift, Bd. VII, N. F. S. 181 ff.). Auf anderer Auffassung beruhen die anschaulichen, zur Einführung des Anfängers in das bürgerliche Recht vortrefflich geeigneten „Institutionen des bürgerlichen Gesetzbuches" von P. Krückmann, 4. Aufl. Leipzig 1912. Vgl. Archiv für bürgerliches Recht, Bd. 19, S. 1—37, sowie nunmehr die „Einführung in das Recht", Tübingen 1912, von demselben Verfasser, welche das in den gerichtlichen Entscheidungen hervortretende Recht zur Grundlage des Anfängerunterrichts macht. — G. Freih. v. Stengel, Rechtsenzyklopädie zum Gebrauche für Forstmänner, München 1900.

dings als System des römischen Privatrechts bezeichnet wird, im wesentlichen aber nichts ist als die uralte Vorlesung über Institutionen des römischen Rechts, wenn sie auch in jüngster Zeit mehr dem Zweck der Einführung in das bürgerliche Recht angepaßt worden ist. Das ist insoweit berechtigt, als die Institutionen ihrem Umfange nach — im Gegensatz zu dem kurzen Überblick, den die enzyklopädische Einführung zu gewähren pflegt — eine zureichende Vorbereitung auf das bürgerliche Recht zu bieten vermögen. Dagegen wird seit Jahrzehnten m. E. mit Recht betont, es sei geradezu zweckwidrig, unseren Studierenden das Verständnis für das moderne deutsche bürgerliche Recht durch ein ihnen fern liegendes, nur schwer verständliches Recht des Altertums erschließen zu wollen; dem Zwecke der Vorbereitung dürften fernerhin nicht Institutionen des römischen Rechts, sondern müßten Grundzüge oder Institutionen des deutschen bürgerlichen Rechts dienen. Außerdem sollten, schon um unnütze Wiederholungen zu vermeiden, den gleichen Zweck nicht zwei vorbereitende Vorlesungen anstreben. Eine einzige, einheitlich gestaltete Einführung muß, so wird gleichfalls mit vollem Recht behauptet, für Vorbereitung auf alle juristischen Disziplinen genügen.

Im Hinblick auf diese Verschiedenheit der Meinungen, die auch in den neuen Studienanweisungen an die Rechtsstudierenden Ausdruck gefunden haben, ist es geboten, an dem überlieferten Charakter des Lehrbuches festzuhalten. Als enzyklopädische Einführung in die Rechtswissenschaft will das Buch allen Studierenden dienen, mögen sie das Studium des bürgerlichen Rechts auf vorbereitende Vorlesungen über das römische Privatrecht gründen wollen oder nicht. Den Wünschen jener Studierenden dagegen, welche vor den Vorlesungen über bürgerliches Recht Vorlesungen über die Grundzüge des bürgerlichen Rechts hören wollen, wird dadurch entsprochen, daß im Anschlusse an die allgemein gehaltenen Ausführungen über das bürgerliche Recht im Lehrbuche — getrennt vom Texte — in 84 Anmerkungen (unter den Ziffern 1 bis 84) die einschlägigen grundbegrifflich und praktisch wichtigsten Stellen des Bürgerlichen Gesetzbuches angeführt werden, die in ihrer Zusammenfassung zur Aufstellung der einzelnen Grundlehren führen und schließlich zur Darstellung des Systems der Grundlehren des bürgerlichen Rechts, der sog.

Grundzüge des deutschen bürgerlichen Rechts. Die Anmerkungen im Zusammenhang mit den leitenden Gedanken des Textes bilden somit einen Grundriß, der dem Dozenten zu eigener freier Ausgestaltung seiner Vorlesung über die Grundzüge des bürgerlichen Rechts geboten wird, während er den Hörer zur Vorbereitung auf die grundlegenden Gesetzesstellen und ihre Einordnung in den Zusammenhang der Darstellung anregen soll*). Nicht selten werden die Grundzüge aus den Zusammenhängen der Einführung ergänzt werden müssen; jedenfalls sollen die rechtsgeschichtlichen Ausführungen dem Leser alle Information darbieten, die für ein klares und zureichendes Verständnis der Disziplinen des geltenden Rechts erforderlich ist. Besondere rechtsgeschichtliche Vorlesungen sind dazu nicht nötig; sie werden zweckmäßig in späteren Semestern gehört, in welchen der Student, vertraut mit dem positiven Recht, auch dessen Entwicklung zu verstehen vermag.

Wenn hiernach die Einführung mit Einschluß der Grundzüge die Vorbereitung für sämtliche juristische Disziplinen bietet, also allen anderen Vorlesungen vorangehen muß, so muß sie im ersten Semester gehört werden und zwar eigentlich als einzige juristische Vorlesung. Indessen ist es Tatsache, daß die Studierenden — wohl um ihr Studium rechtzeitig abzuschließen — schon im ersten Semester neben der Einführung den Allgemeinen Teil des Bürgerlichen Rechts hören und das empfiehlt sich durchaus, wenn sie die Ausführungen der Einführungsvorlesung über die Grundbegriffe des Rechtes, die zeitlich den inhaltlich entsprechenden Vorlesungen des Allgemeinen Teils vorangehen, fortgesetzt nach gehörter Vorlesung gründlich durcharbeiten. Außer diesen juristischen Vorlesungen wird als grundlegende Vorlesung für das ganze Gebiet der Staatswissenschaften sehr zweckmäßig die Allgemeine Volkswirtschaftslehre im ersten Semester gehört. — Diese drei Vorlesungen — denen sich als weniger juristische aber für den Juristen sehr anregende Vorlesung die über Allgemeine

*) Der Erklärung, Ergänzung und Vertiefung lediglich innerhalb des Rahmens der Einführung dienen die der Darstellung der einzelnen Rechtsgebiete: Versicherungs- und Wohlfahrtsrecht, Staats-, Straf- und Prozeßrecht eingefügten Zitate einschlägiger Gesetzesstellen.

Staatslehre und Politik anschließen könnte — würden zumal in Verbindung mit Anfängerübungen (darüber Ziff. III) die Arbeitskraft des Studierenden zur Genüge in Anspruch nehmen. Wenn aber die eine oder andere dieser Vorlesungen nicht gehalten wird oder nicht gehört werden kann oder der Studierende noch andere Vorlesungen hören will, so bieten sich ihm einer langjährigen Tradition entsprechend für das erste Studienjahr die rechtsgeschichtlichen Vorlesungen zur Ergänzung dar, von denen die über römische Rechtsgeschichte, das System des römischen Privatrechts und die deutsche Rechtsgeschichte schon im ersten Semester gehört werden können, während die gleichfalls rechtsgeschichtliche Vorlesung über Grundzüge des deutschen Privatrechts nicht vor dem zweiten Semester gehört werden sollte*).

III. **Die praktischen Übungen für Anfänger.** Die Vorlesungen über die Einführung in die Rechtswissenschaft und die Grundzüge des bürgerlichen Rechtes erhalten — nach der Erfahrung des Verfassers — eine sehr wirksame Unterstützung und Förderung durch Übungen, in welchen der Dozent die Anfänger anleitet durch eigene geistige Tätigkeit die Vorgänge des täglichen Lebens in ihrer juristischen Bedeutung zu erfassen, um ihnen dadurch zu einem klaren Verständnis der einschlägigen Grundbegriffe und Grundbestimmungen unserer Rechtsordnung zu verhelfen. Zur Veranschaulichung des Vorgehens dürfte etwa ein Beispiel wie das folgende der Besprechung zugrunde gelegt werden: „Ein Student erblickt auf einer Gebirgswanderung bei einem Holzschnitzer einen von diesem hergestellten Spazierstock mit einem schön geschnitzten Handgriff, der offenbar sein Gefallen erweckt; der Holzschnitzer bietet ihm den Stock für 15 Mark an und der Student nimmt das Angebot an". — Bei entsprechender Fragestellung des Dozenten werden die Teilnehmer von selbst, einhellig, zu folgenden Feststellungen gelangen, 1) daß die Annahme des Studenten rechtliche Wirkungen

*) Die Vorlesungen über Staatsrecht, Strafrecht, Völker- und Kirchenrecht, obgleich sie eine eingehendere Kenntnis des bürgerlichen Rechts nicht voraussetzen, können doch ohne das Wissen und die Schulung, welche die Einführung und die Grundzüge nebst den Übungen (s. Ziff. III) bieten, nicht gehörig verstanden werden und sollten daher nicht vor dem zweiten Semester gehört werden.

hat und daher eine juristische Tatsache und zwar eine Willenserklärung ist, 2) daß die Willenserklärung als Annahme eines Angebotes ein Rechtsgeschäft begründet, 3) daß dieses Rechtsgeschäft, weil es aus zwei (übereinstimmenden) Willenserklärungen besteht, ein zweiseitiges Rechtsgeschäft oder Vertrag ist, 4) daß dieser Vertrag zu Leistungen verpflichtet, also ein Schuldvertrag ist und 5) daß er, weil er beide Teile gegenseitig zu Leistungen verpflichtet, ein zweiseitiger oder gegenseitiger Schuldvertrag ist, der als Kaufvertrag den Holzschnitzer zur Übergabe des Stockes, den Studenten zur Zahlung von 15 Mark verpflichtet. — Wenn darauf der Dozent das Rechtsbewußtsein der Teilnehmer anregt durch die an sie gerichtete Frage, ob mit dem Abschluß des Kaufvertrages das Eigentum an dem verkauften Stocke sofort auf den Käufer übergeht (unabhängig von der Übergabe des Stockes), so werden sie nachdrücklich und einstimmig (soweit nicht der eine oder andere das positiv geltende Recht kennt) die Frage bejahen und werden überrascht sein zu hören, daß der Kaufvertrag nach unserem bürgerlichen Rechte — im Gegensatz zum französischen, englisch-amerikanischen und russischen Rechte — lediglich obligatorische Wirkungen hat, den Verkäufer also nur verpflichtet dem Käufer durch ein nachfolgendes vom Kaufvertrag getrenntes Geschäft, die Tradition, das Eigentum an der verkauften Sache zu verschaffen. Die Teilnehmer werden freilich zugeben, daß diese Regelung den Eigentumsübergang sinnfällig erkennbar macht und damit der Rechtssicherheit dient, sie werden aber auch nicht verkennen, daß der Käufer in seiner berechtigten Erwartung auf Erlangung der Sache enttäuscht werden kann, wenn die ihm verkaufte, aber noch nicht übergebene Sache hinterher vom Verkäufer einem Dritten zu Eigentum übertragen wird. (Bürgerliches Gesetzbuch — BGB. — § 433 Abs. 1 Satz 1 mit § 929 Satz 1). — Lenkt sodann der Dozent die Aufmerksamkeit auf den zu zahlenden Preis, so werden die Teilnehmer auf Grund eigener Lebenserfahrung alle bekunden, daß der Verkäufer gewöhnlich die Höhe des Preises bestimmt, der Käufer selbstverständlich zustimmen muß, der Kaufpreis also auf Vereinbarung beruht und der Käufer — in unserem Beispiel der Student — „den vereinbarten Kaufpreis zu zahlen" hat, geradeso wie das Bürgerliche Gesetzbuch ausdrücklich vorschreibt (BGB. § 433

Abs. 2). Es kommt aber häufig vor, daß eine Sache ohne Preisbestimmung verkauft wird. Nehmen wir in unserem Falle an, der Holzschnitzer habe den Stock an den ihm bekannten Studenten verkauft ohne einen Preis zu vereinbaren, so werden die Teilnehmer der Übung die Meinung aussprechen, daß es dem Holzschnitzer, also dem Verkäufer, der den Wert der von ihm hergestellten Sache genau kennt, zusteht, die Höhe des Preises zu bestimmen, sie werden aber betonen, daß diese Bestimmung, weil sie ja den Käufer zur Zahlung verpflichten soll, nach billigem Ermessen getroffen werden muß, sonst könne sie für den Käufer nicht verbindlich sein. Auch diese dem Rechtsbewußtsein der Teilnehmer entsprechende Auffassung stimmt völlig überein mit dem Grundsatz, den das Bürgerliche Gesetzbuch allgemein für alle gegenseitigen Verträge (Kauf, Tausch, Miete, Pacht, Dienst- und Werkvertrag) ausspricht, daß in Ermangelung einer Bestimmung über den Umfang der für eine Leistung versprochenen Gegenleistung die Bestimmung demjenigen Teile zusteht, der die Gegenleistung zu fordern hat und daß dieser Teil die Bestimmung nach billigem Ermessen treffen muß. Somit hat bei einem Kauf der Verkäufer, der den Preis für die verkaufte Sache zu fordern hat, den Umfang der Gegenleistung, das ist die Höhe des Preises zu bestimmen und zwar nach billigem Ermessen (BGB. § 316 mit § 315). Dagegen enthält das Bürgerliche Gesetzbuch nichts darüber, unter welchen sachlichen Voraussetzungen die Gegenleistung billigem Ermessen entspricht. Die Teilnehmer der Übung aber werden, wenn der Dozent sie veranlaßt, anzunehmen, daß der Holzschnitzer für den Stock zwei Mark gezahlt hat und seine Arbeit zehn Mark wert war, sofort darüber einverstanden sein, daß der Preis nur dann billigem Ermessen entspricht, wenn er dem Verkäufer die gemachten Aufwendungen (von 12 Mark) für Material und Arbeit, die sog. Produktionskosten, vollständig ersetzt. Ebenso werden die Teilnehmer es als selbstverständlich betrachten, daß auch in den anderen gegenseitigen Schuldverträgen der Umfang der Gegenleistung, um billigem Ermessen zu entsprechen, die Aufwendung für Bewirkung der Leistung decken muß. — Diese Besprechung eines einfachen Kaufes will zugleich methodisch und sachlich vorbereiten für die nachfolgenden Besprechungen über die anderen juristischen Vorgänge des täglichen Lebens, um den Teilnehmern das Verständnis der einschlägigen

Grundbestimmungen unseres bürgerlichen Rechtes zu erschließen. — An diese Besprechungen wird sich, auch in Anlehnung an die fortschreitende Vorlesung über die Einführung in die Rechtswissenschaft und die Grundzüge des bürgerlichen Rechtes, die Bearbeitung und Entscheidung einfacher Rechtsfälle anschließen, welche die Rechtserkenntnis des Anfängers nicht nur vertiefen, sondern ihn zugleich in die dem Juristen unentbehrliche Kunst der Rechtsanwendung einführen wird, d. h. die Kunst den einzelnen Fall sachgemäß und rasch zu entscheiden. — Endlich ist es selbstverständlich, daß die Übungen nicht ausschließlich das bürgerliche Recht betreffen müssen; der Dozent wird durch konversatorische Erörterung wichtiger Gesetzesstellen auch die Erkenntnis des öffentlichen Rechtes, namentlich des Staats-, Straf- und Prozeßrechtes wesentlich fördern können.

Es leuchtet ein, daß eine Einführung in die Rechtswissenschaft, die in Fühlung mit der Auffassung und dem Rechtsbewußtsein der Anfänger eine zureichende Grundlegung für das ganze Rechtsgebiet und alle juristischen Disziplinen erstrebt, dieses Ziel bei entsprechender Mitarbeit der Teilnehmer auch erreichen kann und es um so wirksamer erreichen wird, wenn das erlangte Wissen zugleich auf der unverlierbaren Grundlage selbsterarbeiteter Rechtsüberzeugung beruht. Ob und inwieweit der Studierende dieses Ziel erreicht, darüber kann ihn die Beteiligung an den Übungen über die Einführung fortlaufend unterrichten, abschließend und zusammenfassend das Ergebnis einer (nicht selten) am Schluß des Semesters angefertigten Klausurarbeit. Jedenfalls aber wird eine gründliche und andauernde — auf Durcharbeitung der Einführungsvorlesung beruhende — Beteiligung an diesen Anfängerübungen dem Studierenden es ermöglichen, im folgenden Semester mit vollem Verständnis und Erfolge die juristischen Vorlesungen zu hören, die in einem besonderen Sinne grundlegend für das weitere Studium sind und das ist der Allgemeine Teil des Bürgerlichen Rechts als Grundlage für das Obligationen-, Sachen-, Familien- und Erbrecht, für das Handels- und Wechselrecht und für das Zivilprozeßrecht, das Strafrecht, als Grundlage für das Strafprozeßrecht und das Staatsrecht, als Grundlage für das Verwaltungsrecht und (zu einem erheblichen Teile) für das Völker- und Kirchenrecht. Der Studierende wird also im zweiten

Semester den Allgemeinen Teil des Bürgerlichen Rechts hören, wenn er ihn nicht schon im ersten Semester gehört hat, selbstverständlich die Vorlesungen über das Strafrecht, auch die über das Staatsrecht, wenn die Besorgnis einer Überbürdung nicht Verlegung in das dritte Semester empfiehlt. Im Hinblick auf die überragende Bedeutung dieser drei Disziplinen erachten die deutschen Studien- und Prüfungsordnungen die Beteiligung an Übungen über bürgerliches Recht, und zwar schon für Anfänger, sowie an strafrechtlichen und staatsrechtlichen Übungen als unerläßliche Voraussetzung eines gedeihlichen Studiums. Der Studierende wird daher gut tun, sich an diesen Übungen mit allem Ernste und sobald als möglich zu beteiligen. Eine solche Beteiligung kann ihn schon in der Mitte seiner Studienzeit — etwa mit Abschluß des dritten Semesters — mit der beglückenden und beruhigenden Zuversicht erfüllen, daß er sein Studium mit Erfolg fortsetzen und abschließen kann und daß er so dereinst seinem Lebensberufe gewachsen sein wird.

Auch neben den Vorlesungen über Allgemeine Volkswirtschaftslehre werden in jüngster Zeit einführende volkswirtschaftliche Übungen gehalten, die berufen sind, auf dem Gebiete der Staatswissenschaften in ähnlicher Weise propädeutisch zu wirken wie die juristischen Anfängerübungen des ersten Semesters, die sich schon jetzt in einer Reihe von Universitäten als Teil des regelmäßigen Unterrichtsbetriebes eingebürgert haben*).

*) Siehe zu Ziff. II u. III überhaupt 4. Kap. §§ 1 ff, vgl 3. Kap. § 2.

Einleitung.

Überblick über die geschichtliche Gestaltung des in Deutschland geltenden Rechts*).

§ 1. Das deutsche Recht bis zum Ausgang des Mittelalters.

I. Bei ihrem Eintritte in die Geschichte treten uns die Deutschen nicht als einheitliches Volk entgegen, sondern als eine Vielheit selbständiger Völkerschaften, welche, aus einer Vereinigung von Sippen hervorgegangen, in der Sippe deutlich den Zusammenhang mit der Familie als den Ausgangspunkt alles menschlichen Gemeinlebens erkennen lassen. Die Sippe (gens) selbst ist ihrerseits nichts anderes als der Inbegriff der durch gemeinsame Abstammung miteinander verbundenen Einzelfamilien. Sie ist zugleich ein überaus wichtiges Gemeinwesen, in welchem der Einzelne seine Daseinsbedingungen findet. Der Sippe steht Älteste Zeit.

*) Arndts, §§ 99—152; Gareis, § 16, S. 73—77; Hedemann, §§ 17—21; Fischer, S. 195—217; Schmidt, § 6 II u III; ferner (grundlegend) Brunner, Grundzüge der deutschen Rechtsgeschichte, 7. Auflage besorgt von E. Heymann, München 1922, sowie Brunner, Quellen und Geschichte des deutschen Rechts, in Fr. v. Holtzendorffs Enzyklopädie der Rechtswissenschaft, Bd. I, 5. Aufl., Leipzig 1890, jetzt in 7. Aufl., neu bearbeitet, herausgegeben von J. Kohler, Berlin 1913/1915, Bd. I, S. 171—287; Gierke, Deutsches Privatrecht, Leipzig 1895, Bd. I, S. 3—25; K. v. Amira, Grundriß des germanischen Rechts, 3. Aufl., Straßburg 1913; H. O. Lehmann, Deutsche Rechtsgeschichte und Grundzüge des deutschen Privatrechts, in Birkmeyers Enzykl., 2. Aufl., Berlin 1904, S. 185; Cosack, Lehrbuch des deutschen bürgerlichen Rechts, 7. Aufl., Jena 1922/24, Bd. I, §§ 3—7; Crome, System des deutschen bürgerlichen Rechts, Tübingen und Leipzig 1900—1912, Bd. I, §§ 2—6; R. Sohm, Bürgerliches Recht, in der Systematischen Rechtswissenschaft, S. 1—19, 2. Aufl., Berlin und Leipzig 1913 (II, 8 der Kultur der Gegenwart, ihre Entwicklung und ihre Ziele, herausgegeben von Paul Hinneberg).

(ursprünglich ausschließlich) das Recht auf Bebauung und Benutzung von Grund und Boden zu, und daher hat der Einzelne nur als Mitglied der Sippe einen Anteil am Ertrag desselben; die Sippe aber ist andererseits auch zum Schutz ihrer Mitglieder verpflichtet und muß bei Verletzung derselben zur Fehde und Blutrache schreiten. Gleichwohl hat der Zwang der Umstände die Germanen schon früh auf ihren gefahrvollen Zügen gegen Westen bestimmt, sich zu größeren Verbänden, den Völkerschaften, zusammenzuschließen und diesen eine feste, dauernde Organisation zu geben, welche entsprechend den Zwecken des Angriffs und der Verteidigung, nur die Heeresverfassung sein konnte und behufs Beilegung entstehender Streitigkeiten unter den Heeresgenossen zugleich eine Gerichtsverfassung sein mußte. Das naturgegebene Organ dafür war die Gesamtheit der freien waffenfähigen Männer, welcher daher auch die Entscheidung über die wichtigsten Angelegenheiten der Völkerschaft, namentlich die Wahl der Vorsteher und Anführer (König, Fürsten, Herzog) sowie die Entscheidung über Krieg und Frieden zustand.

Fränkische Zeit. II. Die Einsicht, in ihrer Zersplitterung dem Kampfe mit den Römern nicht gewachsen zu sein, führt seit dem 3. Jahrhundert zum Zusammenschlusse der miteinander verwandten Völkerschaften zu ganzen Stämmen, welche sodann in den folgenden Jahrhunderten auf den Trümmern der römischen Herrschaft im Abendlande die germanischen Stammesreiche begründen. Unter ihnen ragt hervor das Reich der salischen Franken, denen es im Laufe der Zeit gelingt, durch Unterwerfung fast aller germanischen und romanischen Länder die fränkische Weltmonarchie zu begründen. Zugleich machen sich andere Faktoren bemerkbar, welche die Rechtsentwicklung der Folgezeit in nachhaltigster Weise beeinflussen, vor allem die nahe Berührung, in welche die Germanen mit den Römern gekommen sind. Die Vertrautheit mit dem römischen Schrifttum führt zur ersten Aufzeichnung deutschen Rechts, indem die Rechte der deutschen Stämme, die sog. Volksrechte oder leges Barbarorum, in der fränkischen Zeit in lateinischer Sprache niedergeschrieben werden. Auch sollte, wie allbekannt, die Wiederbelebung und Aufnahme der Idee des römischen Kaisertums einen folgenschweren Einfluß insbesondere auf die Entwicklung des nachmaligen Deutschen Reiches ausüben. — Als zweiter, nicht minder wichtiger Faktor kommt in Betracht der Übertritt der Franken und folgeweise der aller anderen deutschen Stämme zum katholischen Christentum. Damit war nicht nur christlicher Moral und Lebensanschauung ein Einfluß auf die Rechtsbildung gesichert, sondern zugleich die Zugehörigkeit der Bevölkerung zu dem mächtigen Gemeinwesen der Kirche — unter dem Papst als dem geistlichen Oberhaupt und den Bischöfen als den geistlichen Fürsten — begründet, welches Zwecke verfolgte, deren Erreichung für das Gesamtwohl von der allergrößten Bedeutung war, wie die Pflege und Verbreitung von Wissenschaft und Kunst und namentlich der Schutz und die Unterstützung der Armen, Kranken, Schwachen, kurz aller jener, die da mühselig und beladen waren. Diese sozialen Funktionen der Kirche waren um so wichtiger, als sich schwere wirtschaftliche Schäden fühlbar machten, die dringend der Abhilfe bedurften. Durch die fortwährenden Kriege unter den Merowingern und Karolingern war die große Masse der Gemeinfreien in Verschuldung und Armut geraten; andererseits war das massenhaft eroberte Land nicht dem Volke, sondern dem Könige zugefallen, der es vornehmlich dazu benutzte, sich durch große Schenkungen an seine Heerführer und Gefolgsleute deren Dienstwilligkeit für die Zukunft zu sichern. Die so entstandene Kluft zwischen Reichtum und Armut wurde gemildert und überbrückt durch die Entstehung zahlreicher Leiheverhältnisse, welche als dritter, bedeutsamster Faktor hier zu nennen ist. Einerseits sehen sich die großen Grundbesitzer schon durch den Mangel an Arbeitskräften gedrängt, Teile ihres Grundbesitzes anderen, bisher freien Personen gegen Abgaben und Leistungen von Diensten zu überlassen, und andererseits fühlen sich die kleinen Grundbesitzer vielfach gedrungen, um Schutz gegen Vergewaltigung zu erhalten, ihr Grundstück an einen mächtigen Grundbesitzer als Eigentum zu übertragen, um es als Zinsgut von ihm zurückzuerhalten. Der somit in der einen oder anderen Weise begründeten Abhängigkeit von Grundherrn, der Grundherrlichkeit, entspricht in den höheren Schichten der Bevölkerung das Lehen, eine Art des Leihebesitzes, der dadurch entsteht, daß der König und die Großen des Reiches Güter (Benefizien) an ihre Gefolgsleute (Vasallen) verleihen gegen das Versprechen, Dienste höherer Art, insbesondere Reiterdienste zu leisten, und welcher demgemäß eine Minderung in der Rechtsstellung des Belehnten nicht begründet, seine Freiheit nicht schmälert. Durch die geänderte Kriegführung, namentlich die Notwendigkeit, große geschulte Reiterheere zu verwenden, kommt das Lehen immer mehr und mehr in Aufnahme.

Deutsches Mittelalter. III. Die tiefgreifenden Änderungen in den Besitzverhältnissen in der fränkischen Zeit erklären zugleich jene dauernde Schwächung und Zersetzung, welcher bald nach Begründung des Deutschen Reiches die Reichsgewalt unterworfen ist. Die verschiedenen Arten des Leihebesitzes hatten zu einer komplizierten Gliederung der Bevölkerung nach Ständen und einer entsprechend rechtlich verschiedenen Behandlung der einzelnen Stände geführt. Schon diese Verschiedenheiten machten eine gleichmäßige Einwirkung der öffentlichen Gewalt auf die Reichsangehörigen unmöglich. In ihren Grundfesten aber wurde die Reichsverfassung durch die Ausbildung der Landeshoheit erschüttert, welche ihre Hauptgrundlage in der Ausdehnung des Lehenswesens auf die Ämterverfassung hatte. Indem der König das Fürstenamt, vor allem die gräfliche Gewalt, mit dem dafür bestimmten Grundbesitz, als Lehen erblich verleiht und damit Immunität, Befreiung von der öffentlichen Gewalt verbindet, schafft er für den Belehnten und seinen Erben eine obrigkeitliche Stellung, in welcher er obrigkeitliche Gewalt nicht nur zu eigenem Vorteil, sondern zugleich in seinem Namen ausübt, und welche, durch Einräumung wichtiger königlicher Rechte gestärkt, schon im 13. Jahrhundert als dominium terrae (Landeshoheit) bezeichnet wird. Während so ein großer Teil des Reiches der Einwirkung der Reichsgewalt fast völlig entzogen wird, erlangen die Großen des Reiches — die geistlichen und weltlichen Fürsten, später auch Vertreter der Reichsstädte — einen wirksamen Anteil an der Reichsregierung durch die Reichsstandschaft, kraft welcher die Beschlußfassung über wichtigere Angelegenheiten ihrer Zustimmung bedarf, während andererseits in den Territorien eine analoge Beschränkung der Territorialhoheit in den Landständen erwächst, welche aus Vertretern des Adels, der Geistlichkeit, der Städte mit ihren Zünften und Gilden gebildet werden. — Dem Gange der geschichtlichen Entwicklung entspricht die Rechtsbildung. Es hat zwar während des ganzen Mittelalters ein für das ganze Reich geltendes „gemeines Recht", „Reichsrecht" oder „Kaiserrecht" gegeben, indessen entspricht die Bedeutung, welche ihm jene Zeit beilegt, keineswegs der Wirklichkeit. Ein kräftiges gemeines Gewohnheitsrecht konnte mangels einer einheitlichen Gerichtsverfassung nicht wohl zur Entfaltung kommen, und die Reichsgesetze, welche überhaupt erst im 13. Jahrhundert in größerer Anzahl erlassen werden, beschränken sich im der Hauptsache auf die Normierung drängender Verfassungsfragen und den Erlaß vom Landfrieden behufs Aufrechterhaltung der schwer gefährdeten öffentlichen Ordnung und Sicherheit. Von weit größerer Bedeutung ist das Stammesrecht. Obwohl dasselbe aus mancherlei Gründen, wie der Mischung der Stämme, dem Aufkommen zahlreicher Territorialgewalten, einer fortschreitenden Zersetzung unterliegt, so wird ihr doch, wenigstens zum Teil, ziemlich wirksam begegnet durch die Aufzeichnung von Stammesrecht, welche Privatpersonen im 13. und 14. Jahrhundert unternehmen, wie den Sachsenspiegel, den Schwabenspiegel usw. Die eigentliche Kraft der Rechtsbildung aber betätigt sich in engeren und engsten Kreisen. Das Aufkommen der Landeshoheit führt zur Entstehung von Territorialrecht. Innerhalb der Territorien erzeugt jeder Gerichtsbezirk, jede Stadt, jeder Markt, jedes Dorf eigenes Recht. Und wie das Recht sich örtlich verschieden gestaltet, scheidet es sich nach der ständischen Verschiedenheit der einzelnen Personenkreise. Dem weltlichen Recht gegenüber steht das geistliche, das für die Kirche und die Personen geistlichen Standes gilt. Sonst gilt für freie Personen das in den Grafschaftsgerichten gehandhabte Landrecht und, soweit sie im Lehensverbande stehen, in Lehenssachen das Lehenrecht; für die in grundherrliche Abhängigkeit geratenen unfreien Personen dagegen gilt das Hof- und Dienstrecht, während in den Städten seit dem 12. Jahrhundert infolge ihres wirtschaftlichen Übergewichtes die Unfreiheit schwindet und einem freien, standesgleichen Bürgertum Platz macht, auf welches das sog. Weichbildrecht in wesentlich gleicher Weise Anwendung findet.

§ 2. Die Rezeption der fremden Rechte und der Rechtszustand der Folgezeit bis zum Anfang des 19. Jahrhunderts.

I. Die grenzenlose Zersplitterung und bunte Mannigfaltigkeit des deutschen Rechts im Ausgange des Mittelalters konnte den Bedürfnissen des aufstrebenden Verkehrs, der nach einem einheitlichen Rechte verlangte, nicht genügen. So erklärt es sich, daß das

Rezeption der fremden Rechte.

römische Recht, welches als vermeintlich geltendes (Kaiser-) Recht seit Jahrhunderten auf den Universitäten gelehrt worden war, nunmehr unter dem Drucke mächtiger Interessen, in der Zeit von etwa Mitte des 15. bis Mitte des 16. Jahrhunderts in Deutschland tatsächlich als geltendes Recht angenommen, rezipiert wird.

Römisches Recht. Wenn wir sagen, das römische Recht sei bei uns rezipiert, so meinen wir das römische Recht in jener Gestalt, welche ihm Kaiser Justinian in seinen Rechtsbüchern, den Institutionen, den Pandekten, dem Kodex sowie den Novellen, verliehen hat, welche wir mit dem Gesamtnamen des Corpus iuris civilis zu bezeichnen pflegen. Am wichtigsten sind die im Jahre 533 publizierten Pandekten oder Digesten, eine Sammlung von Bruchstücken aus den Juristenschriften der vorchristlichen Zeit, welche, im einzelnen vielfach abgeändert, in ihrer Zusammenfassung das geltende römische Recht darbieten sollen, soweit dasselbe auf den Rechtsquellen der älteren Zeit (leges, edicta, senatus consulta, responsa prudentium) beruht. Der im Jahre 534 vollendete Kodex hingegen ist eine Sammlung von kaiserlichen Erlassen (constitutiones principum), welche bezweckt, den Inhalt des in dieser jüngsten Form der Rechtsbildung geschaffenen Rechtes einheitlich zusammenzufassen. Die, wie die Pandekten, im Jahre 533 veröffentlichten Institutionen dienen als ein (zugleich mit Gesetzeskraft bekleidetes) auf Darlegung der Grundzüge beschränktes Lehrbuch dem Anfänger zur Einführung in das Detail der Pandekten und des Kodex. Die Novellen sind endlich einzelne Gesetze, welche Justinian in seinen späteren Regierungsjahren, von 535 bis 565, erlassen hat, und die das in den genannten Rechtsbüchern enthaltene Recht in wichtigen Punkten abändern.

Longobardisches Lehenrecht. Im Anschlusse an diese Quellen des römischen Rechts ist in Bologna als Grundlage des Unterrichts im Lehenrecht (welches sich aus dem römischen Recht schlechterdings nicht herleiten ließ) eine im 12. Jahrhundert in der Lombardei entstandene, das longobardische Lehenrecht behandelnde und in zwei Bücher zerfallende Privatsammlung, die sog. libri feudorum, benutzt worden. Daraus erklärt sich, daß diese Lehenrechtsbücher in den Handschriften der justinianischen Rechtsbücher als Anhang der Novellen mit überliefert und folgeweise in dieser Verbindung in

Deutschland (als gemeines deutsches Lehenrecht) zur Rezeption gelangt sind.

Mit dem römischen Recht zugleich ist das kanonische Recht, das heißt die Gesamtheit der auf die kirchlichen Verhältnisse sich beziehenden, in der kirchlichen Gemeinschaft geschaffenen Rechtsvorschriften, rezipiert worden, in dem Sinne, daß dieses Recht, das selbstverständlich seit seiner Entstehung immer in den kirchlichen Gerichten Anwendung gefunden hatte, nunmehr als allgemeinverbindliches Recht auch in den weltlichen Gerichten zur Anwendung kommen sollte. Maßgebend dafür war die Gestalt, welche dieses Recht in einer Reihe von Sammlungen erhalten hatte, die, seit dem 12. Jahrhundert entstanden, den Namen des Corpus iuris canonici tragen. Den ersten Teil bildet eine gegen Mitte des 12. Jahrhunderts (wohl zwischen 1139 und 1142) angefertigte Privatarbeit des Mönches Gratianus in Bologna, das sog. decretum Gratiani, das man wohl als eine Art gedrängter Darstellung des damals geltenden kirchlichen Rechts bezeichnen kann, wenn auch die in großem Umfange aus der Bibel, den Kirchenvätern, Konzilsschlüssen, päpstlichen Erlassen und anderen Quellen aufgenommenen Belegstellen weitaus den größten Raum einnehmen. — An das Dekretum schließen sich Sammlungen päpstlicher Entscheidungen und Bestimmungen an, welche, in Briefform erlassen, epistolae decretales, später decretales schlechthin genannt wurden, so die Dekretalen von Gregor IX., 1234, Bonifaz VIII., 1298, und anderen Päpsten. Daß überhaupt das kanonische als kirchliches Recht in den weltlichen Gerichten in Deutschland aufgenommen werden konnte, erklärt sich einfach daraus, daß dieses Recht, der Stellung und Aufgabe der Kirche im Mittelalter entsprechend, sich durchaus nicht auf rein kirchliche Verhältnisse, also das Leben in der kirchlichen Gemeinschaft selbst (den Gegenstand des eigentlichen Kirchenrechts) beschränkte, sich vielmehr auf die verschiedenartigsten, allen Rechtsgebieten angehörigen Verhältnisse erstreckte, welche irgendwie eine kirchliche oder religiös-ethische Seite darboten.

Kanonisches Recht.

Da nun das kanonische Recht zwar in Anlehnung an das römische Recht, das von Anfang an das Recht der Kirche war, erwachsen ist, in seiner Bildung aber naturgemäß unter dem Einfluß der neueren germanischen Rechtsauffassung stand, so mußte das römische Recht auch in Verbindung mit dem es vielfach modifizierenden kanonischen Recht zur Rezeption gelangen.

Gemeines Recht. Daraus ergibt sich für das römische Recht, daß es überhaupt nicht rein, wie es im Corpus iuris civilis stand, rezipiert wurde, sondern in der Gestalt, welche es in Italien unter Einfluß des kanonischen Rechts und germanischer Rechtsanschauungen durch Theorie und Praxis erlangt hatte. In dieser modernisierten Gestalt ist das römische Recht in Deutschland an den Universitäten als gemeines, für das ganze Deutsche Reich geltendes Recht gelehrt und zum Gegenstand literarischer Bearbeitung gemacht worden. Es hat sich somit auf römisch-rechtlicher Grundlage eine Theorie des gemeinen deutschen Rechts gebildet, welche (wie ihre Grundlage, das corpus iuris civilis) das Privat- und das öffentliche Recht umfaßte. Damit hat aber das als geltend gelehrte Recht noch nicht wirkliche Geltung erlangt. Das ist erst dadurch geschehen, daß die Gerichte seit Ausgang des 15. Jahrhunderts an Stelle der Schöffen mit gelehrten Richtern besetzt werden und diese selbstverständlich das ihnen allein bekannte fremde Recht auf die zu entscheidenden Rechtsverhältnisse anwenden. Somit haben die Bestimmungen des römischen Rechts erst in der Übung der Gerichte, als Gewohnheitsrecht, Aufnahme als geltendes Recht gefunden. Daraus folgt aber unmittelbar, daß sie nur in der Gestalt, also in jenen Modifikationen, in welchen sie angewendet, und nur soweit, als sie wirklich angewendet worden sind, geltendes Recht bildeten. Soweit das heimische Recht dem Andrängen des fremden Rechts wirksam Widerstand geleistet hat, kann von einer Rezeption desselben nicht die Rede sein.

Folgen der Rezeption. II. Mit der Rezeption und dem dadurch bedingten Eindringen eines gelehrten Beamtenstandes in die Landesverwaltung steht im Zusammenhang die Ausbildung des modernen Staates, die sich, der geschichtlichen Entwicklung entsprechend, in den einzelnen deutschen Territorien vollzieht. Die Landesherrn, deren Stellung von den ihnen ergebenen römisch-rechtlich gebildeten Juristen der des römischen Kaisers (princeps) gleichgestellt wird, streben nach einer absoluten, sich über das ganze Territorium und seine Bewohner gleichmäßig erstreckenden Staatsgewalt und erreichen diese Gewalt im 18. Jahrhundert mit der Unterdrückung der Landstände in der Schaffung des Polizeistaates, d. h. jener Gestaltung des Staatswesens, die zum ersten Male die „*Wohlfahrtspolizei*“ im Sinne einer Pflege und Förderung der Wohlfahrt aller Staatsangehörigen zur Aufgabe des Staates gemacht hat, wenn auch der Staat des 18. Jahrhunderts dieses Ziel durch eine, die individuelle Freiheit nicht selten übermäßig beschränkende Bevormundung zu verwirklichen gesucht hat. Indessen hat die durch den absoluten Staat begründete allgemeine Unterwerfung unter die Staatsgewalt, die Staatsuntertanenschaft, das Verlangen nach allgemeiner Berechtigung, einem Staatsbürgertum, — der Staatsgewalt gegenüber — wachgerufen und hat folgeweise im 19. Jahrhundert (in Bayern 1818, in Preußen 1850) zum Erlaß von *Verfassungsurkunden* geführt und damit zur Schaffung der modernen Repräsentativ-Verfassungen, kraft welchen das ganze Volk Abgeordnete wählt, die grundsätzlich zur Wahrung der Gesamtinteressen berufen sind, im Gegensatz zu den älteren, berufsständischen Verbänden (siehe S. 14 u. 15, vgl. S. 13). Zudem haben diese Verfassungsurkunden Grundrechte aufgestellt, welche die Freiheit des Individuums auch gegenüber der Staatsgewalt schützen sollen, so namentlich die Grundrechte, welche die Freiheit der Person und die Unverletzlichkeit ihres Eigentums gewährleisten. Im Gegensatz zu der, zur vollen Souveränität fortschreitenden Entwicklung der deutschen Territorien, geht das alte heilige römische Reich deutscher Nation allmählich seiner Auflösung entgegen, welche endlich am 6. August 1806 in der Niederlegung der deutschen Kaiserkrone durch Franz II. ihren formellen Ausdruck erhalten hat.

Reichsgesetzgebung. Reformationen und ältere Landrechte.

Wie die politische Entwicklung, so vollzieht sich die Rechtsbildung hauptsächlich in den einzelnen Territorien. Der durch die Rezeption geschaffene Rechtszustand war nichts weniger als befriedigend. Die dadurch hervorgerufene Unsicherheit über das, was wirkliches geltendes Recht war, hätte die Reichsgesetzgebung um so mehr beschäftigen sollen, als das fremde Recht als gemeines Reichsrecht aufgenommen worden war; gleichwohl sind es im ganzen nur einzelne Punkte, welche reichsgesetzlich entschieden worden sind. Eine umfassende Regelung hat nur das Strafverfahren mit Einschluß des Strafrechts in der Peinlichen Gerichtsordnung Kaiser Karls V. 1532 gefunden, welche seitdem für diese Gebiete das gemeine deutsche Recht gebildet hat. Dagegen suchen die Städte frühzeitig den durch das Eindringen des fremden Rechts bedingten Änderungen gerecht zu werden, indem sie vielfach ihr aus dem Mittelalter überkommenes Recht Neufassungen, sog. Reformationen, unterwerfen, so zuerst Nürnberg 1479, dann Worms 1498, Frankfurt a. M. 1509 u. a. Auf diese Vorbilder gestützt, werden seit Anfang des 16. Jahrhunderts auch in zahlreichen Territorien mehr oder minder umfassende Landrechte verfaßt, welche, wie die Reformationen der Stadtrechte, subsidiär, soweit sie nicht selbst eine Bestimmung treffen, die Geltung des gemeinen Rechts voraussetzen, wie die Tiroler Landesverordnungen von 1532 und 1573, das württembergische Landrecht von 1555, 1567 und zuletzt 1610 revidiert, und als die letzte, umfassendste Gesetzgebung dieser Art, die Codices Maximilianei Bavarici, 1751, 1753 und 1756.

Neuere Kodifikationen. Im Gegensatz hierzu haben die Kodifikationen seit Ausgang des 18. Jahrhunderts — das allgemeine Landrecht für die preußischen Staaten von 1794, die in den Jahren 1804—1810 veröffentlichten napoleonischen Gesetzbücher (les cinq codes), insofern dieselben in den deutschen Ländern linker Rheinseite dauernde Geltung erlangt haben, das badische Landrecht (wesentlich eine Übersetzung des französischen code civil) von 1809, das allgemeine bürgerliche Gesetzbuch für die deutschen Erblande der österreichischen Monarchie von 1811 und schließlich das bürgerliche Gesetzbuch für das Königreich Sachsen von 1863 — für ihr Herrschaftsgebiet die subsidiäre Anwendung des gemeinen Rechts ganz ausgeschlossen und damit die Geltung desselben sehr erheblich, auf etwa ein Drittel des neuen Deutschen Reichs, beschränkt.

§ 3. Die Kodifikationsbestrebungen des 19. Jahrhunderts und das Bürgerliche Gesetzbuch für das Deutsche Reich.

Kodifikationsbestrebungen. I. So beschränkt in seiner Geltung, so unsicher und zweifelhaft in der Anwendung, ist das gemeine Recht doch bis auf unsere Tage vorzugsweise Gegenstand der literarischen Bearbeitung und des juristischen Unterrichts geblieben. Dadurch ist aber der Blick der Studierenden immer wieder auf die einheitliche Grundlage des gemeinen Rechts, das Corpus iuris civilis, gelenkt und so der Sinn für eine umfassende, für ein großes Reich geltende Gesetzgebung angeregt und gefördert worden. So begreift es sich, daß das Verlangen nach Ausarbeitung eines für ganz Deutschland geltenden Gesetzbuchs, vor allem einer Kodifikation des Privatrechts, schon seit Jahrhunderten an den deutschen Universitäten Ausdruck gefunden hat. Indessen haben die darauf gerichteten Bestrebungen erst im 19. Jahrhundert eine greifbare Gestalt erhalten, zuerst in der berühmten Schrift: „Über die Notwendigkeit der Abfassung eines allgemeinen bürgerlichen Gesetzbuchs für Deutschland", welche der Heidelberger Rechtslehrer Thibaut 1814 veröffentlichte, freilich zunächst ohne Erfolg. Vielmehr hat der starke Widerstand, den die Forderung damals gefunden, die kodifikatorischen Bestrebungen überhaupt für Dezennien lahmgelegt.

Gesetzgebung zur Zeit des Deutschen Bundes.

Um die Mitte des Jahrhunderts, infolge der freiheitlichen Bewegung des Jahres 1848, ist aber die Gesetzgebung in den einzelnen deutschen Staaten in eine lebhaftere Bewegung geraten, namentlich auf dem Gebiete des Staatsrechts und des Strafverfahrens. Selbst unter dem Einfluß des Deutschen Bundes (1815 bis 1866), obgleich dieser gesetzgebende Gewalt nicht hatte, sind zwei wichtige Gesetzbücher, die Allgemeine deutsche Wechselordnung (1848) und das Allgemeine deutsche Handelsgesetzbuch (1861) zustande gekommen, welche, in gemeinsamer Beratung der deutschen Regierungen festgestellt, hinterher durch Annahme und Publikation in den einzelnen Bundesstaaten gesetzliche Verbindlichkeit für (nahezu) ganz Deutschland erhalten haben.

Gesetzgebung des neuen Deutschen Reiches. Reichsjustizgesetze.

Einen großen Aufschwung nahm die Gesetzgebung mit der Gründung des Norddeutschen Bundes (1867), welchem von Anfang an das Recht der Gesetzgebung in einem sehr erheblichen Umfang zugewiesen worden war; in gleichem Umfange ist dasselbe nach Gründung des Deutschen Reiches auf dieses übertragen worden. Danach stand dem Reiche insbesondere zu die gemeinsame Gesetzgebung über das Recht der Schuldverhältnisse, das Strafrecht, das Handels- und Wechselrecht, sowie das gerichtliche Verfahren (Art. 4 Ziff. 13 der deutschen Reichsverfassung von 1871). Auf Grund dieser Bestimmung sind zunächst die Allgemeine deutsche Wechselordnung und das Allgemeine deutsche Handelsgesetzbuch zu Reichsgesetzen erhoben, sodann das Strafgesetzbuch für das Deutsche Reich noch im Jahre 1871 erlassen und endlich die einheitliche Normierung der Gerichtsverfassung und des gerichtlichen Verfahrens in Angriff genommen worden. Diese Arbeit hat ihren Abschluß (1877) im Erlaß der sog. Reichsjustizgesetze (Gerichtsverfassungsgesetz — Zivilprozeßordnung — Strafprozeßordnung — Konkursordnung) gefunden, welche am 1. Oktober 1879 im ganzen Deutschen Reiche in Kraft getreten sind. Da nun die Gesetze des neuen Deutschen Reiches absolute Geltung haben, so ist durch die genannten Gesetzbücher auch für das Strafrecht und das gerichtliche Verfahren das bisherige gemeine Recht (soweit es durch die Landesgesetzgebung nicht schon aufgehoben war) definitiv beseitigt, und somit ist (abgesehen von dem eigenartigen, auf das Leben der kirchlichen Gemeinschaft beschränkten Kirchenrecht) das gemeine Recht nur mehr als Privatrecht in Kraft geblieben, um als solches auch mit dem 1. Januar 1900 zu verschwinden.

Das Bürgerliche Gesetzbuch für das Deutsche Reich.

II. Infolge wiederholter Anträge von seiten des Reichstages war die Zuständigkeit des Reiches für das Recht der Schuldverhältnisse schon durch das Gesetz vom 20. Dezember 1873 auf das gesamte bürgerliche Recht ausgedehnt worden. Der Erlaß dieses Gesetzes bezeichnet zugleich den Beginn der Entstehungsgeschichte des Bürgerlichen Gesetzbuches für das Deutsche Reich, welches freilich erst nach mehr als 22jähriger Arbeit zum Abschluß kommen sollte. Endlich, nachdem alle Schwierigkeiten überwunden waren, hat der Reichstag den ihm vorgelegten Entwurf eines Bürgerlichen Gesetzbuchs für das Deutsche Reich am 1. Juli 1896 definitiv angenommen. Das Gesetzbuch wurde am 18. August desselben Jahres vom Kaiser ausgefertigt und steht nunmehr seit dem 1. Januar 1900 im ganzen Deutschen Reiche in Kraft. Als Bürgerliches Gesetzbuch ist dasselbe auf die Normierung des Privatrechts beschränkt; es will — in Verbindung mit den schon erlassenen Reichsgesetzen privatrechtlichen Inhalts — das ganze Privatrecht umfassen. Daher ist grundsätzlich die Geltung der Landesgesetze — und damit auch die des bisherigen gemeinen Rechts — ausgeschlossen. Nur soweit das Gesetzbuch einen besonderen Vorbehalt zugunsten des Landesrechts macht, sind die Bestimmungen desselben (und daher möglicherweise auch die Bestimmungen des früheren gemeinen Rechts) neben dem Bürgerlichen Gesetzbuch anzuwenden. Solche Vorbehalte aber sind in nicht geringer Zahl hauptsächlich zugunsten von Materien gemacht, die entweder mit örtlichen

Verhältnissen eng zusammenhängen, wie das Wasser-, Siel- und Deichrecht, das Jagd- und Fischereirecht, oder in Verbindung mit dem öffentlichen Rechte der Bundesstaaten stehen, wie z. B. die Haftung des Staates und der Gemeinden für ihre Beamten. Indessen können diese mehr für besondere Verhältnisse getroffenen Ausnahmen die große allgemeine Bedeutung des Gesetzeswerkes nicht beeinträchtigen. Es ist doch wahr, daß das deutsche Volk, soweit es im Deutschen Reiche geeint ist, in dem Bürgerlichen Gesetzbuch zum erstenmal ein nationales, d. h. wirklich gemeinsames und zugleich einheitliches Privatrecht erhalten hat. Auch die ihrem Ursprung nach römisch-rechtlichen Bestimmungen sind jetzt als Bestandteile des deutschen Bürgerlichen Gesetzbuches formell ebenso deutsches Recht wie jene Bestimmungen desselben, welche ihre Wurzeln im deutschen Volkstum haben.

Erstes Kapitel.

Die Grundbegriffe des Rechts*).

§ 1. Das Recht**).

Das Recht. Gesetz u. Gewohnheitsrecht.

I. Wo immer ein Mensch mit anderen Menschen zur Erreichung eines Zweckes in eine Gemeinschaft tritt, da bedarf es eines bestimmten Verhaltens von seiten der Mitglieder der Gemeinschaft. Nehmen wir an, die Konabiturienten einer kleineren Stadt, die sich alle dem Rechtsstudium widmen wollen, beschließen, gemeinsam noch während der Ferien die Einführung in die Rechtswissenschaft und die Grundzüge des bürgerlichen Rechts so zu durcharbeiten, daß sie sofort im ersten Semester mit vollem Erfolge Vorlesungen über das deutsche bürgerliche Recht hören können. Es ist offenbar, daß ein jeder zur Erreichung dieses Zweckes tätig werden, dazu mitwirken muß. In welcher Weise aber diese Tätigkeit zu erfolgen hat, ist bedingt

*) Bierling, Juristische Prinzipienlehre, bisher 5 Bde., Freiburg i. Br. 1894 u. 1898 u. Tübingen 1905, 1911 u. 1917; Arndts, §§ 10—29; Gareis, §§ 2, 5—13; Merkel, §§ 1—310; Hedemann, §§ 6—16; Schmidt, §§ 1—5; Merkel, Elemente der allgem. Rechtslehre, in F. v. Holtzendorffs Enzyklopädie, 5. Aufl., S. 5 ff. (in der 7. Aufl., S. 1—62, ersetzt durch eine Abhandlung von J. Kohler, Rechtsphilosophie und Universalrechtsgeschichte); Kohler, Einf. §§ 1—15; die allgemeinen Lehren in den Lehrbüchern der Pandekten (von Arndts, Baron, Bekker, Brinz, Dernburg, Hölder, Puchta, Regelsberger, Seuffert, Vangerow, Windscheid u. a.), des deutschen Privatrechts (von Beseler, Gerber, Gierke, Stobbe) und des deutschen bürgerlichen Rechts (von Cosack, Crome, Dernburg, Endemann, Enneccerus-Kipp-Wolff, Matthiaß u. a.); R. Stammler, in der Systematischen Rechtswissenschaft, I. Allgemeines, S. I—LX.

**) Bierling, Prinzipienlehre, §§ 3 ff., S. 19 ff.; Arndts, §§ 10—15; Gareis, §§ 5, 7; Merkel, §§ 1—67; Hedemann, §§ 6 f., 9—12 u. 14; Schmidt §§ 1 u. 5 III Ziff. 6; Merkel, Elemente §§ 1 ff., S. 5 ff.; Dernburg, Pandekten, 8. Aufl., Berlin 1911/12, besorgt von Paul Sokolowski, Bd. I, §§ 14—32; Regelsberger, Pandekten, Bd. I, Leipzig 1893, § 9; Gierke, Deutsches Privatrecht, §§ 15 f.; Ullmann, Völkerrecht, 2. Aufl., Tübingen 1908, §§ 1—5.

einerseits durch den Zweck, sowie andererseits durch die besonderen Verhältnisse, Zeit und Kraft der Teilnehmer und wird daher zumeist Gegenstand weiterer Erwägungen sein. Werden sich die Beteiligten darüber klar, und bestimmen sie etwa, daß der Lehrstoff unter Leitung eines hierzu besonders geeigneten älteren Rechtsstudenten in der Reihenfolge eines bestimmten Lehrbuches, Abschnitt für Abschnitt täglich an einem bestimmten Orte und zu bestimmter Zeit Gegenstand eingehender Erörterung und Klarstellung sein solle; daß ferner alle Teilnehmer sich auf die Besprechung vorbereiten und dabei anwesend sein müßten, keiner ohne zureichende Entschuldigung ausbleiben dürfe, so ist damit die Grundlage für das von den Mitgliedern zu befolgende Verhalten gegeben. Sie haben durch ihren Willensentschluß eine Reihe von Geboten (und Verboten) als für sie selbst verbindlich anerkannt. Was hier Gegenstand ausdrücklicher Erklärung ist, kann aber auch stillschweigend in der Übung zur Anerkennung gelangen. Denken wir beispielsweise, einer unserer jungen Juristen habe gelegentlich einer regelmäßigen geselligen Zusammenkunft mit seinen Konabiturienten Zweifel über die Auslegung des ersten Paragraphen des Bürgerlichen Gesetzbuchs (und damit über die Voraussetzungen der Entstehung der natürlichen Person nach bürgerlichem Recht) geäußert, diese haben zu einer ebenso anregenden Diskussion wie befriedigenden Lösung derselben geführt, sodann seien (ohne jede Verabredung) bei derartigen Gelegenheiten immer wieder Besprechungen über damit zusammenhängende Lehren des bürgerlichen Rechtes angeregt und gehalten worden, und daran hätten die Kommilitonen festgehalten in der Überzeugung, es sei das zur Vorbereitung auf das Rechtsstudium und insbesondere auf das bürgerliche Recht unbedingt erforderlich. Dann wären lediglich in der Übung, gewohnheitsmäßig, Vorschriften zur Anerkennung gelangt, welche die Beteiligten ebenso verbinden würden wie diejenigen, welche auf ausdrücklicher Erklärung derselben beruhen.

Nicht anders als mit diesen freiwilligen Vereinigungen verhält es sich mit jener Gemeinschaft, welche wir auf einer fortgeschrittenen Stufe*) ihrer Entwicklung als Staat zu bezeichnen *Staatliches Recht.*

*) Wir pflegen die deutschen Völkerschaften zur Zeit von Cäsar und Tacitus nicht als Staaten zu bezeichnen, wohl aber die auf den Trümmern der abendländisch-römischen Herrschaft errichteten Germanenreiche.

pflegen. Auch die Mitglieder des staatlichen Gemeinwesens müssen das Verhalten beobachten, welches zur Erreichung der staatlichen Zwecke geboten ist. So werden sie einander in ihrer körperlichen und moralischen Integrität sowie in ihrem Besitzstande anerkennen, werden zur Verwirklichung der gemeinsamen Einrichtungen und Anstalten beitragen und das Staatswesen gegen feindliche Angriffe verteidigen müssen. Es bedarf daher auch im Staate der Anerkennung von Normen für das Verhalten der Staatsangehörigen — man denke nur an die elementar notwendigen **Verbote** der Tötung, Körperverletzung, Beleidigung, des Diebstahls und der Sachbeschädigung, sowie die ebenso notwendigen **Gebote**, Steuern zu zahlen und Militärdienst zu leisten —, mögen diese Normen nun unmittelbar in der Übung der Volksgemeinschaft selbst als sog. Gewohnheitsrecht anerkannt worden oder als „Gesetze" von besonderen, mit der Gesetzgebung betrauten Organen aufgestellt und deshalb allgemeiner Anerkennung teilhaftig sein.

Recht im objektiven Sinne.

Diese Betrachtungen ergeben für uns den Begriff des Rechtes und zwar des Rechtes im objektiven Sinne im Gegensatz zu dem später zu erörternden Recht im subjektiven Sinne des Wortes. Demnach haben wir unter **Recht** den **Inbegriff der Normen** zu verstehen, **welche innerhalb einer bestimmten Gemeinschaft von den Mitgliedern derselben für ihr Verhalten in der Gemeinschaft, den Zwecken derselben entsprechend, als verbindlich anerkannt werden.**

II. Aus dieser Begriffsbestimmung folgt unmittelbar:

Normen und andere Rechtssätze.

1. Als Normen für das Verhalten der Mitglieder in der Gemeinschaft bestimmen sie dasselbe entweder positiv, verlangen ein bestimmtes Tun, oder negativ, verlangen ein bestimmtes Unterlassen; mit anderen Worten: **Normen können nur Gebote und Verbote** sein. Wenn demgegenüber auf zahlreiche (sog. **ermächtigende**) Rechtssätze hingewiesen wird, die einer Person irgendeine Erlaubnis erteilen, so werden doch dieselben nur durch das an die anderen gerichtete Verbot, in diese Sphäre einzugreifen, wirksam. So ermächtigt das Bürgerliche Gesetzbuch für das Deutsche Reich — BGB. — § 903 den Eigentümer mit seiner Sache nach Belieben zu verfahren; wirksam aber wird die Ermächtigung durch die an alle anderen Menschen gerichteten

Verbote die Sache nicht zu beschädigen und sie dem Eigentümer nicht zu entziehen (BGB. § 823 Abs. 1). — Noch offenbarer ist die Unselbständigkeit der begriffsentwickelnden (oder definierenden) und der verneinenden Rechtssätze, indem die ersteren nur die Voraussetzungen für die Anwendung von Rechtsnormen bestimmen, die letzteren umgekehrt einem Tatbestand, der an sich rechtliche Wirkung haben könnte, dieselbe absprechen. So definiert § 516 Abs. 1 BGB. als Schenkung die unentgeltlich gewährte und angenommene Zuwendung, durch die jemand aus seinem Vermögen einen anderen bereichert, z. B. der Eigentümer übergibt seine Uhr einem andern zum Andenken. Diese Definition hat aber nur dadurch Bedeutung, daß Schenkungen im Sinne der Definition Gegenstand rechtlicher Normen sind, so durch das an den Beschenkten gerichtete Gebot die erlangte Bereicherung an den Schenker herauszugeben, wenn er, der Schenker, hinterher verarmt oder wenn der Beschenkte sich eines groben Undanks gegen den Schenker und nahe Angehörige desselben schuldig macht (BGB. § 528 Abs. 1 Satz 1, § 530 Abs. 1 Satz 1 u. § 531 Abs. 2). — Im Gegensatz zum BGB. § 516 Abs. 1 bestimmt § 517 Abs. 1: „Eine Schenkung liegt nicht vor, wenn jemand zum Vorteil eines andern einen Vermögenserwerb unterläßt", z. B. jemand erblickt am Meeresstrande eine neben ihm liegende kostbare Muschel und überläßt es seinem Begleiter durch Ergreifung dieser herrenlosen Sache das Eigentum daran zu erwerben. Da hier eine Schenkung im Sinne des Gesetzes nicht vorliegt (weil die Zuwendung nicht aus dem Vermögen des Zuwendenden erfolgt), so treten auch die rechtlichen Folgen der Schenkung nicht ein. Der Zuwendende wird daher im Falle eigener Verarmung oder groben Undanks seines Begleiters von ihm die Bereicherung (die Muschel) nicht herausverlangen können[1]).

2. Die verbindende Kraft der Rechtsnormen beruht auf der Anerkennung von seiten der Mitglieder der Gemeinschaft; mit anderen Worten, die Normen gelten, weil sich die Mitglieder durch dieselben gebunden fühlen, sie beobachten und respektieren. Tendenz der Erzwingbarkeit.

[1]) Siehe somit über ermächtigende Rechtssätze und das Eigentum BGB. § 903; über begriffsentwickelnde Rechtssätze § 516 Abs. 1, über verneinende § 517, und überhaupt die als nichtig erklärten Tatbestände der §§ 125, 134, 138 Abs. 1.

Daher ist für den Begriff des Rechts nicht wesentlich die Erzwingbarkeit in dem Sinne, daß eventuell äußere Machtmittel (auf Grund richterlichen Urteils) auf Befolgung der Rechtsvorschrift einzuwirken haben, obwohl der Rechtsvorschrift als dem erklärten Willen der Gemeinschaft naturgemäß „die Tendenz der Erzwingbarkeit" innewohnt. Diese führt ihrerseits, wo das veranlaßt ist, zur Aufstellung von Bestimmungen, welche Vorkehrungen gegen den Ungehorsam treffen, und zur Organisation eines Zwanges, der auf Durchsetzung derselben gerichtet ist. Gleichwohl gibt es selbst in unseren modernen Staaten zahlreiche Rechtsnormen, welche solcher „Sanktionen" ganz entbehren, so namentlich in den Verfassungsgesetzen. So fehlte es beispielsweise dem Satze der bisherigen deutschen Reichsverfassung Art. 12, wonach dem Kaiser es zustand, den Bundesrat und den Reichstag zu berufen, zu eröffnen, zu vertagen und zu schließen, welcher zweifellos nicht bloß ein Recht, sondern auch eine Pflicht statuieren will, an jeder Bestimmung für den Fall der Nichteinhaltung derselben.

Nicht-staatliches Recht.

3. Die Bildung des Rechts ist nicht auf die staatliche Gemeinschaft beschränkt, vielmehr ist das Recht eine notwendige Begleiterscheinung jeder Lebensgemeinschaft, durch deren Zwecke es inhaltlich bestimmt wird. Daraus folgt die grundsätzliche Selbständigkeit des nichtstaatlichen Rechts, insbesondere des Kirchenrechts und des Völkerrechts gegenüber dem staatlichen Rechte. Wie das staatliche Recht das Leben einer staatlichen Gemeinschaft, so normiert das Kirchenrecht das Leben einer Kirchengemeinschaft, so der katholischen Kirche oder der einzelnen evangelischen (Landes-) Kirchen, und ebenso werden durch das Völkerrecht die Verkehrsbeziehungen der Staaten untereinander geordnet.

Unterschiede zw. staatlichem u. nicht-staatl. Recht.

Gleichwohl lassen sich erhebliche praktische Unterschiede zwischen dem staatlichen und nicht-staatlichen Rechte nicht verkennen. Einmal ist das Recht des modernen Staates, das die Sicherung und Förderung der Lebensbedingungen der Staatsangehörigen überhaupt zum Zwecke hat, von ungleich größerer Wichtigkeit für jeden Einzelnen als das Recht jeder anderen Gemeinschaft. Sodann aber findet das Recht des Staates wirksamen Schutz durch staatliche Organe, die Gerichte, deren Entscheidungen erforderlichenfalls durch die Macht des Staates erzwungen werden.

Ob aber das nicht-staatliche Recht sich eines solchen Schutzes zu erfreuen hat, ist fraglich; jedenfalls wird ihm derselbe versagt werden, wenn es den Zwecken und Bestimmungen des staatlichen Rechts widerspricht. Die Macht des Staates wirkt zudem auf die Rechtsbildung zurück. Das von den Trägern der Staatsgewalt gesetzte Recht wird in der Regel schon um deswillen von den Untertanen anerkannt werden, weil es durch die staatliche Übermacht geschützt wird. Dadurch wird der Schein erzeugt, als ob die verbindliche Kraft des Staatsgesetzes lediglich auf dem Besitze der Staatsgewalt beruhe. Die Geschichte aber zeigt uns, daß Gesetze, die in aller Form von der Staatsgewalt erlassen worden sind, dem Leben des Volkes fremd bleiben können, oder daß sie von den beteiligten Volkskreisen oder den zur Anwendung berufenen Richtern als unverbindlich abgelehnt werden können. Dann gelten sie eben nicht; es fehlt ihnen die Anerkennung, welche allein die als Recht gesetzte Vorschrift zu dem das Leben bestimmenden („richtenden") Recht macht.

§ 2. Positives Recht und Naturrecht, Recht und Billigkeit*).

I. Unsere Betrachtung hat ergeben, daß das Recht in gewisser Weise in den Gemeinschaftsverhältnissen selbst vorgezeichnet enthalten ist. Die Beschaffenheit der Lebensgemeinschaft und der von ihr angestrebte Zweck der Befriedigung bestimmter Interessen bedingen ein ganz bestimmtes Verhalten und damit bestimmte Regeln für dieses Verhalten, ganz abgesehen davon, ob diese Regeln in der Übung, als Gewohnheitsrecht anerkannt werden oder als Rechtsvorschrift förmlichen Ausdruck erhalten haben. Wenn wir schon in diesem Sinne von einem den Verhältnissen selbst innewohnenden — natürlichen — Recht sprechen

Natürliches u. positives Recht.

*) Gareis, § 6; Hedemann, § 8; Fischer, S. 11; Radbruch, S. 32—36; Schmidt, § 5 I u. III Ziff. 1—3; Merkel, Elemente, §§ 12—14, S. 18 ff.; Regelsberger, Pandekten, §§ 11 u. 12; Unger, System des österreichischen Privatrechts, 5. Aufl., Leipzig 1892 ff., Bd. I, § 11; Ullmann, Völkerrecht, § 5; Lotmar, Vom Rechte, das mit uns geboren ist. Die Gerechtigkeit, Bern 1893. J. B. Haring, Grundzüge des kath. Kirchenrechts, 1. Abteilung, Graz 1906, S. 27 f.; Heiner, Kath. Kirchenrecht, I. Bd., 5. Aufl., Paderborn 1909, S. 14 ff.; R. Stammler, in der Systematischen Rechtswissenschaft, I, S. 3—6 und S. 37—54; E. Jung, Das Problem des natürlichen Rechts, Leipzig 1912.

können, so ist doch dieses Recht erst Gegenstand subjektiver Erkenntnis von seiten des Einzelnen, welche möglicherweise zu verschiedenem Ergebnisse führt. Gleichwohl liegen die Bedingungen einer Verständigung in dem Wesen der menschlichen Natur. Als vernünftiges Wesen ist der Mensch bemüht, die Regeln aufzudecken, welche den Zweck der Gemeinschaft in wirksamster Weise erreichen lassen; als sittliches Wesen will er zugleich sein Gerechtigkeitsgefühl verwirklicht sehen; er will Verbote, welche für alle gelten, Gebote, welche den Einzelnen nach Verhältnis seiner Leistungsfähigkeit belasten. Denken wir an die wichtigsten staatsbürgerlichen Pflichten, die Militär- und Steuerpflicht. Der Zweck der Landesverteidigung erfordert unbestreitbar die Bereitstellung einer entsprechenden bewaffneten Macht, der Gedanke der Gerechtigkeit aber verlangt dafür die Grundlage allgemeiner Wehrpflicht (nicht etwa die eines Werbe- oder Konskriptionssystems). Ebenso erfordert die Bestreitung der gemeinsamen Staatsbedürfnisse Beiträge (Steuern) von seiten der Bürger, die Gerechtigkeit aber gebietet, dieselben nach Maßgabe ihres Vermögens heranzuziehen. Wie in diesen Fragen, so bilden sich für alle menschlichen Gemeinschaftsverhältnisse, zunächst in den beteiligten Kreisen, Überzeugungen von einer diesen Verhältnissen entsprechenden rechtlichen Ordnung, und indem dieselben in weitere und weiteste Kreise eindringen, wirken sie auf die rechtsbildenden Faktoren zurück, um schließlich als Gewohnheitsrecht oder Gesetzesrecht allgemeinverbindliche Anerkennung zu erlangen. So drängt die Rechtsüberzeugung allenthalben auf Anerkennung des der Natur der Verhältnisse entsprechenden Rechts. Unter ihrer Einwirkung wird das *natürliche* Recht zum *positiven*, vom Gesetzgeber oder der Übung des Volkes *gesetzten* Rechte. Indessen wird diese Übereinstimmung nicht immer gegeben sein. Der Gesetzgeber braucht ja gar nicht Organ der Rechtsüberzeugung des Volkes zu sein; er kann als Eroberer und Usurpator Gesetze geben, welche mit derselben in Widerspruch stehen; er kann auch infolge mangelnder Einsicht (und das ist bei der außerordentlichen Kompliziertheit der modernen Verhältnisse leicht möglich) Gesetze geben, welche den gegebenen Verhältnissen nicht vollkommen Rechnung tragen. Und doch sind alle diese Gesetze Recht, insofern sie von den Kreisen, für welche sie bestimmt sind, als verbindende Norm anerkannt werden, also in Wirklichkeit die Lebensverhältnisse beherrschen. Insoweit wird also der Richter nur dieses autoritativ gesetzte Recht seinen Entscheidungen zugrunde legen dürfen, eine Gebundenheit, die schlechterdings nicht zu entbehren ist, wenn nicht subjektives, mehr oder minder wechselndes Belieben an Stelle der für den Verkehr nicht zu entbehrenden Bestimmtheit durch feste Rechtsnormen treten soll.

Natur der Sache u. Naturrecht.

Gleichwohl ist jene natürliche Bestimmtheit, welche den Lebensverhältnissen innewohnt, auch für den Juristen von größter Bedeutung; vor allem, wenn neugebildete Rechtsverhältnisse streitig werden, welche überhaupt eine positive Normierung noch nicht gefunden haben; nicht minder in den zahlreichen Fällen, in denen das positive Recht die Entscheidung mehr oder minder dem richterlichen Ermessen überläßt. Endlich aber wird nur eine eindringende Erkenntnis der Natur der Lebensverhältnisse und ihrer Zwecke den Richter befähigen, das geltende Recht in Einklang mit den fortschreitenden Bedürfnissen des Rechtslebens zu erhalten und fruchtbare Antriebe zu gedeihlicher Weiterentwicklung derselben zu bieten. Man hat daher den Richter neben dem positiven Recht auf die N a t u r d e r S a c h e als Quelle für seine Entscheidungen verwiesen. Da aber dieser Ausdruck genau genommen nur die Natur des Verhältnisses, dem die anzuwendenden Vorschriften zu entnehmen sind, nicht aber diese selbst bezeichnet, so ist es wohl richtiger, von einem n a t ü r l i c h e n R e c h t oder N a t u r r e c h t zu sprechen. Wenn man diesen Ausdruck dennoch zu vermeiden sucht, so erklärt sich das daher, daß mit dem Namen des Naturrechts eine bestimmte wissenschaftliche Richtung (des siebzehnten und achtzehnten Jahrhunderts) bezeichnet wird, welche das Recht unabhängig von der Erfahrung konstruieren zu können glaubte und, von diesem Gesichtspunkte ausgehend, zur Ausarbeitung von Systemen des Naturrechts gelangt ist, welche den Anspruch allgemeiner Verbindlichkeit erhoben. Wenn nun auch ein Naturrecht in diesem Sinne mit Recht verworfen wird, so wird dadurch doch nicht der Grundgedanke berührt, daß neben dem positiven Recht noch ein anderes Recht anzuerkennen ist, welches wir — in Übereinstimmung mit den Philosophen des griechischen Altertums, den klassischen römischen Juristen und den bahnbrechenden Denkern der neueren Zeit — zutreffend nur als natürliches oder Naturrecht zu bezeichnen vermögen.

Billigkeit.

II. Verschieden von dem Rechte, sowohl dem positiven wie dem natürlichen Rechte, ist die Billigkeit. Während das Recht als Richtung oder Richtschnur eine gleichmäßige Behandlung und Beurteilung der Lebensverhältnisse nach Maßgabe bestimmter Merkmale derselben verlangt, besteht das Wesen der Billigkeit in der Berücksichtigung der Besonderheiten des einzelnen Falles. Das Recht verlangt, daß derjenige, der Geld als Darlehen erhalten hat, den Betrag an den Geber zurückerstattet. Es kann aber aus sehr vielen Gründen sehr billig sein, daß der Schuldner nicht zur Zahlung genötigt wird, wie es andererseits sehr hart sein kann, ihn dazu zu zwingen. So, wenn der Gläubiger reich ist und des Geldes nicht bedarf, der arme Schuldner aber sich gerade in einem Zustande arger Bedrängnis befindet. An sich sind solche Billigkeitserwägungen rechtlich ohne Belang. Die Rechtsordnung kann aber der Billigkeit in größerem oder geringerem Umfange Eingang gestatten, sei es, daß sie aus Gründen der Billigkeit Ausnahmen von der Regel des Rechts macht, sei es, daß sie die genauere Feststellung der Rechtsfolgen dem richterlichen Ermessen überläßt, der Richter somit berufen ist, durch seine Entscheidung den Besonderheiten des einzelnen Falles Rechnung zu tragen[2]). Soweit das der Fall ist, nimmt das Recht den Charakter eines Billigkeitsrechts an; es wird billiges Recht (ius aequum) und im Gegensatz dazu heißt dann das Recht, welches sich den Erwägungen der Billigkeit verschließt, strenges Recht (ius strictum oder asperum).

§ 3. Recht, Moral und Sitte*).

Moral und Recht.

I. Wie das Recht, so stellt auch die Sittlichkeit oder Moral sowie die Sitte Regeln für das Verhalten, das Tun und Unterlassen der Menschen auf. Während aber das Recht ein äußeres

---

[2]) Ausnahmen aus Gründen der Billigkeit macht das BGB. mehrfach zugunsten der Minderjährigen, so namentlich § 107 (vgl. § 106). — Beurteilung nach billigem (richterlichem) Ermessen verlangt ausdrücklich § 315 und wird für Auslegung der Verträge nach § 157 allgemein gefordert.

*) Bierling, Jurist. Prinzipienlehre, Bd. I, S. 54—70; Arndts, § 13, S. 11; Gareis, S. 21; Merkel, §§ 69—80; Hedemann, § 7; Schmidt, § 5 III Ziff. 4 u. 5; Regelsberger, § 10, S. 60ff.; Gierke, Bd. I, S. 113—115; R. Stammler, in der Systematischen Rechtswissenschaft, S. 20f. u. S. 41f.

Verhalten, wirkliche Herstellung des seinen Zwecken entsprechenden Zustandes verlangt, will die Moral das Verhalten innerlich bestimmen; sie fordert Übereinstimmung der ganzen Gesinnung des Menschen in Anschauung, Empfindung und Willensrichtung mit dem von ihr aufgestellten Ideal. Veranschaulichen wir das Gesagte an den Grundgedanken der christlichen Moral. Ausgehend von der Vorstellung, daß der Mensch das Ebenbild Gottes ist, stellt sie an den Einzelnen die Forderung der Selbstachtung und der Reinerhaltung der eigenen Person in Gedanken und Worten, eben darum zugleich das Verlangen nach Beherrschung der sinnlichen Triebe und nach möglichster Vervollkommnung der eigenen Individualität durch Stählung und Entwicklung der körperlichen und geistigen Kräfte und Anlagen. Mit diesen Anforderungen ist zugleich das Verhalten zum Nächsten bestimmt. Auch er ist das Ebenbild Gottes. Daher das große Gebot: „Du sollst deinen Nächsten lieben wie dich selbst", und folgeweise die Vorschrift, dem Nächsten nichts zuzufügen, was man sich selbst nicht getan wissen wollte, und ihm umgekehrt alles zu tun, was man unter gleichen Umständen auch für sich selbst in Anspruch nehmen würde. Aus dem Gebote der Nächstenliebe folgt nicht nur die Pflicht wahrer innerer Achtung des Nächsten und seiner Menschenwürde und damit als völlig selbstverständlich die Pflicht der Anerkennung und Wahrung seiner Persönlichkeit und seines Besitzstandes, sondern auch die viel weitergehende positive Pflicht, das Wohl des Nächsten in jeder Hinsicht nach Möglichkeit zu fördern, namentlich auch durch Übung der Werke der Barmherzigkeit. In gleichem Geiste der Liebe ist das Verhalten des Einzelnen zu den menschlichen Gemeinwesen, der Familie und dem Staate normiert, letzteres vor allem durch die Vorschrift, der Obrigkeit gehorsam zu sein. So gelangt die Moral auf dem Wege von innen nach außen zur Aufstellung einer Lebensordnung, welche nicht weniger umfassend ist wie die Rechtsordnung. Allein ihre Verwirklichung ist lediglich abhängig von dem Gewissen des Einzelnen, dem Maße, in welchem er sich zur Befolgung der sittlichen Vorschrift verbunden fühlt, sei es, daß er darin den Ausdruck eines religiösen Gebotes erblickt, sei es, daß er die Vorschrift an sich für verpflichtend erachtet, in der Überzeugung, daß die Befolgung der Moralgebote zugleich die Grundbedingung für ein wahrhaft glückseliges Leben ist. So bleibt denn die sittliche Lebensordnung ein Ideal, dessen mehr oder minder annähernde Verwirklichung in der menschlichen Gesellschaft von der sittlichen Beschaffenheit der Bevölkerung abhängt. Die Rechtsordnung dagegen strebt eine ganz bestimmte äußere Gestalt der Lebensverhältnisse an, begnügt sich daher mit einem äußeren Verhalten der Rechtsgenossen, sorgt aber andererseits für die Verwirklichung derselben, eventuell durch Anwendung von Zwang. Diese Tendenz der Erzwingbarkeit ist den Vorschriften der Moral völlig fremd. Sie können überhaupt nur befolgt werden als Ausfluß der auf das Gute, die Verwirklichung des Sittengesetzes gerichteten Gesinnung des Handelnden. Sind nach dem Gesagten Recht und Moral in ihrem Wesen und ihren Wirkungen verschieden, so läßt sich andererseits doch nicht verkennen, daß sich dieselben vielfach miteinander berühren. Vor allem haben sie ein großes Gebiet miteinander gemein; so sind namentlich die Pflichten, welche auf Anerkennung der Person des Nächsten und seines Besitzstandes gerichtet sind, ebensowohl durch die Moral wie das Rechtsgesetz bestimmt. Darüber hinaus liegt allerdings ein weites Gebiet der Moral, in welches keine Rechtsregel eingreift, wie die Pflichten in Ansehung der eigenen Person und jene der positiven Förderung der Mitmenschen; andererseits aber gibt es auch zahlreiche Rechtsvorschriften (wie z. B. über Anmeldung von Geburten und Sterbefällen und sonstigen Ereignissen), welche an sich keinerlei Bezug zur Moral haben, eine sittliche Weihe nur insofern beanspruchen können, als sie als Vorschriften der Obrigkeit auch im Gewissen zur Befolgung verpflichten sollen. Soweit die Rechtsvorschriften sich auf dem auch von der Moral normierten Bereich bewegen, werden und sollen sie mit den von der Moral gestellten Anforderungen übereinstimmen; sie haben darin ihren stärksten Halt und werden um so williger befolgt werden, je mehr sich die Bevölkerung durch ihren Inhalt im Gewissen gebunden fühlt [3]). Freilich ist ein Widerstreit möglich. Gesetze haben mitunter

---

[3]) Den oben genannten Anforderungen der Moral an die Rechtsvorschriften entspricht die Bedeutung von Treu und Glauben für Auslegung der Verträge nach § 157 und für Bewirkung der geschuldeten Leistung nach § 242, sowie die Sätze, daß unsittliche Rechtsgeschäfte nach § 138 Abs. 1 (s. Anm. 1) nichtig sind, unsittliche Schadenszufügungen nach § 826 zum Ersatz verpflichten.

selbst sittlich gebotene Handlungen verboten und unter Strafe gestellt. Indessen wird ein gesundes Gemeinwesen einen derartigen Widerstreit bald zu überwinden und den Einklang der Gesetzgebung mit den sittlichen Anschauungen herzustellen wissen. Endlich tritt auch darin der Zusammenhang von Recht und Moral hervor, daß die Grenze zwischen ihnen eine flüssige ist. Bloße Moralvorschriften nehmen nicht selten unter Einwirkung der Überzeugung, daß die Verwirklichung derselben durch die Zwecke der Gemeinschaft geboten ist, den Charakter von Rechtsvorschriften an, und umgekehrt streifen Rechtsvorschriften unter Einwirkung entgegengesetzter Anschauungen diesen Charakter ab, um die Beteiligten hinfort nur mehr im Gewissen zu verbinden. So hat die sittliche Pflicht des Unternehmers, sich seiner Arbeiter im Falle der Arbeitsunfähigkeit anzunehmen, in der Unfall- und Altersversicherung unserer modernen Gesetzgebung rechtlichen Ausdruck gefunden, während andererseits das Verlöbnis, welches früher einen Rechtsanspruch auf Eingehung der Ehe begründete, die Verlobten heutzutage bloß moralisch zur Erfüllung ihres Versprechens verpflichtet[4]).

II. Im Gegensatz zur Moral stellt die Sitte Regeln für das äußere Verhalten auf. So verlangt die Sitte der Höflichkeit, Bekannte, und zwar in bestimmter, gleichfalls hergebrachter Form (z. B. durch Abnehmen des Hutes), zu begrüßen. So ist es in vielen Gegenden allgemeiner Brauch, den gemieteten Dienstboten ein sog. Drangeld zum Zeichen des abgeschlossenen Geschäfts zu geben, obwohl dasselbe rechtlich auch ohne diese Gabe verpflichtet. Insofern ist die Sitte dem Rechte verwandt, das gleichfalls ein äußeres Verhalten verlangt, unterscheidet sich aber davon dadurch, daß dieses Verhalten nicht in gleicher Weise im Interesse der Gemeinschaft geboten ist. Es handelt sich dabei um anleitende, der Aneignung durch die Einzelnen mehr oder minder überlassene Regeln, welche wesentlich dazu dienen, die Lebensverhältnisse angenehmer und schöner zu gestalten, beziehungsweise den Lebensfunktionen einen festen Halt zu gewähren. Freilich steht auch das Gebiet der Sitte in nahem Zusammenhange mit dem Rechtsgebiete. Es kann mit der Sitte die Überzeugung sich verbinden, daß ihre Befolgung rechtlich geboten ist, mit anderen Worten: die Sitte Sitte und Recht.

[4]) Siehe BGB. § 1297 Abs. 1.

kann das Vorhandensein eines Gewohnheitsrechts bekunden. So haben vielfach Gebräuche, welche den schon erfolgten Abschluß des Geschäfts bloß bekunden sollten, die Bedeutung von Formen erlangt, welche das Geschäft erst zum Abschlusse bringen [5]).

§ 4. Rechtsverhältnisse, Rechte und Pflichten *).

Rechtsverhältnisse. I. Dem Rechte gegenüber steht die unendliche Mannigfaltigkeit der gegebenen Lebensverhältnisse, gerichtet auf Befriedigung der allerverschiedensten Interessen. Diese Lebensverhältnisse werden alle mehr oder minder von der Rechtsordnung berührt, aber nicht alle sind Gegenstand rechtlicher Normierung. So ist die Freundschaft zweifellos ein Lebensverhältnis von hohem sittlichen Wert; dagegen finden sich keinerlei Rechtsvorschriften, welche Bestimmungen irgendwelcher Art darüber treffen würden; sehr begreiflich, denn das, was der Freund dem Freunde schuldet — Treue, Wahrhaftigkeit, Offenheit —, kann und muß lediglich dem durch das Sittengesetz bestimmten Gewissen überlassen werden. Gleichwohl läßt sich nicht sagen, daß das Freundschaftsverhältnis rechtlich nicht geschützt sei; nur ist es nicht als solches geschützt. Wollte mich jemand etwa verhindern, freundschaftlichen Verkehr zu pflegen, so könnte ich wegen Eingriffs in das mir zustehende Recht freier Willensbetätigung je nach Umständen Klage wegen Beleidigung anstellen oder Anklage wegen widerrechtlicher Freiheitsberaubung veranlassen. Andere Lebensverhältnisse dagegen, weil sie auf Zwecke und damit auf Befriedigung von Interessen gerichtet sind, welche von der Rechtsgemeinschaft anerkannt sind, sind in ihren Voraussetzungen und Wirkungen Gegenstand rechtlicher Normierung und werden daher als Rechtsverhältnisse bezeichnet. So bildet die Tatsache, daß jemand eine Summe Geldes unter der Bedingung der Rückzahlung emp-

---

[5]) Das BGB. hebt die „Verkehrssitte" hervor. Sie ist, neben Treu und Glauben, nach § 157 für die Auslegung der Verträge, nach § 242 für die Erfüllung der Obligationen von Bedeutung (vgl. Anm. 3).

*) Bierling, Jurist. Prinzipienlehre, Bd. I, §§ 9—12, S. 145 bis 200; Arndts, §§ 10, 46; Gareis, S. 18—21; Merkel, §§ 145 ff.; Hedemann, §§ 14 f.; Schmidt, § 4 II; Merkel, Elemente, §§ 20 u. 21, S. 37—40; Regelsberger, Bd. I, §§ 13 bis 16, S. 71—82; Gierke, Bd. I, §§ 27 f., S. 251 ff.; Dernburg, Pandekten, §§ 33—35; Enneccerus-Kipp-Wolff, I, §§ 64—75.

fangen hat, ein Lebensverhältnis, welches zugleich ein Rechtsverhältnis ist, da das Recht an den bezeichneten, von ihm anerkannten und normierten Tatbestand, das sog. Darlehen, das Gebot als Wirkung anknüpft, daß der Empfänger dem Geber den erhaltenen Betrag zurückzuerstatten hat. Oder, um ein anderes Beispiel zu wählen, wenn jemand am Strande eine vom Meere ausgespülte Muschel ergriffen hat, um sie für sich zu behalten, so ist damit wiederum ein tatsächliches Verhältnis, eine Macht über die Muschel gegeben, das zugleich ein Rechtsverhältnis, und zwar das des Eigentums bildet, da ja das Recht dem Okkupanten gestattet, nach Belieben über die Sache zu verfügen, sowie jedweden Gebrauch davon zu machen, und somit allen anderen Personen verbietet, ihn irgendwie in diesen Verfügungen und diesem Gebrauche zu beeinträchtigen. Es ist klar, daß in beiden Fällen ein bestimmtes menschliches Interesse vorliegt, das Anlaß und Gegenstand der angeführten Rechtsvorschriften bildet; einerseits das Interesse des Darlehensgebers an der Rückzahlung der dargeliehenen Summe, andererseits das Interesse des Okkupanten, den Besitz und Genuß der von ihm ergriffenen Sache zu behaupten. Was für diese Verhältnisse gilt, findet seine Anwendung auf jedes Rechtsverhältnis überhaupt; wo immer eine Rechtsnorm, ein Gebot oder Verbot, ins Leben eingreift, dient sie der Verwirklichung und Sicherung bestimmter Interessen. So dient das Gebot, Militärdienst zu leisten, dem Interesse der Landesverteidigung; das Verbot der Einführung von Vieh und Waren bzw. das Gebot der Schutzpockenimpfung dem Interesse an Fernhaltung von Seuchen und ansteckenden Krankheiten; die Strafbestimmungen und damit die Verbote gegen Unzucht und Blutschande, gegen Meineid sowie gegen Münz-, Maß- und Gewichtsfälschung den Interessen der Erhaltung unentbehrlicher Grundlagen unserer Gesittung, unserer Rechtspflege und unseres Verkehrswesens. Das mit den Lebensverhältnissen selbst gegebene Interesse erhält durch die rechtliche Normierung einen Machtzuwachs; der auf Herstellung und Behauptung des dem Interesse entsprechenden tatsächlichen Zustandes gerichtete Wille der Beteiligten wird von der Rechtsordnung, somit dem Willen der Gesamtheit, nicht nur gutgeheißen, sondern gemäß ihrer Tendenz nach Erzwingbarkeit erforderlichenfalls auch gegenüber dem widerstrebenden Willen anderer durchgesetzt. Diese mit dem

Interesse verknüpfte, dessen Befriedigung bezweckende Willensmacht ist es, in der das Wesen der Berechtigung oder des Rechts im subjektiven Sinne liegt. Allein indem die Rechtsordnung zugunsten des oder der Interessenten eine Willensmacht verleiht, begründet sie zugleich eine Willensgebundenheit, und zwar für die Personen, an welche sie sich in ihrer Normierung gebietend oder verbietend wendet. Mit anderen Worten, mit der Entstehung des Rechts auf der einen Seite ist mit begrifflicher Notwendigkeit auch die Rechtspflicht auf der anderen Seite gegeben; Recht und Pflicht sind korrelate Begriffe; der eine kann ohne den anderen schlechterdings nicht gedacht werden; sie sind eben nichts anderes als die beiden Seiten eines von der Rechtsnorm ergriffenen Lebensverhältnisses, mit dem Rechtsverhältnis selbst gegeben.

Rechte im subjektiven Sinne.

II. So unzweifelhaft richtig dieser Gedanke ist, so sind doch die einzelnen Verhältnisse nach Seite der Berechtigung und Verpflichtung ungemein verschieden. Wenn wir auch sagen, daß die Gesamtheit oder das Publikum ein Recht darauf habe, daß der Einzelne seine Bürgerpflichten als Soldat und Steuerzahler erfülle, daß die Verbreitung von Seuchen und ansteckenden Krankheiten verhindert werde, daß die Grundlagen unserer Gesittung, unserer Rechtspflege und unseres Verkehrswesens gewahrt werden, so pflegen wir doch von einem derartigen Rechte nicht mit Bezug auf eine bestimmte Person zu sprechen; in der Tat existiert eine Beziehung der in Frage stehenden Interessen zu einer bestimmten Person überhaupt nicht. Im allgemeinen hat jeder das gleiche Interesse, daß die einschlägigen Vorschriften verwirklicht werden.

Anders verhält es sich bei den zuerst angeführten Beispielen, dem Darlehen und dem Eigentum. Im ersten Falle gewährt das Recht dem Darlehensgeber behufs Verwirklichung seines Interesses an der Rückzahlung die Macht, den Empfänger zur Erstattung des gleichen Betrages zu nötigen. Im zweiten Falle hingegen ermächtigt das Recht den Okkupanten der herrenlosen Sache — und das ist eine Muschel — zur Verwirklichung seines Interesses am Besitz und Genuß der Sache mit derselben nach Belieben zu verfahren. In dem einen wie in dem anderen Falle ist somit einer bestimmten Person zum Zwecke der Verwirklichung eines von der Rechtsordnung anerkannten Interesses derselben rechtliche Macht verliehen. Wo eine solche Individualisierung gegeben ist, pflegen wir von einem Recht im subjektiven Sinne des Wortes zu sprechen. Demnach hat man unter einem subjektiven Rechte die unter gewissen Voraussetzungen vom objektiven Rechte einer bestimmten Person gewährte rechtliche Macht zur Befriedigung eines anerkannten Interesses derselben zu verstehen. Als Macht ist die Ausübung des subjektiven Rechts lediglich dem Ermessen des Berechtigten überlassen; indessen kann der Inhalt des Rechts für den Berechtigten zugleich Pflicht sein. So ist dem Vater in seinem Interesse das Recht, die Kinder zu erziehen, eingeräumt; im Interesse der Kinder aber ist ihm diese Erziehung zur Pflicht gemacht. So ist die Ausübung des politischen Wahlrechts den Staatsbürgern mitunter zur Pflicht gemacht, und selbst das Eigentum, namentlich das an Grund und Boden, unterliegt zahlreichen rechtlichen Beschränkungen, ja, es kann sogar eine bestimmte Art der Ausübung desselben dem Eigentümer vorgeschrieben sein (z. B. Betrieb einer Eisenbahn durch den Eigentümer derselben).

Pflichten.

III. Wie das subjektive Recht Macht, so ist die mit ihm gesetzte Pflicht Gebundenheit zugunsten einer bestimmten Person und ihres im (subjektiven) Rechte geschützten Interesses. Wenn der Darlehensgeber das Recht hat, vom Empfänger Zahlung zu verlangen, mit anderen Worten: wenn er Zahlung von ihm verlangen darf, so ist der letztere zu derselben verpflichtet, er soll oder muß Zahlung leisten. Und ferner, wenn die Rechtsordnung den Okkupanten einer herrenlosen Sache als Eigentümer ermächtigt, mit der Sache (sei es schlechthin, sei es innerhalb gewisser Schranken) nach Belieben zu verfahren, wenn also sein Wille für die Behandlung der Sache entscheiden soll, so bedingt diese ihrer Natur nach ausschließliche Ermächtigung die Pflicht aller anderen Menschen, in diese Sphäre nicht einzugreifen. Es kommt also darauf an, inwieweit das Interesse des Einzelnen am Besitz und Genuß der Sache in dem subjektiven Recht Anerkennung und Schutz erhalten hat; — möglicherweise sind der Betätigung des Interesses erhebliche Schranken und Modalitäten gesetzt, wie namentlich im Eigentumsrecht am Grund und Boden, — insoweit muß es sich dem widerstrebenden Willen aller anderen gegenüber durchsetzen können; ihnen liegt daher die Pflicht ob, insoweit in das geschützte Gebiet nicht einzugreifen.

Relative und absolute Rechte. Dingliches od. Sachenrecht.

IV. Das Gesagte dient zugleich dazu, wichtige Unterschiede in der Natur der Rechtsverhältnisse darzulegen. Das Recht aus dem Darlehen wie überhaupt jedes Forderungsrecht richtet sich von vornherein gegen eine bestimmte Person, die des Verpflichteten oder Schuldners, und kann ohne diese Beziehung gar nicht gedacht werden[6]). Es wird daher ein *persönliches oder relatives Recht* genannt. Das Eigentumsrecht hingegen, wie zahlreiche andere Rechte, z. B. das Recht des Menschen auf körperliche und geistige Unversehrtheit, entbehrt einer solchen Beziehung zu einer bestimmten Person; es ist vielmehr gegen alle anderen Menschen gerichtet, die insgesamt verpflichtet sind, sich irgendwelchen Eingriffes zu enthalten[7]). Es ist somit ein *absolutes Recht* und, insofern es eine Sache zum Gegenstand hat, ein *dingliches* oder ein *Sachenrecht*. Im Gegensatz dazu ist das genannte Recht auf körperliche und geistige Unversehrtheit zwar ein absolutes, nicht aber ein dingliches Recht.

Mit diesem Unterschiede in der Natur der Rechte hängt ein Unterschied in der Natur der Pflichten zusammen. Die Pflicht, welche einem relativen Rechte entspricht, verlangt ein ganz bestimmtes Verhalten des Schuldners, gewöhnlich eine Handlung desselben, wie Rückzahlung des geliehenen Betrags; es kann aber auch eine Unterlassung bestimmter Art sein, z. B. der Mieter hat sich verpflichtet, in der Wohnung nicht zu waschen oder nicht Holz zu spalten. Die Pflicht, welche einem absoluten Recht entspricht, ist dagegen rein negativ auf das bloße Unterbleiben eines Eingriffs in die Sphäre des Berechtigten gerichtet.

Ansprüche.

V. Verschieden von dem Recht im subjektiven Sinn ist die daraus für den Berechtigten entstehende Möglichkeit, zurzeit von einer anderen Person eine Leistung bestimmter Art, sei es eine Handlung oder Unterlassung, zu verlangen, welche Möglichkeit ebenso wie das gestellte Verlangen — das wirkliche Ansprechen — als *Anspruch* bezeichnet wird[8]). Es liegt auf der Hand,

---

[6]) Über das *Forderungsrecht* siehe § 241.

[7]) Über das Eigentumsrecht siehe § 903 (vgl. Anm. 1).

[8]) Über den *Anspruch* siehe § 194. Danach unterliegt der Anspruch der *Verjährung*, nach § 195 in 30 Jahren seit seiner Entstehung (§ 198), ausnahmsweise nach §§ 196 und 197 (vgl. mit § 201 Satz 1) in zwei und vier Kalenderjahren, nach § 852 Abs. 1 in drei Jahren. Die Berechnung dieser Fristen normieren §§ 187 und 188. Danach ist § 187 Abs. 1 für den Anfang der 30- und 3jährigen

daß ein Anspruch in diesem Sinn sich nicht von selbst mit einem absoluten Recht verknüpft. Der Eigentümer, der sich in ungestörtem Besitz und Genuß seiner Sache befindet, ist gar nicht in der Lage, von einem anderen eine Leistung fordern zu können. Erst wenn er in seinem Recht beeinträchtigt wird, z. B. durch widerrechtliche Entziehung oder durch Störung seines Besitzes von seiten eines Dritten, entsteht gegen denselben ein Anspruch, der naturgemäß auf Wiederherstellung des seinem Recht entsprechenden Zustandes gerichtet ist, also die Herausgabe der Sache in dem einen, die Unterlassung der Störung in dem anderen Fall erheischt. Bei den relativen Rechten dagegen, insbesondere bei den Forderungsrechten, wird meistens mit der Entstehung des Forderungsrechts auch ein Anspruch gegeben sein, da dasselbe seiner Natur nach Leistung einer bestimmten Person bezweckt. Nur insofern die Leistung aus irgendwelchen Gründen erst in einem späteren Zeitpunkt zu erfolgen braucht, wird auch der Anspruch erst in diesem Zeitpunkt zur Entstehung gelangen: es ist zwar ein Forderungsrecht, aber noch keine gegenwärtige Möglichkeit, es geltend zu machen, und somit noch kein Anspruch vorhanden.

VI. Damit erscheint die Betrachtung des Rechtsverhältnisses und der damit gesetzten Rechte und Pflichten abgeschlossen. Im Gegensatz dazu steht das R e c h t s i n s t i t u t. Während wir beim Wort „Rechtsverhältnis" unseren Blick zunächst dem Leben zuwenden und eines der zahlreichen Lebensverhältnisse ins Auge fassen, insofern es Gegenstand rechtlicher Normierung ist, also beispielsweise an den zwischen zwei bestimmten Personen abgeschlossenen (konkreten) Kauf denken oder abstrakt an den Kauf schlechthin, denken wir bei dem Ausdruck „Rechtsinstitut" umgekehrt zunächst an die bestehende Rechtsordnung und fassen diese ins Auge, insofern sie durch ihre Rechtsvorschriften Lebensverhältnisse bestimmter Art einheitlich zu gestalten sucht. Als Rechtsinstitut ist somit der Inbegriff von Vorschriften zu bezeichnen, welche sich auf ein bestimmtes (abstraktes) Rechtsverhältnis be- Rechtsinstitute.

Frist, § 187 Abs. 2 Satz 1 für den Anfang der 2- und 4jährigen Frist, § 188 Abs. 2 für das Ende aller genannten Fristen maßgebend. Über die Wirkung der Anspruchsverjährung § 222. (S. dagegen die aufhebende „Ausschlußfrist", z. B. in § 1944 Abs. 1 und Abs. 2 Satz 1.).

ziehen. So sprechen wir von Kauf und Darlehen als Rechtsinstituten und meinen damit die Gesamtheit jener Vorschriften, welche alle Rechtsverhältnisse normieren, die die typischen Merkmale des Kaufes oder Darlehens an sich tragen.

§ 5. Die Träger der Rechtsverhältnisse*).

Rechtsfähigkeit. I. Jedes Rechtsverhältnis setzt, wie dargelegt worden ist, seiner Beschaffenheit nach voraus: (eine oder mehrere) Personen, in deren Interesse rechtliche Macht verliehen ist, und andererseits (eine oder mehrere) Personen, welche eben dadurch gebunden sind. Eine solche aktive oder passive Anteilnahme an den Rechtsverhältnissen aber hat ihrerseits zur Voraussetzung eine von der Rechtsordnung anerkannte Fähigkeit, Rechte zu haben und demgemäß Pflichten unterworfen sein zu können. Diese Fähigkeit ist es, welche als **Rechtsfähigkeit** oder **Persönlichkeit** bezeichnet wird.

Natürliche Personen. Von Natur kommt dieselbe dem Menschen und nur dem Menschen zu; nur der Mensch kann Interessen empfinden, welche Gegenstand rechtlichen Schutzes sind. Während aber das Altertum vielfach Menschen — den Sklaven — von vornherein die Rechtsfähigkeit versagte und demgemäß auch hinterher den Verlust derselben eintreten ließ (z. B. durch Kriegsgefangenschaft), steht nach modernem Recht jedem Menschen als solchem die Rechtsfähigkeit als unveräußerliches Gut zu. Sobald ein Mensch geboren, d. h. vollständig vom Mutterleibe getrennt ist, ist er **Person** (im Sinne des Rechts) und bleibt es bis zum Augenblick seines Todes[9]). Daraus folgt, daß der noch Ungeborene

*) **Bierling**, Jurist. Prinzipienlehre, Bd. I, § 13, S. 201 bis 238; **Arndts**, § 47; **Gareis**, § 15, I; **Kohler**, § 9, S. 13, § 14, S. 22; **Merkel**, §§ 183—190; **Schmidt**, § 2 I; **Regelsberger**, Pandekten, §§ 56 ff., 75 ff.; **Dernburg**, Pandekten, §§ 39 bis 54; **Gierke**, Deutsches Privatrecht, §§ 40 ff., S. 355 ff., §§ 58 ff., S. 456 ff.; **Stobbe-Lehmann**, Handbuch des deutschen Privatrechts (3. Aufl.), 1893—1900, Bd. II 1, S. 13—15; **Cosack**, Lehrb. des deutschen bürgerlichen Rechts, Bd. I, §§ 23 ff., Bd. II, §§ 293 ff.; **Endemann**, Lehrbuch des bürgerlichen Rechts, 9. Aufl., Berlin 1903, §§ 24 ff., 39 ff.; **Enneccerus-Kipp-Wolff**, Lehrbuch des bürglichen Rechts, 25.—29. Aufl., Marburg 1926, Bd. I, 1, §§ 76 ff., 96 ff., 110 ff.

[9]) Über **Entstehung der natürlichen Person** mit der Geburt siehe BGB. § 1.

noch nicht rechtsfähig ist. Das hindert aber nicht, daß das Recht schon jetzt seine Fürsorge der Leibesfrucht zuwendet, indem es sie vor Vernichtung, z. B. Abtreibung, zu schützen und ihre eventuellen Interessen (z. B. im Erbrecht) für die Zukunft zu wahren sucht[10]). Andererseits kann die Tatsache des erfolgten Todes ungewiß sein; das ist der Fall, wenn ein Mensch verschollen ist. Hat diese Verschollenheit längere Zeit angedauert — nach dem Bürgerlichen Gesetzbuch gewöhnlich zehn Jahre —, ohne daß irgendwelche Kunde über Leben oder Tod zu erlangen war, dann kann nach positivem Recht der Verschollene für tot erklärt werden, und zwar mit der Wirkung, daß er in einem bestimmten, vom Gesetz bezeichneten Zeitpunkt (dem Augenblick des Ablaufes der genannten Frist) als verstorben und somit als bis dahin lebend anzusehen ist[11]). Es leuchtet ein, daß damit die Rechtsfähigkeit des Verschollenen für einen Zeitraum angenommen ist, welcher der wirklichen Lebensdauer durchaus nicht zu entsprechen braucht.

II. Von der Rechtsfähigkeit verschieden ist die Handlungsfähigkeit. Darunter versteht man die (vom Rechte anerkannte) Fähigkeit, Handlungen mit rechtlicher Wirksamkeit vorzunehmen. Sie hat ihre Grundlage in der natürlichen Handlungsfähigkeit, obgleich dieselbe mehrfach an bestimmte rechtliche Voraussetzungen geknüpft ist. So ist nach römischem Rechte, außer dem Geisteskranken, das Kind, und zwar bis zum vollendeten siebenten Jahre, schlechthin handlungsunfähig, obgleich Kinder unter diesem Alter nicht selten einen sehr bestimmten Willen zu

Handlungsfähigkeit, Geschäfts- und Deliktsfähigkeit.

---

10) Über Fürsorge für die Leibesfrucht siehe § 1912 Satz 1 und § 1923 Abs. 2 (vgl. mit § 1923 Abs. 1). Vgl. auch § 844 Abs. 2 Satz 2.

11) Über Todeserklärung Verschollener und ihre Wirkung siehe §§ 13, 14, 18. — Siehe außerdem über Kriegs-, See- und Unfallverschollenheit §§ 15, 16 u. 17 (vgl. § 18), sowie über Lebensvermutung, unabhängig von der Todeserklärung, § 19. Den Anfang der in §§ 15—17 genannten Fristen regelt § 187 Abs. 1, den Anfang der Fristen des § 14 der § 187 Abs. 2 Satz 1, das Ende aller dieser Fristen § 188 Abs. 2. Vgl. Anm. 8 über Berechnung der Verjährungsfristen. (Eine Verordnung des Bundesrats vom 18. April 1916 in der Fassung der Verordnung vom 9. August 1917, abgeändert durch Gesetz vom 20. Februar 1925, läßt die Todeserklärung der im Weltkriege vermißten Angehörigen der verbündeten Armeen schon nach einem Jahre zu [vgl. § 15]).

äußern vermögen. Ebenso positiv-rechtlicher Natur sind die Sätze des römischen Rechts, daß der Unmündige nach Vollendung des 7. Lebensjahrs beschränkt (d. h. nur zu seinem Vorteil) handlungsfähig, der Mündige, d. h. derjenige, welcher vierzehn Jahre alt geworden ist, hingegen schlechthin handlungsfähig ist. Da nun die Handlungen mit rechtlicher Wirksamkeit sehr verschiedenartig sind — es sind vor allem Geschäfte, sog. Rechtsgeschäfte (wie Kauf oder Miete), oder verbotene Handlungen sog. Delikte (wie Diebstahl und Sachbeschädigung) — so kann man auch von einer Geschäftsfähigkeit als der Handlungsfähigkeit zum Abschlusse von Rechtsgeschäften und einer Deliktsfähigkeit oder Zurechnungsfähigkeit als der Handlungsfähigkeit zu Delikten sprechen[12]). Diese Scheidung ist geradezu geboten, wenn, wie nach dem neuen Reichsrecht, die Fähigkeit, Rechtsgeschäfte einzugehen, anders normiert ist als die Zurechnungsfähigkeit für Delikte[12]). Während Kinder unter sieben Jahren überhaupt „geschäftsunfähig", Minderjährige, die das siebente Lebensjahr vollendet haben, „in der Geschäftsfähigkeit beschränkt" (sie können selbständig Rechtsgeschäfte nur zu ihrem Vorteil eingehen), Volljährige, d. h. diejenigen, welche 21 Jahre alt geworden sind, regelmäßig unbeschränkt geschäftsfähig sind, sind zwar Kinder unter sieben Jahren auch schlechterdings deliktsunfähig, haften auch nicht für Ersatz des angerichteten Schadens; strafrechtlich können sie sogar erst mit Vollendung des 14. Lebensjahres verfolgt werden; dagegen sind Personen schon mit vollendetem 18. Lebensjahre unbedingt deliktsfähig; vor diesem Zeitpunkt haften sie nur dann, wenn sie die zur Erkenntnis der Verantwortlichkeit bzw. Strafbarkeit ihres Tuns erforderliche Einsicht und die Fähigkeit haben, ihren Willen dieser Einsicht gemäß zu bestimmen[12]). Die Fähigkeit zur Vornahme sonstiger Handlungen, welche also weder Rechtsgeschäfte noch Delikte sind, ist entweder besonders normiert — so erfordert

[12]) Die Geschäftsfähigkeit normieren BGB. §§ 104 ff., die Deliktsfähigkeit §§ 827, 828, sowie das Jugendgerichtsgesetz (JGG.) vom 16. Februar 1923 §§ 2 und 3 mit § 1. — Über Geschäftsunfähige siehe BGB. §§ 104, 105, über Personen, die in der Geschäftsfähigkeit beschränkt sind, §§ 106, 114, über deren Rechtsgeschäfte im allgemeinen § 107 (Anm. 2) und deren Geschäftsfähigkeit im besonderen §§ 110, 112, 113; andererseits über Deliktsunfähige BGB. § 828 Abs. 1, § 827 Satz 1 und JGG. § 2:

beispielsweise nach dem Bürgerlichen Gesetzbuch die selbständige Wahl des Wohnorts die Geschäftsfähigkeit[13]), also der Regel nach die Erreichung der Volljährigkeit —, oder das Gesetz begnügt sich mit der Tatsache, daß Handlungsfähigkeit im natürlichen Sinne gegeben ist, welche z. B. für Entdeckung eines Schatzes genügt[13]). Der Schatz wird zur Hälfte ins Eigentum des Entdeckers fallen, wenn dieser überhaupt handlungsfähig war, also auch dann, wenn er etwa das siebente Lebensjahr noch nicht vollendet hatte.

III. Neben dem Menschen werden im Rechte noch andere Träger oder Subjekte von Rechten und Verbindlichkeiten anerkannt: die sog. juristischen Personen. Diese Anerkennung beruht zuvörderst auf der Tatsache, daß in der menschlichen Gesellschaft zur Verwirklichung der verschiedensten Zwecke größere oder kleinere Verbände bestehen und immer wieder neu entstehen, welche als Mittelpunkte eigener Lebensbetätigung erscheinen. So vor allem der Staat[14]); er[17]) erscheint als Träger mannigfaltiger Interessen, welche in den Zwecken des Staates Ausdruck finden; er erscheint als Träger eines Willens, welcher auf Befriedigung derselben gerichtet ist, und entfaltet demgemäß eine Macht, welche den ihnen entsprechenden Zustand zu verwirklichen sucht. Freilich sind diese Interessen im Grunde genommen nur Interessen der Staatsangehörigen (aller oder einer größeren oder geringeren Anzahl derselben), ebenso wie der Wille und die ihn Juristische Personen, Korporationen.

„Wer eine mit Strafe bedrohte Handlung begeht, ehe er vierzehn Jahre alt geworden ist, ist nicht strafbar", und über Personen, die nur bedingt für ihre Delikte verantwortlich sind, BGB. § 828 Abs. 2, vgl. § 827 Satz 2 und JGG. § 3: „Ein Jugendlicher" — das ist: „Wer über vierzehn, aber noch nicht achtzehn Jahre alt ist" (JGG. § 1) —, „der eine mit Strafe bedrohte Handlung begeht, ist nicht strafbar, wenn er zur Zeit der Tat nach seiner geistigen oder sittlichen Entwicklung unfähig war, das Ungesetzliche der Tat einzusehen oder seinen Willen dieser Einsicht gemäß zu bestimmen." — Über Volljährigkeit BGB. § 2, deren Berechnung § 187 Abs. 2 Satz 2.

[13]) Siehe § 8 (über Wahl eines Wohnsitzes); § 984 (über Entdeckung eines Schatzes) und dazu auch § 950 Abs. 1 (über Verarbeitung von Sachen).

[14]) Der Staat und die Gemeinden, Kreise, Provinzen usw. gehören zu den juristischen Personen des öffentlichen Rechts (sog. Körperschaften des öffentlichen Rechts), denen das BGB. im Anschlusse an die (privatrechtlichen) Vereine und Stiftungen nur § 89 widmet. Vgl. Anm. 17.

unterstützenden Machtmittel in letzter Linie nur Wille und Macht der Einzelnen sind. Allein das Bewußtsein der gemeinsamen staatlichen Zwecke wirkt auf Entstehung übereinstimmender Anschauungen und Bestrebungen. Es bilden sich Anschauungen und Überzeugungen von dem, was der Gesamtheit oder dem Staate frommt, im Gegensatz zu dem, was bloß dem Einzelnen nützlich ist. Vollzieht sich sonach im Bewußtsein der Einzelnen eine Scheidung zwischen individuellen und Staatsinteressen, so kommt hinzu, daß die der Durchsetzung der letzteren zugewendeten Bestrebungen, wenn überhaupt, nur einen einheitlichen Ausdruck erhalten können. Als Wille des Staates gilt nur der Wille, welcher als solcher von den verfassungsmäßig dazu berufenen Organen (sei es dem Träger der souveränen Gewalt oder einem Beamten innerhalb seiner Amtssphäre) erklärt worden ist, und dieser Wille ist es, der eventuell mit geeinten Kräften zum Vollzuge gelangt. Da nun dieser einheitliche Wille und diese einheitliche Macht Ergebnis und Ausfluß des realen staatlichen Verbandes ist, so werden dieselben im Leben auch dem Staate beigelegt, mit anderen Worten: der Staat wird personifiziert, als Träger dieses Willens und dieser Macht gedacht. Und wie das Leben, so verfährt auch die Rechtsordnung. Auch im Rechte gilt der Staat wie das einzelne Individuum als Person, und zwar, entsprechend seiner Betätigung, als handlungsfähige Person, indem die Handlungen der staatlichen Organe einfach als Handlungen des Staates selbst betrachtet werden. Diese Handlungsfähigkeit äußert sich in allen Richtungen, in welchen der Staat überhaupt tätig wird: in Unterhaltung seiner völkerrechtlichen Beziehungen nach außen, in Ausübung seines Rechts der Gesetzgebung und Exekutive gegenüber den Staatsangehörigen nach innen und insbesondere auch im vermögensrechtlichen Verkehr, an welchem er gerade so wie die einzelnen Menschen teilnimmt. Er wird daher auch hier unmittelbar durch die Handlungen seiner Organe berechtigt wie verpflichtet, erwirbt Eigentum, Forderungen, wie er andererseits auch mit Schulden und Verbindlichkeiten belastet wird, und zwar letzteres nicht nur infolge von Rechtsgeschäften, sondern auch von Delikten, welche die Organe in Ausführung ihrer Verrichtungen begehen*). Was vom Staate ge-

*) Die hier vertretene Auffassung, welche im deutschen Recht und im BGB. Anerkennung gefunden hat, ist nicht die des römischen

sagt ist, findet in allen wesentlichen Punkten auf die Gemeinden, Stadt- und Landgemeinden, Kreise, Provinzen usw. Anwendung [14]) [17]). Auch hier tritt die Gesamtheit als Trägerin besonderer Interessen und Willensbetätigungen hervor, welche in der gegebenen Organisation ihren Ausdruck findet. Demgemäß wird auch die Gemeinde als handlungsfähige, durch ihre Organe fungierende Person vom Rechte anerkannt. Dasselbe ist der Fall bei zahlreichen Vereinen privater Natur [15]), insofern die Mitglieder bestimmte gemeinsame Zwecke, z. B. wissenschaftlicher, künstlerischer, geselliger, wirtschaftlicher Natur in einheitlicher (korporativer) Organisation mit gemeinschaftlichen Mitteln zu verwirklichen bestrebt sind. Auch diese Vereine werden von der Rechtsordnung — gewöhnlich allerdings erst, wenn gewisse, ihre Erkennbarkeit sichernde Voraussetzungen, wie insbesondere die Eintragung in öffentliche Vereinsregister, erfüllt sind — als handlungsfähige Personen anerkannt, denen gerade so wie dem Staat und den Gemeinden zur Erreichung ihrer Zwecke ein eigenes Vermögen zusteht [15]).

Den bisher betrachteten juristischen Personen ist gemeinsam, daß die Persönlichkeit sich mit einer organisierten Personenmehrheit verknüpft. Sie werden daher als **Körperschaften** oder **Korporationen** bezeichnet. Ihnen werden als zweite Art Anstalten und Stiftungen.

Rechts. Danach ist der Staat, als Fiskus, wohl Subjekt von Vermögensrechten und Verbindlichkeiten, gilt aber als handlungsunfähig. Er bedarf daher wie ein Kind oder ein Geisteskranker zum Erwerb von Rechten eines Vertreters. Dessen Handlungen, vorausgesetzt, daß sie im Namen des Staates und innerhalb der Vertretungsmacht vorgenommen sind, berechtigen und verpflichten den Staat, gelten aber nicht als Handlungen des Staates selbst.

[15]) Über die Vereine privater Natur siehe §§ 21—79. Sie entstehen nach § 21 (vgl. dazu namentlich §§ 55, 57, 58) durch Eintragung in das Vereinsregister oder nach § 22 (bzw. § 23) durch staatliche Verleihung und haften nach § 26 Abs. 2 (vgl. Abs. 1) aus Rechtsgeschäften, nach § 31 aus schadenstiftenden Handlungen ihrer Organe mit ihrem Vereinsvermögen (vgl. § 42). — Siehe über nicht rechtsfähige Vereine § 54 Satz 1 bzw. §§ 705 ff., namentlich § 718 Abs. 1 und § 719 Abs. 1; aus den Rechtsgeschäften ihres Vorstandes haftet der Handelnde persönlich nach § 54 Satz 2, die Mitglieder nach §§ 710 Abs. 1 Satz 1, 714 grundsätzlich (§ 427) als Gesamtschuldner, doch beschränkbar auf (Anteil am) Vereinsvermögen. Vgl. ZPO. § 50 Abs. 2: „Ein Verein, der nicht rechts-

der juristischen Personen entgegengesetzt jene selbständigen Organisationen, welche als Anstalten und Stiftungen[16]) bezeichnet werden, wie z. B. Bistümer, Universitäten, Krankenhäuser, Pensionsanstalten einerseits und Stipendien-, Aussteuerstiftungen andererseits. Da auch sie bestimmten gemeinnützigen Zwecken dienen und zu deren Verwirklichung eine eigene Willensbetätigung entfalten, verknüpft das Recht mit denselben juristische Persönlichkeit in ähnlicher Weise wie mit den Korporationen[17]). Doch besteht zwischen beiden der wesentliche Unterschied, daß für das Schicksal der Korporation der Wille ihrer Mitglieder entscheidet; sie regieren die Korporation; für das Geschick der Anstalt und der Stiftung hingegen sind der Wille des Stifters und das Gesetz maßgebend; die innerhalb ihres Organismus tätigen Personen haben im wesentlichen nur verwaltende Befugnisse.

§ 6. Entstehung, Endigung und Änderung der Rechtsverhältnisse*).

Juristische Tatsachen.

I. Damit ein Rechtsverhältnis irgendwelcher Art zur Entstehung gelangt — und das gleiche gilt für Endigung und Änderung der Rechtsverhältnisse —, ist immer ein äußerer Vorgang, der Eintritt einer oder auch mehrerer Tatsachen in Verbindung mit gewissen anderen Umständen erforderlich, an welche die Rechtsordnung die Entstehung als Rechtsfolge oder Wirkung anknüpft. Derartige Tatsachen heißen um deswillen „juri-

fähig ist, kann verklagt werden; in dem Rechtsstreite hat der Verein die Stellung eines rechtsfähigen Vereins", und § 735: „Zur Zwangsvollstreckung in das Vermögen eines nicht rechtsfähigen Vereins genügt ein gegen den Verein ergangenes Urteil."

[16]) Über Anstalten und Stiftungen siehe das BGB. über Stiftungen (§§ 80—88). Sie entstehen nach § 80 und § 81 Abs. 1 und haften nach § 86 (wie die Vereine) gemäß § 26 Abs. 2 und § 31 (vgl. § 42) mit dem Stiftungsvermögen (siehe Anm. 15).

[17]) Die in Anm. 15 u. 16 genannten Vorschriften der §§ 31 und 42 Abs. 2 finden nach § 89 auf die juristischen Personen des öffentlichen Rechts (Anm. 14) entsprechende Anwendung.

*) Gareis, § 15 III; Merkel, §§ 206—310; Hedemann, §§ 9 u. 15; Merkel, Elemente, §§ 22 f., S. 40—44; Regelsberger, Pandekten, Bd. I, §§ 118 f., 129 ff., 135 ff., 178 f.; Dernburg, Pandekten, Bd. I, §§ 67 ff., 79 ff.; Gierke, Deutsches Privatrecht, Bd. I, §§ 32 ff., S. 278 ff.; Cosack, Lehrbuch des deutschen bürgerl. Rechts, Bd. I, §§ 50 ff.; Endemann, Bd. I, §§ 57 ff.; Enneccerus-Kipp-Wolff, Bd. I, §§ 136 ff.

stische Tatsachen" und bilden im Verein mit den sonstigen Voraussetzungen für den Eintritt eines bestimmten Rechtsverhältnisses dessen „juristischen Tatbestand". So hat die Tatsache der Besitzergreifung einer Sache in der Absicht, sich dieselbe zuzueignen, den Erwerb des Eigentums für den Ergreifenden zur Folge, wenn die Sache eine herrenlose war[18]); so haben die übereinstimmenden Erklärungen zweier Personen, einerseits eine Sache zu kaufen und andererseits sie zu verkaufen, entsprechende Rechte und Verbindlichkeiten der Erklärenden zur Folge unter der doppelten Voraussetzung, daß dieselben zur Zeit des Geschäftsabschlusses geschäftsfähig waren und die betreffende Sache auch wirklich vorhanden war[18]). So bewirkt der Tod eines Menschen den Übergang seiner Vermögensrechte auf Überlebende, wenn dieselben aus irgendeinem Grunde (durch Testament, Erbvertrag oder Gesetz) zu seiner Erbfolge berufen waren[18]). — Diese Beispiele deuten zugleich die Verschiedenheit der juristischen Tatsachen an. So mannigfaltig sie auch im einzelnen sein mögen, es sind entweder Handlungen, d. h. Äußerungen oder Erklärungen des Willens einer Person, oder sonstige Ereignisse, wie Geburt oder Tod eines Menschen, Entstehung oder Untergang einer Sache (welche unter Umständen Erwerb und Verlust des Eigentums an derselben verursachen), Dauer eines Zustandes während gewisser Zeit; so hat die Fortdauer des Besitzes während der Ersitzungszeit eventuell den Erwerb des Eigentums, die Nichtanstellung einer Klage während der dazu gesetzlich bestimmten Frist den Verlust des Klagerechts zur Folge usw.

II. Unter den Handlungen sind besonders wichtig die sog. Rechtsgeschäfte. Das sind Willenserklärungen, welche zur Ordnung der Rechtsverhältnisse des Erklärenden bestimmt sind. Rechtsgeschäft. Sie sind daher nach Absicht derselben auf eine Rechtsfolge gerichtet, welche die Rechtsordnung eben deshalb eintreten läßt, weil sie gewollt ist. Indessen genügt es, wenn die Absicht der Beteiligten nur im allgemeinen auf den Eintritt der Rechtsfolge gerichtet ist, ihre Hauptwirkung beabsichtigt ist. So kommt bei-

---

[18]) Siehe zur „Besitzergreifung einer (herrenlosen) Sache" § 958 Abs. 1, zu den „übereinstimmenden Erklärungen", eine Sache zu kaufen und zu verkaufen, § 433 Abs. 1 Satz 1 und Abs. 2, zu dem durch den Tod eines Menschen bewirkten Übergang seiner Vermögensrechte § 1922 Abs. 1.

spielsweise der Kauf mit allen seinen Rechtswirkungen, also auch der Haftung des Verkäufers für Mängel der verkauften Sache, zustande, auch wenn die Parteien gar nicht daran gedacht haben, sondern lediglich die Übertragung der Sache gegen einen bestimmten Preis im Sinne hatten. — Als Willenserklärungen erfordern die Rechtsgeschäfte einmal einen wirklichen Willen des Erklärenden; demgemäß sind bloße Scheinerklärungen (zum Scherz, zu Lehrzwecken, in Simulationsabsicht abgegeben) grundsätzlich nichtig [19]), während Willenserklärungen, welche in mangelhafter Weise unter Einwirkung von Irrtum, arglistiger Täuschung, Zwang zustande gekommen sind, von den Erklärenden als unverbindlich angefochten werden können [19]). Andererseits muß der vorhandene Wille auch irgendwie kundgegeben, er muß erklärt werden; nicht selten muß das in ganz bestimmter Form geschehen, dann ist das Rechtsgeschäft ein formelles, z. B. die Errichtung eines Testaments oder die Eingehung einer Ehe [20]). Mitunter erfordert es die Natur einer Willenserklärung, daß dieselbe an eine bestimmte andere Person gerichtet wird; so kann der Mieter die Wohnung nur dem Vermieter kündigen. Derartige Willenserklärungen heißen empfangsbedürftige; im Gegensatz dazu werden die anderen als nicht empfangsbedürftige bezeichnet, wie z. B. die Besitzergreifung einer herrenlosen Sache, die Ausschlagung einer Erbschaft. Die Willenserklärung ist hier vollendet, wenn sie überhaupt abgegeben worden ist, während die empfangsbedürftige Erklärung der anderen Person, wenn sie abwesend ist, immer erst zugehen muß [21]).

---

[19]) Zur Nichtigkeit der Scheinerklärungen siehe §§ 116, 117, 118, zur Anfechtbarkeit der Willenserklärungen dagegen, die durch Irrtum, arglistige Täuschung, Zwang hervorgerufen sind, § 119 (und dazu § 120) bzw. § 123 Abs. 1 (vgl. § 142 Abs. 1).

[20]) Siehe über Testamentsformen § 2231, die Form der Eheschließung § 1317 Abs. 1 (vgl. auch §§ 1434, 2276 Abs. 1 Satz 1 über die Formen des Ehe- und des Erbvertrages). — Über andere formelle Rechtsgeschäfte siehe §§ 313 Satz 1, 873 Abs. 1, 925 Abs. 1, 518 Abs. 1 Satz 1 über Schenkungsversprechen; § 566 Satz 1 über Mietvertrag, § 761 über Leibrentenversprechen, § 766 Satz 1 über Bürgschaftserklärung. — Mangel der vorgeschriebenen Form macht das Rechtsgeschäft nach § 125 nichtig (vgl. Anm. 1).

[21]) Über das Zugehen der empfangsbedürftigen Willenserklärung, z. B. einer Kündigung, siehe § 130 Abs. 1.

Verträge.

III. Mit der Abgabe der Willenserklärung ist möglicherweise auch das beabsichtigte Rechtsgeschäft schon zustande gekommen; das ist der Fall bei den sog. einseitigen Rechtsgeschäften, welche zu ihrer Entstehung nur *einer* Willenserklärung bedürfen, wie die Errichtung eines Testaments; andere Rechtsgeschäfte dagegen erfordern die übereinstimmenden Willenserklärungen zweier oder mehrerer Personen und werden deshalb *zweiseitige Rechtsgeschäfte* oder *Verträge* genannt. *Vertrag* ist sonach die *erklärte Willenseinigung* zweier oder mehrerer Personen, welche *auf Begründung einer Rechtswirkung unter den Erklärenden gerichtet* ist. Dieselbe entsteht dadurch, daß der Inhalt des Vertrags von der einen Partei behufs *Annahme* der anderen in Vorschlag gebracht wird und dieser *Vertragsantrag* (*Angebot, Offerte*) von der letzteren auch wirklich angenommen wird[22]), z. B. jemand bietet mir ein Pferd zum Preise von 1000 Mark an, und ich erkläre, dieses Angebot anzunehmen. Damit ist die Willenseinigung, das Pferd zu verkaufen und zu kaufen, gegeben; der Kaufvertrag ist also geschlossen. Freilich wird nicht selten der Vertragsantrag das Ergebnis einer Reihe von *Vorverhandlungen* sein und daher äußerlich nicht so bestimmt hervortreten; sachlich aber erfordert jeder Vertrag Annahme eines bestimmten Antrages.

Bedeutung und Arten der Verträge.

Der Vertrag ist eine Rechtsform allgemeinster Bedeutung. Durch Vertrag normieren die verschiedenen Staaten die Rechtsverhältnisse der großen Staaten- und Völkergemeinschaft dieser Welt; durch Vertrag ordnen die einzelnen Staaten ihre individuellen Beziehungen zueinander, fixieren z. B. ihre streitigen Gebietsgrenzen durch Grenzregulierungsverträge; der Vertrag endlich ist von größter Bedeutung auf dem ganzen Gebiete des Privatrechts; die Ehe und die Annahme an Kindesstatt beruhen auf Vertrag; durch Vertrag (Erbvertrag bzw. Erbverzicht) werden Erbrechte begründet und aufgehoben; durch Vertrag wird Eigentum und werden andere Rechte an Sachen, wie Nießbrauch, Pfandrecht, begründet (sog. *dinglicher Vertrag*),

---

[22]) Siehe über *Antrag*, *Annahme* (Erklärung derselben gegenüber dem Antragenden), Zustandekommen des Vertrags insbesondere §§ 145, 147, 151 Satz 1. Über die Auslegung der Verträge § 157 (vgl. Anm. 2, 3, 5) im Gegensatz zu § 133 (über Auslegung der einzelnen Willenserklärung).

sei es nun, daß das durch die bloße Willenseinigung geschieht, sei es, daß dieselbe in der Übergabe der Sache sich verkörpern oder in der Eintragung in staatlich geführte Bücher ihren Ausdruck finden muß. So wird nach dem Bürgerlichen Gesetzbuch grundsätzlich für bewegliche Sachen die Übergabe derselben, für Grundstücke Eintragung der beabsichtigten Rechtsänderung in das Grundbuch erfordert[23]). In bestimmtem Gegensatz zu diesem dinglichen Vertrag steht der obligatorische oder Schuldvertrag, wodurch eine Verpflichtung zu irgendeiner Leistung (Handlung oder Unterlassung) begründet wird, z. B. die Verpflichtung, Eigentum an einer Sache zu übertragen oder ein Recht daran zu bestellen (durch Vornahme des entsprechenden dinglichen Vertrages)[24]). Das kann entweder so geschehen, daß nur die eine Partei der anderen etwas zu leisten verspricht (sog. einseitige Schuldverträge), z. B. der Freund verspricht, dem Freunde seine Uhr zum Andenken zu geben (ein Schenkungsversprechen, das Annahme des Beschenkten erfordert), oder daß beide Parteien gegenseitig sich Leistungen bestimmter Art versprechen (sog. zweiseitige oder gegenseitige Schuldverträge), wie beim Kauf, wobei Übergabe einer Sache gegen Zahlung eines Geldpreises, oder bei der Miete, wobei bloße Überlassung des Gebrauches einer Sache (einer Wohnung z. B.) gegen Zahlung eines Mietzinses, oder dem Dienstvertrage, wobei Leistung gewisser Dienste gegen Zahlung einer Vergütung vereinbart wird. Neben diesen Verträgen kommen andere vor, wodurch sich zwar nur der eine Teil zu einer Leistung anheischig macht, gleichwohl aber für den anderen auch eine Verpflichtung zu einer Leistung unter Umständen entstehen kann. So wird durch

---

[23]) Zu der für bewegliche Sachen geforderten Übergabe siehe § 929 Satz 1, § 1032 Satz 1, § 1205 Abs. 1 Satz 1; zu der für Grundstücke verlangten Eintragung ins Grundbuch § 873 Abs. 1, sowie § 925 Abs. 1. Vgl. Anm. 20.

[24]) Über den Gegensatz des obligatorischen zum dinglichen Vertrage siehe insbesondere § 313 Satz 1 (wonach der Vertrag, durch den ein Vertragsteil sich verpflichtet, das Eigentum an einem Grundstück zu übertragen, der gerichtlichen oder notariellen Beurkundung bedarf) und § 873 Abs. 1 (wonach der Vertrag, durch den das Eigentum daran übertragen wird, neben der Einigung der Parteien Eintragung in das Grundbuch erfordert). Vgl. Anm. 20.

Übernahme eines Auftrages zunächst nur der Beauftragte verpflichtet, und zwar zur sorgfältigen Ausführung des ihm übertragenen Geschäftes. Wenn ihm aber durch die Ausführung Kosten erwachsen oder durch die Schuld des Auftraggebers ein Schaden verursacht worden ist, so wird ihm zugleich der Auftraggeber zur Schadloshaltung verpflichtet. Es leuchtet ein, daß ein derartiger Vertrag im Grunde doch nur ein einseitiger ist, wenn auch nicht wesentlich einseitig, insofern neben der mit dem Vertrag allein übernommenen Verpflichtung des Beauftragten eine Verpflichtung des Auftraggebers entstehen kann, die aber durchaus nicht, wie bei dem gegenseitigen Vertrage, den Charakter eines Äquivalents der anderen Leistung an sich trägt.

IV. Neben den Rechtsgeschäften kommen als zweite Hauptart der juristischen Handlungen die Rechtsverletzungen oder Delikte in Betracht. Darunter sind Handlungen zu verstehen, welche (objektiv) eine Verletzung von rechtlich geschützten Interessen darstellen und zugleich (subjektiv) auf dem Verschulden (Vorsatz oder Fahrlässigkeit) des Handelnden beruhen; eben darum erzeugen sie rechtliche Wirkungen, die sich gegen den Täter selbst richten[25]. Zur Veranschaulichung dieses Begriffes diene Delikte.

[25]) Dem im zweiten Satze unter Ziff. IV bestimmten und nachfolgend erläuterten Begriffe der Delikte entspricht § 823 Abs. 1. Danach wird derjenige, der „widerrechtlich" (d. i. im Widerspruch mit der Rechtsordnung) und „vorsätzlich oder fahrlässig" (d. i. schuldhaft) „das Leben, den Körper, die Gesundheit, die Freiheit, das Eigentum oder ein sonstiges Recht" (z. B. Nießbrauch, § 1030 Abs. 1, Recht auf Namen, § 12) eines anderen verletzt, ihm zum Schadensersatz (darüber insbesondere: § 249 Satz 1, § 251 Abs. 1, § 252 bzw. auch § 842, § 843 Abs. 1) verpflichtet. Es verpflichtet somit Körperverletzung und ebenso Sachbeschädigung (als Verletzung des Eigentums) den Täter nach § 823 Abs. 1 zum Schadensersatz. — Dieselbe Verpflichtung trifft nach § 823 Abs. 2 auch denjenigen, der gegen ein den Schutz eines anderen bezweckendes Gesetz (sog. Schutzgesetz) verstößt. Zu diesen Schutzgesetzen zählen insbesondere auch die Strafbestimmungen gegen Beleidigung (Strafgesetzbuch § 185: „Die Beleidigung wird mit Geldstrafe oder mit Haft oder mit Gefängnis bis zu einem Jahre ... bestraft") und Betrug (StGB. § 263: „Wer in der Absicht, sich oder einem Dritten einen rechtswidrigen Vermögensvorteil zu verschaffen, das Vermögen eines anderen dadurch beschädigt, daß er durch Vorspiegelung falscher oder durch Entstellung oder Unterdrückung wahrer Tatsachen einen Irrtum erregt oder unterhält, wird wegen Betruges mit Gefängnis bestraft"), welche die Ehre und das Vermögen des anderen schützen sollen, im Abs. 1 des § 823 aber

folgendes einfache Beispiel. Wenn etwa der Eigentümer sich in seinem Garten mit dem Putzen der Bäume beschäftigt und durch einen herabgeworfenen Zweig einen anderen körperlich verletzt, so liegt darin wohl objektiv eine Rechtsverletzung, zur Schuld aber wird dieselbe dem Täter nicht angerechnet werden können, wenn die Anwesenheit anderer Personen nicht zu erwarten war: der Garten war z. B. völlig abgeschlossen, und der Verletzte hatte sich unbemerkt durch Übersteigen der Mauer Eingang verschafft. Die rechtlichen Folgen der Rechtsverletzung werden den Täter erst dann treffen, wenn er entweder den Verletzten gesehen und den Ast auf ihn herabgeworfen hatte oder er sich doch sagen mußte, daß Menschen (Hausangehörige oder Fremde) im Garten sich aufhalten und somit durch herabgeworfene Zweige verletzt werden könnten. Also nur dann, wenn der Handelnde die Verletzung entweder vorausgesehen hatte oder doch hätte voraussehen können, seine Handlung sonach entweder auf Vorsatz oder Fahrlässigkeit beruhte, wird er für dieselbe verantwortlich gemacht und in dem einen Falle wegen vorsätzlicher, in dem anderen wegen fahrlässiger Körperverletzung zu bestrafen sein, in beiden Fällen aber dem Verletzten für den Ersatz des Schadens haften müssen, welchen derselbe durch die Körperverletzung erlitten hat. Die Beschädigung einer fremden Sache hat im Gegensatz zur Körperverletzung eine Strafe für den Täter nur dann zur Folge, wenn die Beschädigung vorsätzlich herbeigeführt wurde; die fahrlässig bewirkte Sachbeschädigung erzeugt nur einen Anspruch auf Schadensersatz für den Beschädigten[25]). Freilich ist es auch möglich, daß die Rechtsordnung lediglich an die Verursachung einer Rechtsverletzung ohne Rücksicht auf irgendwelches Verschulden auf seiten des Täters Rechtswirkungen anknüpft. So wird im modernen Recht vielfach der Grundsatz anerkannt, daß derjenige, der zu den Zwecken seines Erwerbs ein gefahrdrohendes Unternehmen betreibt, für den dadurch anderen Personen verursachten Schaden aufkommen muß. Demgemäß verpflichten nach dem

---

nicht genannt sind. Der Beleidigte und Betrogene kann daher auf Ersatz des erlittenen Schadens nur nach Abs. 2 Satz 1 klagen. Kann dagegen ein Schutzgesetz, wie das Verbot der Besitzentziehung und Besitzstörung nach BGB. § 858 Abs. 1, auch ohne Verschulden übertreten werden, so haftet der Täter nach § 823 Abs. 2 Satz 2 nur im Falle des Verschuldens.

Reichshaftpflichtgesetz vom 7. Juni 1871 insbesondere Tötungen und Körperverletzungen im Betriebe einer Eisenbahn den Unternehmer schlechthin zum Schadensersatz (er müßte denn beweisen, daß der Unfall durch höhere, unabwendbare Gewalt oder eigenes Verschulden des Getöteten oder Verletzten verursacht worden ist). Ähnlich haftet nach dem Reichsgesetz über den Verkehr mit Kraftfahrzeugen vom 3. Mai 1909, in der Fassung des Gesetzes vom 23. Dezember 1922, geändert durch Verordnung vom 6. Februar 1924 (RGBl. I S. 42), der Halter eines Automobils für die durch das Automobil verursachte Tötung und Körperverletzung dritter Personen, die nicht im Automobil befördert und auch nicht beim Betrieb tätig werden, aber nur bis zu einem Kapitalbetrag von 25 000 RM oder bis zu einem Rentenbetrag von jährlich 1500 RM, im ganzen jedoch, wenn mehrere Personen getötet oder verletzt sind, nur bis zu einem Kapitalbetrag von 75 000 RM oder bis zu einem Rentenbetrag von insgesamt 4 500 RM; zudem haftet der Halter des Automobils für die durch das Automobil beschädigten Sachen bis zu einem Höchstbetrag von 5000 RM; indessen ist in jedem Fall die Haftung ausgeschlossen, wenn der Unfall durch ein unabwendbares Ereignis verursacht ist. — Eine gleiche Haftung auf dieselben Beträge trifft nach dem Luftverkehrsgesetz vom 1. August 1922, geändert durch Verordnung vom 6. Februar 1924 (RGBl. I S. 42), den Halter eines Luftfahrzeugs (Luftschiff, Flugzeug, Ballon) für alle durch den Betrieb des Luftfahrzeugs verursachten Tötungen, Körperverletzungen und Sachbeschädigungen.

Der Anspruch auf Strafe steht nach moderner Auffassung nur dem Staate zu. Je nachdem nun ein Delikt einen solchen Anspruch erzeugt oder lediglich für den davon Betroffenen einen Anspruch auf Ausgleichung des von ihm erlittenen Schadens, werden die Delikte als Verbrechen, kriminelles Unrecht (delicta publica) oder als Privatdelikte oder „unerlaubte Handlungen" (in der Sprache des Bürgerlichen Gesetzbuchs) bezeichnet. Im älteren Recht war das freilich anders. Zahlreiche Vergehen (wie z. B. Entwendung, Beleidigung, Körperverletzung), welche heutzutage als Verstoß gegen die Interessen der Gesamtheit betrachtet werden und daher einen Anspruch des Staates auf Bestrafung erzeugen, hatten nur für

Verbrechen und Privatdelikte.

die unmittelbar davon betroffene Person einen Anspruch nicht nur auf Schadensersatz, sondern auch auf Strafe zur Folge. Diese „Privatstrafen" sind unserem heutigen Rechtsbewußtsein fremd.

Vorsatz u. Fahrlässigkeit.

V. Während der Vorsatz jede Gradunterscheidung ausschließt — es ist immer das Voraussehen des rechtswidrigen Erfolges — kann die Fahrlässigkeit eine größere oder geringere sein, je nach dem Grade der Aufmerksamkeit und Sorgfalt, welche die einzelnen Rechtsverhältnisse erfordern. Um überhaupt zu bestimmen, ob ein Mensch fahrlässig handelt, stellen die Römer als Maßstab jene Sorgfalt auf, welche ein guter Hausvater (bonus pater familias), somit ein Mann, der seiner Aufgabe gewachsen ist und mit dem Bewußtsein der Verantwortlichkeit seiner Tätigkeit erfüllt ist, in seinen Angelegenheiten anwenden würde. Damit ist keineswegs ein Ideal, eine Sorgfalt gemeint, die schlechterdings nicht übertroffen werden könnte, sondern nur ein Durchschnittsmaß verlangt, nämlich die Sorgfalt, welche ein tüchtiger Durchschnittsmensch normalerweise zu betätigen pflegt. Hat der Verpflichtete irgendwie diese Vorsicht nicht bewährt, so liegt Fahrlässigkeit (culpa) desselben vor. Mitunter begnügt das Recht sich aber mit einem geringeren Maß von Sorgfalt, jener Sorgfalt, welche jeder gewöhnliche (durchaus nicht sorgsame) Durchschnittsmensch im Leben zu bewähren pflegt, deren Außerachtlassung daher den Vorwurf grober Nachlässigkeit (lata culpa) begründet. Es ist klar, daß beide Maßstäbe, die Sorgfalt des bonus pater familias und jene des gewöhnlichen Durchschnittsmenschen objektiver Natur sind. Ein rein subjektiver Maßstab dagegen ist es, wenn auf die Sorgfalt Bezug genommen wird, welche der Verpflichtete selbst in seinen eigenen Angelegenheiten anzuwenden pflegt (diligentia quam suis rebus adhibere solet). Von Wichtigkeit sind diese Unterscheidungen nur in bestehenden Schuldverhältnissen. Als Grundsatz gilt, und zwar sowohl nach römischem, nach bisherigem gemeinen wie nach bürgerlichem Recht, daß der Schuldner in Erfüllung der ihm obliegenden Verpflichtungen nicht nur für Vorsatz, sondern auch für Fahrlässigkeit schlechthin aufkommen muß, somit immer haftet, wenn er die Sorgfalt eines guten Hausvaters oder, wie das Bürgerliche Gesetzbuch sagt, die „im Verkehr erforderliche Sorgfalt" außer acht gelassen hat[26]). Wenn er jedoch durch das Schuldverhältnis lediglich belastet ist, ohne irgendwelchen Vorteil davon zu haben, wie z. B. der Schenker oder Verleiher einer Sache, so haftet er der Regel nach bloß für grobe Fahrlässigkeit; die freiwillige Übernahme der Führung fremder Geschäfte hingegen macht für jedes Verschulden verantwortlich[27]). Hingegen kann der Verpflichtete, wo es sich um Verpflichtungen aus Gemeinschaftsverhältnissen handelt, wie bei den Verpflichtungen der Gesellschafter oder der Ehegatten untereinander, sich durch Berufung auf die Sorgfalt, welche er in seinen Angelegenheiten anzuwenden pflegt, befreien, was jedoch niemals seine Haftung für grobe Fahrlässigkeit ausschließt[28]) [29]). Außerhalb der gegebenen Schuldverhältnisse ist jeder Bürger verpflichtet, sein Verhalten so einzurichten, daß er dadurch andere Personen nicht schädigt. Dieser Gedanke hat schon im römischen Recht in der Auslegung der lex Aquilia seine Anwendung gefunden, indem jede Sachbeschädigung oder Körperverletzung, die irgendwie auf das Verschulden des Täters zurückzuführen ist, ihn zum Ersatz verpflichtet (in lege Aquilia et levissima culpa venit), und ist in noch viel größerem Umfange im Bürgerlichen Gesetzbuch anerkannt worden[30]). Die Bestimmungen des-

---

[26]) Den Grundsatz, daß der Schuldner, wie für Vorsatz, auch für Fahrlässigkeit schlechthin aufkommen muß, „sofern nicht ein anderes bestimmt ist", enthält § 276 Abs. 1 Satz 1, die Voraussetzung dafür, daß er die im Verkehr erforderliche Sorgfalt außer acht läßt, § 276 Abs. 1 Satz 2.

[27]) Für grobe Fahrlässigkeit (§ 277) haftet der Schenker nach § 521, der Verleiher nach § 599; dagegen haften der Beauftragte (§ 662) und der Geschäftsführer ohne Auftrag (§ 677) mangels besonderer Bestimmung nach § 276 Abs. 1 Satz 1 (vgl. Anm. 26).

[28]) Über die Haftung für Sorgfalt in eigenen Angelegenheiten überhaupt siehe § 277; sie trifft den Gesellschafter § 708 (dagegen haftet der Gemeinschafter ohne Vertrag, § 741, nach § 276 Abs. 1 Satz 1), die Ehegatten nach § 1359, den Verwahrer bei unentgeltlicher Verwahrung nach § 690.

[29]) In gleichem Umfange wie eigenes Verschulden, also mit den in den Anm. 26, 27, 28 berührten Unterscheidungen hat der Schuldner das Verschulden (Fahrlässigkeit schlechthin bzw. nur grobe Fahrlässigkeit oder Unterlassung der Sorgfalt in eigenen Angelegenheiten) seiner Hilfspersonen in Erfüllung seiner Verbindlichkeit nach § 278 Satz 1 zu vertreten. Soweit daher durch das eine oder das andere Verschulden die Leistung unmöglich wird, ist der Schuldner nach § 280 Abs. 1 (im Gegensatz zu § 275 Abs. 1) dem Gläubiger zum Schadensersatz (darüber Anm. 25) verpflichtet.

selben über die unerlaubten Handlungen unterscheiden daher nicht nach Graden der Fahrlässigkeit; jede Fahrlässigkeit begründet vielmehr volle Haftung für Schadensersatz[30]).

§ 7. Ausübung und Schutz der Rechte*).

Ausübung des Rechts. I. Die von der Rechtsordnung den Einzelnen gewährten (subjektiven) Rechte dienen, wie wir gesehen haben (s. S. 38 f. oben), der Befriedigung bestimmter Interessen derselben. Es soll nach dem Willen der Rechtsordnung der ihnen entsprechende äußere Zustand ermöglicht werden. Jene Betätigung nun, welche auf Herstellung dieses Zustands gerichtet ist, wird als Ausübung des Rechtes bezeichnet. Dieselbe kann nicht nur in Handlungen bloß tatsächlicher Art, wie z. B. in dem Gebrauch und der Nutzung einer Sache, im Gehen, Fahren, Reiten über ein Grundstück, sondern auch in rechtsgeschäftlichen Verfügungen, z. B. Veräußerung des Rechts, bestehen, sowie in der Geltendmachung des Rechts gegenüber dritten Personen, die es bestreiten oder verletzen.

Belieben des Berechtigten. II. Dem Wesen des Rechts als einer von der Rechtsordnung gewährten Macht entsprechend ist die Ausübung Sache freien Beliebens des Berechtigten (nur insofern der Inhalt zugleich Gegenstand einer rechtlichen Pflicht wäre, würde die Ausübung geboten sein, wie das z. B. bei den Familienrechten meist der Fall ist[31]);

---

30) Außerhalb der gegebenen Schuldverhältnisse erzeugen namentlich die Verstöße gegen § 823 Abs. 1 und Abs. 2 (darüber Anm. 25), sowie die vorsätzliche, gegen die guten Sitten verstoßende Schadenszufügung des § 826 (vgl. Anm. 3) eine Verpflichtung zum Schadensersatz (§§ 249 Satz 1, 251 Abs. 1, 252 bzw. §§ 842, 843 Abs. 1). — Auch in Fällen dieser Art wird für fremdes Verschulden gehaftet. Insbesondere haftet nach § 831 der Geschäftsherr für widerrechtliche Schadenszufügungen seiner Hilfspersonen, kann sich aber von dieser Ersatzpflicht, im Gegensatz zu § 278 Satz 1 (Anm. 29), durch den Nachweis befreien, daß ihn persönlich eine Schuld (Anm. 26) nicht trifft.

*) Merkel, Elemente §§ 166—178; Hedemann, § 16; Regelsberger, Pandekten, Bd. I, §§ 54 f., S. 228 ff., §§ 188 f., S. 670 ff.; Dernburg, Pandekten, Bd. I, §§ 41, 125 ff.; Gierke, Deutsches Privatrecht, Bd. I, §§ 36—39, S. 319 ff.; Endemann, Bd. I, §§ 84 ff., S. 356 ff.

31) Vgl. § 1627 bzw. § 1631 Abs. 1. Danach hat der Vater „das Recht und die Pflicht, für die Person und das Vermögen des Kindes zu sorgen", insbesondere „das Recht und die Pflicht, das Kind zu erziehen".

(s. oben S. 39). Das Recht bleibt, auch wenn es nicht ausgeübt wird, gleichwohl bestehen. Indessen hat doch andauernde Nichtausübung nicht selten Nachteile für den Berechtigten, namentlich den Verlust des Rechtes selbst oder Verlust des Anspruches zur Folge. So gehen nach römischem und bisherigem gemeinem Recht Wegerechte und sonstige Servituten durch bloßen Nichtgebrauch unter; so verliert derjenige, welcher einen Anspruch 30 Jahre lang nicht geltend gemacht hat, durch solche Untätigkeit — sog. Klagenverjährung — die Möglichkeit, in Zukunft Klage zu erheben[32]).

Schikaneverbot.

III. Wie die Ausübung überhaupt, so ist auch die Art und Weise der Ausübung grundsätzlich dem Ermessen des Berechtigten überlassen. Er kann daher sein Recht auch zum Nachteil anderer ausüben, etwa durch seinen Bau dem Hause des Nachbarn Licht und Aussicht entziehen. Allein auch hier greifen vielfach beschränkende Bestimmungen ein. Die Ausübung mancher Rechte, namentlich der Rechte an Grund und Boden, unterliegt einer mehr oder minder eingehenden gesetzlichen Regulierung, und ganz allgemein gilt der Grundsatz, daß Rechte nicht lediglich zum Nachteil eines anderen ausgeübt werden sollen; wenn jemand z. B. nur deshalb ein Gebäude an der Grenze errichten wollte, um seinem Nachbarn Licht und Aussicht zu entziehen, oder einen Brunnen auf seinem Grundstück anlegen würde, nur um dem Nachbarn das Wasser abzugraben, so wäre das unzulässig (sog. Schikaneverbot BGB. § 226).

Stellvertretung.

IV. Mitunter kann nur der Berechtigte selbst die Handlungen vornehmen, welche die Ausübung des Rechtes begründen; solcher Art ist beispielsweise das politische Wahl- und Stimmrecht, das, wenn überhaupt, nur von dem Wahl- und Stimmberechtigten selbst ausgeübt werden kann. Die meisten Rechte dagegen lassen eine Vertretung in der Ausübung zu. Während aber alle Handlungen bloß tatsächlicher Natur dem Berechtigten zugute kommen, wenn sie nur in seinem Interesse oder kraft seiner Gestattung vorgenommen worden sind, wie denn die Handlungen der Hausangehörigen, der Pächter, Mieter dem Hausherrn, Verpächter und Vermieter zum Vorteil gereichen, können Rechtsgeschäfte für einen

---

[32]) Über Anspruchs- oder Klagenverjährung siehe Anm. 8 und Zitate daselbst, sowie S. 49, Ende des Absatzes vor Ziff. II.

anderen in wirksamer Weise nur von einem sog. Stellvertreter abgeschlossen werden, d. h. von einer Person, welche die Absicht hat, das Geschäft für den Berechtigten abzuschließen und dessen Wirkungen auch kraft der ihm zustehenden Vertretungsmacht (Vollmacht) in der Person desselben zu begründen vermag[33]).

Selbsthilfe. Selbstverteidigung. V. Findet nach dem Gesagten die Rechtsausübung ihre Schranke nicht in fremdem Interesse, so ist dieselbe doch durch die tatsächlich bestehende Ordnung der Rechts- und Besitzverhältnisse beschränkt. Demgemäß ist es regelmäßig nicht gestattet, behufs Ausübung eigenen Rechts in die Rechts- und Besitzsphäre eines anderen einzugreifen. Ich darf daher, wenn mir der Schuldner die mir geschuldete Sache nicht herausgibt, weder durch Gewaltübung gegen seine Person[34]) noch durch Eingriff in seinen Besitz den Besitz der Sache zu erlangen suchen, ebensowenig, wie ich durch Eigenmacht dem Besitzer meine Sache entziehen darf[34]). Selbsthilfe ist in der Regel nur gestattet, wenn es sich darum handelt, einen bestehenden Zustand gegenüber einem gegenwärtigen und rechtswidrigen Angriff zu behaupten (defensive Selbsthilfe oder Selbstverteidigung, Notwehr)[35]). Hier ist der Angegriffene stets berechtigt, das Maß von Gewalt anzuwenden, das erforderlich ist, den drohenden Angriff

---

[33]) Über Stellvertretung siehe § 164 Abs. 1 u. § 167 Abs. 1.

[34]) Siehe über Gewalt gegen die Person StGB. § 240 Abs. 1: „Wer einen anderen widerrechtlich durch Gewalt oder durch Bedrohung mit einem Verbrechen oder Vergehen zu einer Handlung, Duldung oder Unterlassung nötigt, wird mit Gefängnis bis zu einem Jahre oder mit Geldstrafe bestraft." — Dagegen verbietet das BGB. im § 858 Abs. 1 allgemein, dem Besitzer ohne dessen Willen den Besitz zu entziehen oder ihn im Besitze zu stören (sog. verbotene Eigenmacht). Wer das gleichwohl tut, handelt, soweit das Gesetz die Entziehung oder Störung nicht gestattet, wie z. B. im Falle der Notwehr (§ 227), widerrechtlich, wird daher nach § 861 Abs. 1 zur Wiedereinräumung des Besitzes bzw. nach § 862 Abs. 1 zur Beseitigung (Unterlassung) der Störung verpflichtet und ist im Falle des Verschuldens nach § 823 Abs. 2 Satz 2 (vgl. Anm. 25 am Ende) auch ersatzpflichtig.

[35]) Über Notwehr siehe § 227, wonach eine durch Notwehr gebotene Handlung, z. B. eine Besitzentziehung (Anm. 34), nicht widerrechtlich ist und soweit nach § 823 Abs. 1 eine Ersatzpflicht nicht begründet (vgl. Anm. 25). — Dasselbe gilt von der im Notstand (§ 228) begangenen Beschädigung oder Zerstörung einer fremden Sache. Vgl. § 904.

abzuwehren[35]). So kann der Besitzer einer Sache jeden Versuch, ihm die Sache mit Gewalt abzunehmen, durch entsprechende Gewaltanwendung zurückweisen, und wenn der Angreifer in seinem Streben, die Sache zu erlangen, schließlich Leib und Leben des Besitzers bedrohen würde, so wäre dieser berechtigt, nötigenfalls der Gefahr durch die Tötung seines Angreifers zu begegnen. Wenn es sich aber darum handelt, daß ein bestimmter, dem Rechte entsprechender Zustand gegenüber dem widerstrebenden Willen anderer Personen erst verwirklicht werden soll, wenn beispielsweise jemand den Besitz der ihm geschuldeten oder ihm gehörenden Sache erlangen oder wiedererlangen will, so muß er regelmäßig durch eine besondere Handlung (die Klage) bestimmte staatliche Organe (die Gerichte) angehen, um mit deren Hilfe die Anerkennung seines Anspruchs und die tatsächliche Verwirklichung des ihm entsprechenden Zustandes zu erlangen. Nur in den Fällen, in welchen Gefahr besteht, daß ein begründeter Anspruch sonst vereitelt werden würde (z. B. durch Flucht des Schuldners oder Entziehung der erforderlichen Befriedigungsmittel), ist es dem Berechtigten gestattet, durch eigenmächtiges Eingreifen in die fremde Rechtssphäre (aggressive Selbsthilfe, erlaubte Eigenmacht) die Vollstreckung seines Anspruchs zu sichern[36]).

---

[36]) Über die ausnahmsweise zulässige aggressive Selbsthilfe siehe § 229.

Zweites Kapitel.

Die Gliederung des Rechts.

§ 1. Übersicht*).

Staatliches und nichtstaatliches Recht. I. Die Betrachtung des Rechtsbegriffs (s. oben S. 24 f.) hat gezeigt, daß das Recht eine notwendige Begleiterscheinung jeder Gemeinschaftsbildung ist. Wie die staatliche Gemeinschaft staatliches Recht, so haben andere Gemeinschaften das ihren Zwecken entsprechende Recht hervorgebracht: für die Kirche gilt das Kirchenrecht, für die große Staaten- und Völkergemeinschaft dieser Erde das Völkerrecht. Demnach erscheint als oberste Einteilung die auf die Verschiedenheit der rechtserzeugenden Lebenskreise gegründete Scheidung in staatliches und nichtstaatliches Recht, eine Scheidung, welche außerdem dadurch gerechtfertigt ist, daß das staatliche Recht viel wichtiger wie das Recht jeder anderen Gemeinschaft ist und zudem regelmäßig der Verwirklichung durch obrigkeitlichen Zwang gewiß ist.

Privatrecht und öffentliches Recht. II. Innerhalb des staatlichen Rechts ist von grundlegender Bedeutung die schon von den römischen Juristen gemachte Scheidung von Privatrecht und öffentlichem Recht (ius privatum und ius publicum). Dieselbe beruht darauf, daß die Menschen in den Rechtsverhältnissen entweder als einzelne, also unabhängig vom staatlichen Verbande, oder aber in Unterordnung unter die im Staate organisierte Volksgemeinschaft in Betracht kommen. Während im ersten Falle Verhältnisse einzelner Personen und somit Interessen, welche zunächst Interessen einzelner sind — indem sie Person, Vermögen, Familienstellung derselben

---

*) Arndts, § 46; Gareis, § 14; Merkel, §§ 60 ff., 82 ff., 101 ff.; Schmidt, §§ 2 II u. 3; Regelsberger, Pandekten, Bd. I, §§ 28, 29; Dernburg, Pandekten, Bd. I, §§ 15—17; Gierke, Deutsches Privatrecht, Bd. I, § 4, S. 26 ff.

betreffen —, in Frage stehen, handelt es sich im letzteren Falle immer um Verhältnisse, bei welchen die staatliche Gemeinschaft beteiligt ist, mögen es nun Verhältnisse des Staates zu anderen Gemeinwesen, wie der Kirche, oder zu seinen eigenen Teilen (Provinzen, Kreisen, Gemeinden) oder endlich zu einzelnen Gliedern sein, insofern diese z. B. einerseits wahl- und stimmberechtigt, andererseits militär- und steuerpflichtig sein sollen. So klar das begriffliche Unterscheidungsmerkmal, so sicher ist es doch, daß die Grenzlinie zwischen beiden Gebieten nicht scharf zu ziehen ist. Die Interessen, welche wir uns als Interessen der einzelnen vorzustellen pflegen, werden immer mehr oder weniger die Gesamtheit berühren, und andererseits sind die Interessen, welche wir als Staatsinteressen bezeichnen, stets Interessen einzelner, wenn sie auch von diesen als Gemeinschaftsinteressen empfunden werden. In dem Maße nun, in welchem die Interessen einzelner zugleich als schutzbedürftige Interessen der Gesamtheit anerkannt werden, greift das öffentliche Recht zu ihren Gunsten ein, indem es den ihnen entsprechenden tatsächlichen Zustand unbedingt herbeizuführen und gegen Störung zu sichern bestrebt ist. Wenn sonach das Gebiet des Privatrechts — und zwar fortgesetzt in steigendem Maße — von den Normen des öffentlichen Rechts **durchdrungen wird**, so nimmt andererseits der Staat am Privatrecht vollen Anteil, soweit es sich um den vermögensrechtlichen Verkehr handelt. Er schließt daher Rechtsgeschäfte ab, erwirbt und verliert Eigentum und Forderungen, wird mit Verbindlichkeiten und Schulden belastet, klagt und wird verklagt wie jede andere Privatperson, kurz, im vermögensrechtlichen Verkehr erscheint der Staat nicht mehr wie sonst als Träger obrigkeitlicher Gewalt, sondern lediglich als Privatperson auf gleicher Stufe neben anderen ihre Interessen verfolgenden Privatpersonen.

§ 2. Das Privatrecht mit Einschluß des Versicherungs- und Wohlfahrtsrechts und des internationalen Privatrechts*).

I. Die Verhältnisse der einzelnen, welche den eigentlichen Gegenstand des Privatrechts bilden, sind im wesentlichen dreifacher Natur. Rechtsverhältnisse des Privatrechts.

*) **Arndts**, §§ 47—68; **Gareis**, §§ 15—36; **Merkel**, §§ 539—750; **Kohler**, Einführung, S. 6—107; **Hedemann**,

Person. Einmal hat jeder Mensch ein natürliches Interesse an der Behauptung seiner eigenen Persönlichkeit; indem nun die Rechtsordnung allen Anderen Eingriffe in das Leben, die körperliche und geistige Unversehrtheit, die Freiheit der Betätigung und Bewegung des einzelnen verwehrt, erkennt sie zugleich ein Recht auf diese Güter — Leben, Unversehrtheit und Freiheit — an, also ein Recht des einzelnen an seiner eigenen Person oder ein Recht der Persönlichkeit.

Vermögen. Zweitens ist der Mensch zur Befriedigung seiner Bedürfnisse auf die äußere Natur verwiesen, welche ihm die dazu erforderlichen Mittel darbietet. Indem nun der Selbsterhaltungstrieb alle Menschen zwingt, diese Befriedigung durch entsprechende Beherrschung der äußeren Natur und Aneignung ihrer Güter anzustreben und zu bewirken, entsteht ein ungeheurer Wettbewerb, der den Menschen dem Nächsten feindlich gegenüberstellt und daher dringend einer Regelung bedarf. Die Gesamtheit der Vorschriften, welche sich auf diese sog. Vermögensverhältnisse beziehen, bildet das Vermögensrecht, das seinerseits, je nachdem es eine unmittelbare Herrschaft über die Güter der Außenwelt gewährt oder aber eine durch die Gebundenheit anderer Personen bloß vermittelte anerkennt, in das Sachenrecht und das Obligationenrecht oder das Recht der Schuldverhältnisse zerfällt.

Familie. Drittens steht der Mensch von Haus aus in Verbindung mit den Gliedern seiner Gattung durch die Zugehörigkeit zu einer bestimmten Familie. Die sich daraus ergebenden dauernden Verhältnisse der Menschen zueinander, die sog. Familienverhältnisse, werden, wenn auch nur in bestimmten einzelnen Beziehungen, durch Vorschriften geregelt, welche in ihrer Gesamtheit als Familienrecht neben dem Vermögensrecht den zweiten Hauptteil des Privatrechts bilden.

---

§§ 22—24; Fischer, S. 38—99; Radbruch, S. 70—88; Schmidt, §§ 26—31; vgl. zudem Bernhöft, Das Bürgerliche Recht, in Birkmeyers Enz.; ferner Bruns-Eck-Mitteis, Das Pandektenrecht, u. O. Gierke, Grundzüge des deutschen Privatrechts, sowie J. Kohler, Das Bürgerliche Recht, in Holtzendorff-Kohlers Enz.; Sohm, Bürgerl. Recht, in der Systematischen Rechtswissenschaft, S. 60—154; sowie die Lehrbücher des römischen und deutschen Privatrechts und des deutschen bürgerlichen Rechts.

Erbrecht.

Mit dem Familienrecht hängt das Erbrecht auf das engste zusammen; ja, man kann es als eine Art erweiterten Familienrechts auffassen; ist doch die Familie des Verstorbenen vor allem zur Nachfolge in das von ihm hinterlassene Vermögen berufen. Gleichwohl ist das Erbrecht als Inbegriff der Regeln, welche die Nachfolge in das Vermögen eines Verstorbenen normieren, begrifflich ein Teil des Vermögensrechts. Da aber einerseits das Vermögensrecht in Sachen- und Obligationenrecht gegliedert wird und andererseits das Erbrecht von der rechtlich anerkannten Familienorganisation abhängt (indem jene Personen, welche als nächste Verwandte des Verstorbenen gelten, auch als Erben zu seinem Nachlaß berechtigt sind), empfiehlt es sich, das Erbrecht als besonderen Teil des Privatrechts, und zwar am Schlusse des ganzen Systems, darzustellen.

Gliederung des Privatrechts.

Auf Grund des Gesagten würde das Privatrecht folgende fünf Teile umfassen: das Recht der Persönlichkeit, das Sachenrecht, das Recht der Schuldverhältnisse, das Familien- und das Erbrecht. Indessen bedarf das Recht auf Leben, Unversehrtheit und Freiheit einer besonderen Bestimmung und Begrenzung nicht, kommt vielmehr im Privatrecht nur insofern in Betracht, als Verletzungen dieser Güter als unerlaubte Handlungen Schadensersatzverbindlichkeiten erzeugen, welche im Rechte der Schuldverhältnisse normiert sind[37]). Da nun ferner die einzelnen Individualrechte, welche das Recht der Persönlichkeit mit umfaßt, wie das Recht auf Führung des Familiennamens und des kaufmännischen Namens (der Firma), in anderem Zusammenhange behandelt werden[37]), so wird das Recht der Persönlichkeit in der Regel in der Gliederung des Privatrechts nicht als selbständiger Teil aufgeführt. Dagegen hat die Tatsache, daß den anderen vier Teilen des Privatrechts eine Reihe von Bestimmungen (wie über Wesen, Subjekte, Entstehung, Endigung und Änderung der Privatrechtsverhältnisse, sowie über Ausübung und Schutz dieser Rechte) mehr oder minder gemeinsam sind, dazu ge-

---

[37]) Schuldhafte Verletzungen von Leben, Körper, Gesundheit, Freiheit erzeugen einen Schadensersatzanspruch nach Abs. 1, Ehrverletzungen nach Abs. 2 des § 823 im letzten Titel über „Unerlaubte Handlungen" des Rechts der Schuldverhältnisse; das Recht auf Führung des Familiennamens dagegen gewährt § 12 im ersten Titel des BGB. über „Natürliche Personen" (vgl. Anm. 25).

führt, dieselben als sog. „allgemeinen Teil" der Darstellung der genannten besonderen Teile vorauszuschicken. Diese hiermit gegebene Gliederung des privatrechtlichen Stoffes (in 1. allgemeinen Teil, 2. Sachen-, 3. Obligationen-, 4. Familien- und 5. Erbrecht) wird wie (fast durchgängig) in den neueren Lehrbüchern des römischen und deutschen Privatrechts so auch im Bürgerlichen Gesetzbuch beobachtet, jedoch hier mit der Modifikation, daß aus praktischen Erwägungen das Recht der Schuldverhältnisse dem Sachenrecht vorangestellt wird.

In der hier folgenden Darstellung soll nur der wesentliche Inhalt der besonderen Teile in Kürze veranschaulicht werden; der sog. allgemeine Teil hat die ihm gebührende Berücksichtigung schon in dem der Darlegung der Grundbegriffe des Rechts gewidmeten ersten Kapitel unserer Einführung gefunden.

Sachenrecht. II. Das Sachenrecht gewährt dem Berechtigten unmittelbar eine rechtliche Macht oder Herrschaft über Sachen, d. h. über Stücke der Außenwelt, welche ein selbständiges, gegen andere abgegrenztes Dasein haben[38]), wobei es sich von selbst versteht, daß der Mensch im modernen Rechte, welches Sklaverei nicht kennt, als Sache nicht in Betracht kommt. Dagegen gelten Grundstücke, obgleich sie mit dem Erdkörper untrennbar zusammenhängen, im Rechte dennoch als selbständige Sachen, indem man sich dieselben durch die auf der Erdoberfläche gezogenen Grenzlinien von den Nachbargrundstücken getrennt denkt. Indessen hat der natürliche Unterschied zwischen unbeweglichen und beweglichen Sachen (Immobilien und Mobilien), wenn auch nicht im römischen, so doch im deutschen Rechte zu einer tiefgreifenden Verschiedenheit der rechtlichen Behandlung beider Arten von Sachen geführt, welcher in der Gegenüberstellung von Immobiliarsachenrecht und Mobiliarsachenrecht ihren Ausdruck findet. Abgesehen von den erheblichen Beschränkungen, welchen gerade das Grundeigentum im Interesse der Allgemeinheit unterworfen ist (man denke nur an unsere städtischen Bauordnungen!), erfordert der Erwerb und Verlust von

---

[38]) Über den Begriff der Sache siehe § 90. (Weiter ist der Begriff „Gegenstand" in § 581 Abs. 1 Satz 1, vgl. § 535 Satz 1, und in § 2174.)

Rechten an Grundstücken nach dem Bürgerlichen Gesetzbuch (§ 873 Abs. 1) [39]) grundsätzlich die Eintragung der beabsichtigten Rechtsänderung in ein öffentliches, nur zur Aufnahme solcher Eintragungen bestimmtes Buch, das sog. „Grundbuch", welches, von der Behörde geführt, den Interessenten zur Einsicht offen steht.

Je nachdem die vom Rechte gewährte Herrschaft eine Sache im ganzen oder nur in bestimmten Richtungen ergreift, zerfallen die Rechte an Sachen in Eigentum und Rechte an fremden Sachen, welchen sich als ein drittes, bloß tatsächliches Verhältnis der Besitz anschließt, insofern derselbe wegen des damit verbundenen Rechtsschutzes eine Art sachenrechtliche Stellung gewährt.

Eigentum.

1. Das Eigentum ist das Recht, welches eine Sache in allen Richtungen der unmittelbaren und ausschließlichen Herrschaft einer Person, des Eigentümers, unterwirft [40]), soweit nicht die Rechtsordnung der Ausübung dieser Herrschaft selbst Schranken zieht oder in einzelnen Richtungen beschränkende Rechte an der Sache zugunsten anderer Personen eingeräumt sind [40]). Demgemäß ist — innerhalb dieser Schranken — der Eigentümer befugt, die Sache nach Belieben zu gebrauchen, jeglichen Nutzen daraus zu ziehen, sowie frei darüber zu verfügen, sowohl tatsächlich durch Veränderung der Sache selbst, wie rechtlich durch Übertragung des Eigentums und durch Einräumung beschränkender Rechte an der Sache an andere Personen [40]).

---

[39]) Zu § 873 Abs. 1 siehe Anm. 23 und 24, sowie oben S. 51 f. über den dinglichen Vertrag.

[40]) Über den Begriff des Eigentums siehe § 903 (dazu S. 26 f. Ziff. II. 1, zweiter und dritter Satz mit Anm. 1, sowie S. 40 Ziff. IV Abs. 1, die drei letzten Sätze und Anm. 7), über die Beschränkungen seiner Ausübung durch die Rechtsordnung, und zwar an Sachen aller Art, § 904 (Anm. 35), an Grundstücken im allgemeinen Interesse § 905 (Satz 2, vgl. mit Satz 1), an Grundstücken zugunsten der Nachbarn § 906 (Duldung normaler Einwirkungen von Dampf, Rauch), § 909 (Erhaltung der Bodenstütze), § 910 (Duldung überhängender Zweige); über die beschränkenden Rechte anderer Personen siehe unter Ziff. 2 auf S. 71 f. die Rechte an fremden Sachen. Vgl. noch § 226 auf S. 59 Ziff. III a. E. — Der Eigentümer hat (§§ 985, 986 Abs. 1 Satz 1) gegen jeden Besitzer, soweit dieser ihm gegenüber nicht zum Besitze berechtigt ist (z. B. als Nießbraucher oder Mieter), Anspruch auf Herausgabe der Sache (rei vindicatio); bei anderer Beein-

Okkupation, Tradition, Auflassung, Ersitzung.

Das Eigentum hat seine Grundlage zweifellos in der tatsächlichen Gewalt über eine Sache, welche durch Besitzergreifung begründet wird. Es soll dem Besitzer unter bestimmten Umständen jene wirtschaftliche Ausnützung der Sache von Rechts wegen, also kraft des Willens der Gesamtheit gestattet sein, welche ihm ungestörter Besitz tatsächlich ermöglicht. In Übereinstimmung mit dieser Anschauung verleiht die Rechtsordnung demjenigen, der eine herrenlose Sache in der Absicht, sie sich anzueignen, ergriffen hat — sog. Aneignung oder Okkupation —, das Eigentum an derselben[41]). Das einmal begründete Eigentum kann sodann von dem Eigentümer auf einen anderen übertragen werden. Möglich ist, daß für eine solche Eigentumsübertragung — und das ist in der Tat im französischen, englisch-amerikanischen und russischen Recht anerkannt — die bloße darauf gerichtete Willenseinigung der Beteiligten genügt; indessen verlangen das römische und das bisherige gemeine Recht, daß dieser Wille in der Übergabe der Sache, der sog. Tradition, seinen Ausdruck findet. Der gleiche Grundsatz gilt auch nach dem Bürgerlichen Gesetzbuch für die Eigentumsübertragung an beweglichen Sachen[42]), während für die Eigentumsübertragung an Grundstücken das besondere Erfordernis gilt, daß die Parteien die Erklärung, Eigentum zu geben und zu nehmen — die sog. Auflassung —, vor dem Grundbuchamt[43]) abzugeben haben, worauf in Übereinstimmung mit der oben angeführten allgemeinen Regel Eintragung der gewollten Rechtsänderung in das Grundbuch statt-

---

trächtigung des Eigentumsrechts (§ 1004 Abs. 1) kann er vom Störer Beseitigung bzw. Unterlassung (actio negatoria) verlangen. — Nach § 1007 Abs. 1 u. 2 hat auch der frühere Besitzer gegen den minderberechtigten Besitzer einen Anspruch auf Herausgabe der Sache.

[41]) Über Aneignung oder Okkupation siehe § 958 Abs. 1. Dazu die Ausführung über Ergreifung einer Muschel auf S. 37 Mitte, über Recht im subjektiven Sinne auf S. 38 Ziff. II, die entsprechenden Pflichten auf S. 39, sowie S. 48 f. Ziff. I (über juristischen Tatbestand) und dazu Anm. 18.

[42]) Über Tradition als Übertragung des Eigentums an beweglichen Sachen siehe § 929 Satz 1 (dazu Anm. 23 und S. 51 f. über den dinglichen Vertrag).

[43]) Über die Auflassung nach § 925 Abs. 1 vgl. S. 66 f. über die Eintragung ins Grundbuch nach § 873 Abs. 1 und die Verweisungen dazu in Anm. 39.

finden muß (§ 925). Selbstverständlich setzt in jedem Falle die Eigentumsübertragung Eigentum auf seiten des Veräußerers voraus; der beabsichtigte Rechtserwerb ist derivativ, er findet nur statt, wenn und soweit der Veräußerer Eigentum hatte. Gleichwohl wird derjenige, welcher eine Sache in gutem Glauben, ohne den Mangel des Eigentums auf seiten des Veräußerers zu kennen, gekauft hat, im Erwerb der Sache schon nach römischem Rechte geschützt, indem er den Besitz der Sache gegenüber jedem behaupten bzw. erlangen kann, der nicht, wie der Eigentümer, ein besseres Recht an der Sache hat. In viel umfassenderem Maße wird auf Grundlage des deutschen Rechts der gute Glaube durch das Bürgerliche Gesetzbuch geschützt. Danach erwirbt derjenige, der im Vertrauen auf die Richtigkeit der Eintragung ins Grundbuch ein Grundstück von dem eingetragenen Nichteigentümer erwirbt und an dessen Stelle ordnungsmäßig als Eigentümer eingetragen wird, unter allen Umständen das Eigentum an dem Grundstück[44]). Ebenso erhält der gutgläubige Erwerber einer beweglichen Sache durch Tradition Eigentum an derselben, in der Regel aber nur dann, wenn die Sache dem Eigentümer nicht gestohlen, verlorengegangen oder sonst abhanden gekommen war; mit anderen Worten, er erwirbt Eigentum in jenen Fällen, in denen der Eigentümer mit seinem Willen, z. B. miet- oder leihweise, an einen anderen den Besitz verloren hatte[44]). In den Fällen hingegen, in welchen der gutgläubige Erwerber das Eigentum nicht erhalten hatte, greift, wie schon nach römischem und gemeinem Recht, so auch nach dem Bürgerlichen Gesetzbuch die Ersitzung ergänzend ein, d. h. der Erwerber erlangt dadurch, daß er während eines vom Gesetze vorgeschriebenen Zeitraumes ungestört im Besitze verbleibt, das Eigentum an der besessenen Sache[45]). Mit der Vollendung der Ersitzung ist selbstverständlich das bisherige Eigentum aufge-

---

[44]) Über den Eigentumserwerb auf Grund guten Glaubens an Grundstücken siehe § 892 Abs. 1 Satz 1, an beweglichen Sachen § 932 Abs. 1 Satz 1, § 935 Abs. 1 Satz 1 und Abs. 2.

[45]) Über Ersitzung siehe § 937, wonach eine bewegliche Sache ersitzt, wer sie 10 Jahre gutgläubig im Eigenbesitz (§ 872) hat, und § 900 Abs. 1, wonach derjenige, der fälschlich als Eigentümer eines Grundstückes ins Grundbuch eingetragen ist, durch gleichzeitigen 30jährigen Eigenbesitz das Eigentum daran erwirbt.

hoben, ebenso wie mit dem Eigentumserwerb des gutgläubigen Erwerbers. Aber in beiden Fällen ist der Erwerb nicht derivativ, abhängig von dem Rechte des bisherigen Eigentümers, sondern gerade so wie im Falle der Okkupation originär, d. h. in sich vollendet, weil seine Erfordernisse nur in der Person des Erwerbers gegeben sind.

Verbindung, Trennung (Fruchtziehung), Verarbeitung.

Gleichfalls originär ist der Erwerb des Eigentums in den Fällen, wo er durch Neuentstehung einer Sache bedingt ist. Das ist in dreifacher Weise möglich: einmal dadurch, daß die Sachen zweier Eigentümer so miteinander verbunden werden, daß sie in der Verbindung nur eine Sache bilden; zweitens dadurch, daß eine Sache in mehrere zerteilt wird, insbesondere Früchte sich davon ablösen; und drittens dadurch, daß eine Sache in eine andere verwandelt wird, namentlich durch eine darauf gerichtete verarbeitende Tätigkeit eines Menschen. — Stehen im ersten Falle die miteinander verbundenen Sachen im Verhältnis von Haupt- und Nebensache, wie z. B. ein Grundstück und die darin gepflanzten Bäume, ein Buch und die Einbanddecke, in welche es eingeheftet ist, so erstreckt sich mit der erfolgten Verbindung das Eigentum an der Hauptsache ganz von selbst auf die Nebensache, so daß der Eigentümer der bisherigen Hauptsache nunmehr Eigentümer der ganzen Sache, mit Einschluß des ihr integrierenden Teiles, geworden ist[46]). Stehen dagegen die miteinander verbundenen Sachen nicht in dem Verhältnis von Haupt- und Nebensache, wie wenn die Weine zweier Eigentümer zusammengegossen oder zwei Metallmassen unscheidbar miteinander verschmolzen werden, so muß grundsätzlich für die bisherigen Eigentümer Miteigentum an der durch die Verbindung oder Vermischung gewonnenen Sache entstehen[46]). — Ist hingegen eine Sache in mehrere geteilt worden, oder sind Stücke davon abgetrennt worden, so wird der Eigentümer der bisherigen Sache an sich auch das Eigentum an den selbständig gewordenen Teilstücken erhalten; insbesondere werden ihm auch die Früchte oder Erzeugnisse mit der Trennung von der fruchttragenden Sache definitiv zu

---

[46]) Über Eigentumserwerb durch Verbindung mit einer Hauptsache siehe § 946 (dazu §§ 93, 94) und § 947 Abs. 2, über sonstige Verbindung oder Vermischung § 947 Abs. 1 und § 948. Vgl. § 951 Abs. 1.

Eigentum zufallen[47]), wenn nicht andere Personen, wie der gutgläubige Besitzer[47]), der Nießbraucher[47]) und Pächter[47]) zur Fruchtziehung berechtigt sind. — Was endlich die Umgestaltung einer Sache in die andere anlangt, so wird an sich dem Eigentümer der bisherigen Sache auch das Eigentum an der geänderten Sache zustehen; so wird eine Änderung im Eigentum nicht vor sich gehen, wenn Wein sauer und dadurch zu Essig geworden ist. Wenn aber die Umgestaltung durch eine darauf gerichtete Tätigkeit eines Menschen, sog. Verarbeitung oder Spezifikation, herbeigeführt worden ist, liegt es nahe, das Schwergewicht darauf zu legen und dem Spezifikator das Eigentum zuzuschreiben. Die Römer haben zwischen beiden Möglichkeiten lange geschwankt, bis Justinian endlich entschieden hat, daß dem Verfertiger das Eigentum zufallen solle, wenn sich das verarbeitete Produkt (wie z. B. ein Paar Schuhe) nicht mehr auf seine ursprüngliche Gestalt zurückbringen lasse. Nach dem Bürgerlichen Gesetzbuch dagegen erhält er das Eigentum an der neuen Sache dann, wenn der Wert der Verarbeitung nicht erheblich geringer ist als der Wert des Stoffes[48]) (so wird ein Schneider Eigentum an dem aus fremdem Baumwollstoff gemachten Kleide erhalten, nicht aber an dem aus fremdem Goldbrokat gefertigten Gewande).

2. Im Gegensatze zum Eigentum gewähren die anderen dinglichen Rechte nur in bestimmter Richtung eine unmittelbare Herrschaft über die Sache selbst, beschränken also insoweit das an der Sache zustehende Eigentum und werden daher als Rechte an fremder Sache (iura in re aliena) bezeichnet. Zu diesen Rechten gehören schon nach römischem Recht: Rechte an fremden Sachen.

a) Die Servituten oder Dienstbarkeiten, welche entweder als sog. Grunddienstbarkeiten ein Grundstück den Bedürfnissen eines anderen Grundstücks dienstbar machen, indem der jeweilige Eigentümer des letzteren beispielsweise berechtigt ist,

[47]) Über den Eigentumserwerb des Eigentümers an den selbständig gewordenen Teilstücken einer Sache (an Bestandteilen), insbesondere den Früchten oder Erzeugnissen (§ 99 Abs. 1), siehe § 953; über den Erwerb des Nießbrauchers § 954, des gutgläubigen Besitzers § 955 Abs. 1 und des Pächters § 956 Abs. 1 Satz 1.

[48]) Über Verarbeitung oder Spezifikation siehe § 950 Abs. 1 Satz 1. Vgl. § 951 Abs. 1 und Anm. 46.

über das erstere zu gehen, zu fahren, zu reiten, sein Vieh dort weiden zu lassen usw., oder als sog. persönliche Dienstbarkeiten dem Unterhalt einer bestimmten Person dienen sollen, wie z. B. der Nießbrauch an einem Landgute oder an einer Schafherde[49]).

b) das als Emphyteusis bezeichnete Erbpachtverhältnis[50]), welches dem Erbpächter ein sehr weitgehendes Nutzungs- und Verfügungsrecht über das emphyteutikarische Grundstück gewährt und das ein eigentumsgleiches Verfügungsrecht über ein auf fremdem Boden errichtetes Gebäude gewährende Erbbaurecht oder Superfizies[50]) sind im Gegensatz zu den an das herrschende Grundstück bzw. an die berechtigte Person geknüpften Servituten frei veräußerliche Rechte, welche zudem im Falle des Todes des Berechtigten von selbst auf seine Erben übergehen.

c) Das Pfandrecht (pignus und hypotheca) unterscheidet sich von den bisher genannten Rechten dadurch, daß es nicht auf Nutzung, sondern auf Verwertung einer fremden Sache gerichtet ist; der Pfandgläubiger kann, wenn er nicht rechtzeitig mit seiner Forderung befriedigt wird, eventuell die ihm verpfändete Sache zum Verkaufe bringen und sich aus dem Erlöse befriedigen[51]).

Diese dinglichen Rechte haben, mit Ausnahme der wenig praktischen Emphyteuse[50]), welche der Landesgesetzgebung vorbehalten ist, ihre Anerkennung und Regelung auch im Bürgerlichen Gesetzbuch gefunden. Dazu sind aber noch andere dem deutschen Rechte entstammende dingliche Rechte gekommen wie die Reallasten, wonach der jeweilige Eigentümer eines Grundstückes zu bestimmten, periodisch wiederkehrenden Leistungen aus

---

[49]) Über die Servituten oder Dienstbarkeiten, und zwar die Grunddienstbarkeiten, siehe § 1018, über den Nießbrauch § 1030 Abs. 1 (vgl. §§ 100, 1039, 954 in Anm. 47 und Anm. 25). Neben dem Nießbrauch kennt das BGB. noch beschränkte persönliche Dienstbarkeiten (nur an Grundstücken) § 1090 Abs. 1.

[50]) Über die Emphyteusis enthält das BGB. keine Bestimmung; das „Erbpachtrecht" ist durch EG. Art. 63 Abs. 1 dem Landesrecht vorbehalten. Über das Erbbaurecht oder die Superfizies siehe BGB. § 1012 und die Verordnung über das Erbbaurecht vom 15. Januar 1919 § 1 Abs. 1.

[51]) Über das Pfandrecht vgl. BGB. § 1204 Abs. 1 (Pfandrecht an beweglichen Sachen) und § 1113 Abs. 1 (Hypothek nur an Grundstücken).

demselben (z. B. der Zahlung einer Leibrente) zugunsten einer bestimmten Person oder des Eigentümers eines Grundstücks verpflichtet ist[52]).

Soweit die im Bürgerlichen Gesetzbuch anerkannten Rechte an fremder Sache sich auf Grundstücke beziehen, erfordert ihre Bestellung in Gemäßheit des Grundbuchsystems die Eintragung in das Grundbuch; soll dagegen ein solches Recht an einer beweglichen Sache eingeräumt werden (was nur im Falle eines Nießbrauches und eines Pfandrechtes möglich ist), so muß die darauf gerichtete Willenseinigung der Parteien sich in der Übergabe der Sache verkörpern. Daher kann nach Bürgerlichem Gesetzbuch an einer beweglichen Sache ein Pfandrecht nur durch Besitzübertragung bestellt werden (Faustpfand), wie andererseits an Grundstücken nur durch Eintragung in das Grundbuch (Hypothek)[53]).

3. Der **Besitz** ist an sich nur ein Verhältnis tatsächlicher Besitz.
Natur, „tatsächliche Gewalt einer Person über eine Sache"[54]), indessen kommen ihm doch rechtliche Wirkungen zu, indem der Besitzer rein als solcher gegen Störung und Besitzentziehung geschützt ist[55]), sich also so lange im Besitz der Sache behaupten kann, als ihm ein anderer nicht ein Recht auf Erlangung der

---

52) Über **Reallasten** siehe § 1105. Außer ihnen (und den in den Anm. 49—51 genannten) sind im BGB. noch als Rechte an fremden Sachen anerkannt das Vorkaufsrecht, § 1094 Abs. 1, die Grund- und Rentenschuld, § 1191 Abs. 1 und § 1199 Abs. 1.

53) Über die zur Bestellung von Rechten an Grundstücken erforderliche Einigung und **Eintragung ins Grundbuch** siehe § 873 Abs. 1 (vgl. die Anm. 20, 23, 24, 39, 43). — Über die Bestellung eines Nießbrauches an einer beweglichen Sache siehe § 1032 Satz 1, über die eines Pfandrechts § 1205 Abs. 1 Satz 1. Vgl. auch hier Anm. 23 und S. 51 f. über den dinglichen Vertrag.

54) Über den Besitz als **tatsächliche Gewalt** einer Person über eine Sache vgl. § 854 Abs. 1.

55) **Schutz des Besitzers** als solchen **gegen Störung** und **Besitzentziehung** bezweckt § 861 Abs. 1, indem er demjenigen, dem der Besitz durch verbotene Eigenmacht (darüber § 858 Abs. 1 Anm. 34; siehe auch Anm. 25 am Ende) entzogen ist, Klage auf Wiedereinräumung des Besitzes gegen denjenigen gewährt, der ihm gegenüber fehlerhaft besitzt (darüber § 858 Abs. 2); demjenigen dagegen, der durch verbotene Eigenmacht im Besitze gestört ist, gibt § 862 Abs. 1 Klage gegen den Störer auf Beseitigung bzw. Unterlassung der Störung.

Sache nachweist. Um dieses Rechtsschutzes willen ist der Begriff des Besitzes selbst Gegenstand rechtlicher Normierung. Während das römische Recht grundsätzlich Besitz (sog. juristischen Besitz) nur demjenigen zuschreibt, welcher eine Sache für sich so wie ein Eigentümer haben will, also dem besitzenden Eigentümer selbst, dem gutgläubigen Besitzer als vermeintlichen Eigentümer und dem bösgläubigen Besitzer, der wider besseres Wissen die Stellung des Eigentümers prätendiert, während es also mit einem Wort als Regel nur den sog. „Eigenbesitzer"[56]) schützt, will das gemeine Recht auch denjenigen, welcher eine Sache für einen anderen innehat, den sog. Detentor oder Besitzmittler, dann als Besitzer schützen, wenn er zugleich die Sache im eigenen Interesse besitzt, wie der Pächter, Mieter, Entleiher einer Sache. Noch weiter ist das Bürgerliche Gesetzbuch (§ 868) gegangen, indem es außer dem Eigenbesitzer schlechthin dem Besitzmittler Besitzschutz gewährt, also auch dem Verwahrer einer Sache, obgleich diesem jedes eigene Interesse an Festhaltung des Besitzes fehlt. Da aber der Besitzmittler von dem Besitzschutz möglicherweise Gebrauch nicht machen will oder nicht machen kann, so gewährt das Gesetzbuch Schutz gegen Störung und Entziehung auch der von ihm im Besitz vertretenen Person, also dem Verpächter, Vermieter, demjenigen, dessen Sache von ihm verwahrt wird usw. als sog. mittelbarem Besitzer (§ 868)[57]). Dagegen werden Personen, welche eine andere lediglich in der Innehaltung oder Ausübung der tatsächlichen Gewalt unterstützen, wie Dienstboten im Haushalte, Handlungsgehilfen im Erwerbsgeschäfte ihres Herrn, sog. Besitzdiener, auch nach dem Bürgerlichen Gesetzbuch als Besitzer nicht anerkannt (§ 855), doch können auch sie sich eigenmächtiger Eingriffe in den gegebenen Besitzstand erwehren[58]).

Urheber- und Erfinderrecht. 4. Kein Recht an einer Sache und doch den Sachenrechten innig verwandt ist das erst in der neueren Zeit zu rechtlicher Anerkennung gelangte Urheber- und Erfinderrecht. Zweifel-

---

[56]) Über den „Eigenbesitzer" siehe BGB. § 872.

[57]) Über den Schutz des mittelbaren Besitzers siehe außer § 868 auch § 869 Satz 1 und 2.

[58]) Über Abwehr eigenmächtiger Eingriffe in den gegebenen Besitzstand auch durch den Besitzdiener (§ 855) siehe § 860 vgl. mit § 859.

los hat nach modernem Recht der Künstler, Maler und Bildhauer, unabhängig von dem Eigentum an dem Gegenstande, in welchem sich seine Idee verkörpert hat, dem Gemälde oder der Statue, ein Recht, darüber zu bestimmen, ob und in welcher Art, etwa durch Photographie, Holzschnitt, Kupferstich, sein Kunstwerk vervielfältigt werden soll (sog. künstlerisches Urheberrecht); in wesentlich gleicher Weise steht dem Schriftsteller die Verfügung über die Veröffentlichung seines Schriftwerkes zu; er hat daher zu bestimmen, ob, wann und wie es durch den Druck veröffentlicht werden soll, und hat, wenn es ein Drama oder eine musikalische Komposition ist, auch das Recht, die öffentliche Aufführung zu gestatten und zu versagen (sog. literarisches Urheberrecht). Dieses Recht ist bei uns durch das Reichsgesetz, betreffend das Urheberrecht an Schriftwerken, Abbildungen, musikalischen Kompositionen und dramatischen Werken, vom 11. Juni 1870 und nunmehr, seit dem 1. Januar 1902, größtenteils durch das Reichsgesetz, betreffend das Urheberrecht an Werken der Literatur und der Tonkunst, vom 19. Juni 1901, in der Fassung des Gesetzes vom 22. Mai 1910, normiert, während das künstlerische Urheberrecht durch das Reichsgesetz, betreffend das Urheberrecht an den Werken der bildenden Künste, vom 9. Januar 1876 geschützt war. Dasselbe ist seit dem 1. Juli 1907 (im wesentlichen) ersetzt durch das Reichsgesetz, betreffend das Urheberrecht an Werken der bildenden Künste und der Photographie, vom 9. Januar 1907, in der Fassung des Gesetzes vom 22. Mai 1910, welches, wie sein Name besagt, zugleich das Urheberrecht an Photographien regelt, die bis dahin gegen unbefugte Nachbildung durch das (gänzlich aufgehobene) Reichsgesetz vom 10. Januar 1876 geschützt waren. Von beiden Arten des Urheberrechts unterscheidet sich wesentlich das Erfinderrecht, welches nach Maßgabe des Reichs-Patentgesetzes vom 7. April 1891 bzw. des Reichsgesetzes, betreffend den Schutz von Gebrauchsmustern, vom 1. Juni 1891 — beide Gesetze in der Fassung der Bekanntmachung vom 7. Dezember 1923 (RGBl. II S. 437) — seinen Schutz findet. Das Urheberrecht hat zu seinem eigentlichen Gegenstande immer die Formengebung oder Gestaltung, in welcher Ideen irgendwelcher Art Ausdruck gefunden haben; das gilt selbst von dem noch nicht genannten kunstgewerblichen

Urheberrecht an sog. Geschmacksmustern, wie z. B. Teppich-, Spitzenmustern, Hutmodellen (geschützt durch Reichsgesetz, betreffend das Urheberrecht an Mustern und Modellen, vom 11. Januar 1876). Das Erfinderrecht dagegen hat es wesentlich mit dem Schutz einer Idee oder eines Gedankens, welcher in neuer Kombination der Naturkräfte einen technischen Fortschritt schafft und eine gewerbliche Verwertung zuläßt, zu tun. Dieser Gegensatz findet am schärfsten seinen Ausdruck, wenn die Erfindung nicht in der Hervorbringung eines neuen Gebrauchsgegenstandes, etwa eines Zweirades oder eines Motors, besteht, sondern lediglich ein Verfahren, wie z. B. die Herstellung von Malzkaffee oder Fruchtäther, zum Gegenstande hat. Eben darum, weil es sich um Schutz einer bloßen Idee handelt, muß dieselbe behufs Schutzes autoritativ, durch die Obrigkeit, festgestellt und begrenzt werden. Demgemäß verlangt das Reichs-Patentgesetz Anmeldung der Erfindung beim Patentamt in Berlin und Erteilung eines Patents durch dasselbe, kraft dessen der Erfinder innerhalb bestimmter Frist, welche 18 Jahre nicht übersteigen kann, ausschließlich befugt ist, den Gegenstand seiner Erfindung herzustellen und wirtschaftlich zu verwerten. Das Urheberrecht dagegen hat seine Grundlage in der individualisierenden Formengebung durch den Urheber selbst und kann daher unmittelbar an diese selbst anknüpfen. In Übereinstimmung damit gelangt das literarische und künstlerische Urheberrecht, und zwar als ein gegen jegliche Beeinträchtigung von seiten Dritter geschütztes Recht, mit der Herstellung des betreffenden Schrift- oder Kunstwerkes selbst zur Entstehung, um von da ab regelmäßig bis zum Ablauf von 30 Jahren nach dem Tode des Urhebers bestehen zu bleiben. Auch das Urheberrecht an Photographien, welche nur 10 Jahre gegen unbefugte Nachbildung geschützt werden, knüpft unmittelbar an die Herstellung der photographischen Aufnahme an. Nur der gleichfalls auf kurze Zeit beschränkte Urheberrechtsschutz gegen Nachbildung der Geschmacksmuster erfordert aus naheliegenden Gründen Anmeldung des betreffenden Musters oder Modells zur Eintragung in das Musterregister und Niederlegung eines Exemplars oder einer Abbildung desselben bei der mit der Führung des Musterregisters beauftragten Behörde. Trotz des dargelegten grundsätzlichen Unterschiedes von Urheber- und Erfinderrecht haben doch beide miteinander gemein, daß sie eine ausschließliche Verfügungsgewalt über ein Geisteserzeugnis gewähren, welche bestimmt ist, dem Berechtigten die wirtschaftliche Verwertung desselben zu sichern. Urheber- und Erfinderrechte sind daher Vermögensrechte, und zwar Vermögensrechte, welche, mit den Sachenrechten und insbesondere dem Eigentum verwandt, wie dieses eine ausschließliche und allgemeine Herrschaft gewähren, aber nicht eine Herrschaft über eine körperliche, sondern eine unkörperliche Sache, ein immaterielles Gut. Die Gesamtheit der auf das Urheber- und Erfinderrecht bezüglichen Vorschriften wird daher passend als Immaterialgüterrecht bezeichnet und im Anschlusse an das Sachenrecht zur Darstellung gebracht.

III. Die Schuldverhältnisse gewähren im Gegensatz zu den Sachenrechten niemals eine unmittelbare Herrschaft über eine Sache, sondern begründen nur einen Anspruch gegen eine bestimmte andere Person, sei es, daß diese dem Berechtigten verpflichtet ist, Eigentum oder ein Recht an einer fremden Sache zu verschaffen, sei es, daß sie ihm sonstige Dienste, z. B. Arbeitsleistungen, zu verrichten hat oder auch zu einer Unterlassung bestimmter Art verbunden ist, wie z. B., wenn der Angestellte einer Fabrik sich verpflichtet, Geschäftsgeheimnisse anderen Personen nicht mitzuteilen. Man kann daher das Schuldverhältnis (die Römer nennen es „obligatio") als dasjenige Rechtsverhältnis zwischen zwei Personen definieren, kraft dessen die eine Person, der Schuldner, der anderen Person, dem Gläubiger, zu einer Leistung bestimmter Art — einer Handlung oder Unterlassung — verpflichtet ist[59]). In diesem „Leisten-Sollen" des Verpflichteten besteht also das Wesen des Schuldverhältnisses oder der Schuld. Mit dem Leisten-Sollen verknüpft sich regelmäßig die Haftung des Verpflichteten, des Schuldners. Der Schuldner haftet persönlich mit seinem Vermögen dem Gläubiger, so daß dieser nötigenfalls das ganze Vermögen des Schuldners mit Hilfe gerichtlichen Zwanges zu seiner Befriedigung in Anspruch nehmen kann. Notwendig ist aber eine solche Haftung nicht. Die sog. natürlichen oder unvollkommenen Verbindlichkeiten (obligationes na-

Schuldverhältnisse.

---

[59]) Über das Schuldverhältnis siehe § 241 und seine Beziehung zum Vermögensrecht oben S. 64 zweiter Absatz am Ende.

turales), z. B. verjährte Schulden[60]), sind Schuldverhältnisse ohne Haftung des Schuldners. Andererseits gibt es Schuldverhältnisse mit bloß beschränkter Haftung des Schuldners. So haftet der Erbe, obwohl er grundsätzlich für die Schulden des Verstorbenen, des Erblassers unbeschränkt mit seinem ganzen Vermögen haftet, doch unter Umständen nur mit dem Nachlaß, also nur mit den Bestandteilen seines Vermögens, welche aus dem Nachlaß des Verstorbenen herrühren. (Vgl. unten Ziff V, 4, letzter Satz, S. 98 f.).

Römisches Recht. Auf keinem Gebiet hat das römische Recht einen so nachhaltigen Einfluß auf die Gestaltung unseres Rechtszustandes ausgeübt wie auf dem Gebiet des Obligationenrechts. Es ist daher hier besonders veranlaßt, dasselbe zum Ausgangspunkt der Darstellung zu machen. Während die Sachenrechte nach Verschiedenheit der dadurch gewährten Herrschaft selbst unterschieden werden, beruht die Anordnung der Schuldverhältnisse auf der Verschiedenheit der Entstehungsgründe. Als Hauptentstehungsgründe werden von den Römern Vertrag und Delikt genannt und demgemäß die Obligationen vor allem in obligationes ex contractu und obligationes ex delicto geschieden — eine Scheidung, die nicht nur auf der Verschiedenheit des Tatbestandes (Vertrag oder Delikt), sondern vielmehr auf der Verschiedenheit der sich daran anschließenden Rechtswirkung (Anspruch auf Erfüllung in dem einen, Anspruch auf Strafe in dem anderen Falle) beruht.

Kontrakte. Was nun zunächst die Verträge anlangt, so erzeugt im älteren Recht nur ein in bestimmter Form eingegangener Vertrag eine klagbare Obligation; so namentlich die Stipulation, welche zu ihrer Entstehung mündliche Frage und Antwort unter den anwesenden Parteien, dem zukünftigen Gläubiger als Stipulator und dessen Schuldner als Promittenten, erfordert, so z. B. in der Form: spondesne mihi dare decem? spondeo. Sie ist zugleich der einzige Formalkontrakt, der noch im justinianischen Recht Geltung hat. Neben den Formalkontrakten sind eine Reihe von formlosen Verträgen in den späteren Jahrhunderten der Republik klagbar geworden, so zunächst die Realkontrakte, bei welchen die

---

[60]) Über die natürlichen Verbindlichkeiten aus verjährten Forderungen siehe § 222 und Anm. 8.

Hingabe von Sachen unter Verabredung der Rückgabe für den Empfänger die Pflicht begründete, dieselben Sachen oder doch dieselbe Art von Sachen zurückzugeben (re contrahitur obligatio), ein Prinzip, welches in folgenden vier Fällen anerkannt worden ist: Darlehen (mutuum), wenn Geld und sonstige vertretbare Sachen, wie Getreide, Wein, geliehen werden, wobei die gleiche Summe oder die gleiche Quantität von derselben Art und Güte zurückzugeben ist[61]; Leihvertrag (commodatum), wenn eine Sache zeitweilig zum Gebrauch einem anderen überlassen wird[61]; Hinterlegungs- oder Aufbewahrungsvertrag (depositum), wobei die deponierte Sache dem Hinterleger auf Verlangen zurückzugeben ist[61], und Pfandvertrag (pignus), wobei eine Sache zur Sicherung einer Forderung dem Gläubiger hingegeben und daher bei Befriedigung desselben dem Pfandgeber zurückzugeben ist[61]. — Sodann ist, freilich nur für einige Verträge, die sog. Konsensualkontrakte, die bloße Willenseinigung als genügend erachtet worden, die Parteien klagbar zu verpflichten. Das gilt erstens vom Kaufvertrage (emtio-venditio), wobei die Überlassung einer Sache, der Ware, gegen einen Geldpreis ausbedungen wird[61]; zweitens von der Miete (locatio-conductio), welche entweder die Überlassung von Sachen zu einem bestimmten Gebrauch (z. B. einer Wohnung, eines Piano) oder die Leistung bestimmter Dienste (etwa eines Kutschers oder einer Köchin) oder die Hervorbringung eines bestimmten Arbeitsresultates (Ausbesserung, Bearbeitung und

---

[61]) Zu den S. 78 ff. genannten römischen Real- und Konsensualkontrakten sind nachstehende für die Begriffsbestimmung der entsprechenden Verträge des BGB. wichtigen Stellen zu vergleichen, und zwar zum mutuum § 607 Abs. 1 über das Darlehen, zum commodatum §§ 598 und 604 Abs. 1 über die Leihe, zum depositum §§ 688 und 690 über die Verwahrung (sie kann auch gegen Vergütung übernommen werden, § 689, und ist dann ein gegenseitiger Schuldvertrag), zum pignus § 1205 Abs. 1 Satz 1 über den Pfandvertrag (siehe dazu § 1223 Abs. 1, sowie oben S. 72, lit. c, und hierzu Anm. 51); ferner zu der emtio venditio § 433 über den Kauf, zur locatio conductio rei, operarum und operis § 535 und § 581 Abs. 1 über die Miete und die Pacht (dazu Anm. 38), § 611 über den Dienstvertrag, § 631 über den Werkvertrag, zur societas § 705 über die Gesellschaft (siehe über das Vermögen § 718 Abs. 1 und § 719 Abs. 1, vgl. Anm. 15), zum mandatum § 662 über den Auftrag.

Transport einer Sache), immer gegen Zahlung einer Geldentschädigung, zum Gegenstande hat, somit die Fälle umfaßt, welche wir als Miet- und Pachtvertrag[61]) (locatio-conductio rei), als Dienstvertrag[61]) (locatio-conductio operarum), und als Werkvertrag[61]) (locatio-conductio operis) zu scheiden pflegen; drittens vom Gesellschaftsvertrag (societas), wodurch zwei oder mehrere Personen zur Erreichung gemeinsamer Zwecke (z. B. wirtschaftlicher, geselliger, künstlerischer, wissenschaftlicher Natur) eine Vermögensgemeinschaft begründen[61]); und endlich viertens vom Auftrag (mandatum), durch dessen Annahme der Beauftragte unentgeltlich zur sorgfältigen Ausführung des von ihm übernommenen Geschäftes verpflichtet wird[61]). — Aus dem Gesagten ergibt sich unmittelbar (vgl. hierzu S. 51 oben), daß Kauf, Miete und Sozietät zwei- oder gegenseitige Verträge sind (geschützt durch Klage für jeden der Kontrahenten: actio emti bzw. venditi, locati bzw. conducti, pro socio); das Mandat hingegen, indem es zunächst nur einen Anspruch auf Ausführung desselben für den Auftraggeber (geschützt durch actio mandati directa) und nur möglicherweise eine Gegenforderung des Beauftragten auf Schadloshaltung (geschützt durch actio mandati contraria) erzeugt, ein nicht wesentlich einseitiger Vertrag ist[62]) (vgl. oben S. 51 f.). In gleicher Weise erzeugen die Realkontrakte des commodatum, depositum und pignus zunächst nur einen Anspruch auf Rückgabe der hingegebenen Sache (geschützt durch actio commodati, depositi, pignoraticia directa) und möglicherweise eine Gegenforderung des Empfängers auf Schadloshaltung (geschützt durch actio commodati, depositi, pignoraticia contraria)[62]). Im Unterschiede von diesen nicht wesentlich einseitigen (oder unvollkommen zweiseitigen) Verträgen sind stipulatio und mutuum rein einseitige Verträge, indem erstere einen Anspruch auf das Versprochene lediglich gegen den Promittenten, letzteres einen solchen nur gegen den Darlehensempfänger,

[62]) Von den in Anm. 61 genannten Verträgen des BGB. sind Kauf (auch Tausch, § 515), Miete, Pacht, Dienst-, Werkvertrag, Verwahrung gegen Vergütung zweiseitige Schuldverträge, alle anderen, auch das Darlehen, (siehe §§ 157, 242) sind nicht wesentlich einseitig. — Wie weit in diesen Schuldverhältnissen und in den Fällen der Geschäftsführung ohne Auftrag, sowie der Gemeinschaft (ohne Vertrag) die Beteiligten für ihr Verschulden und dasjenige ihrer Hilfspersonen haften, ist den Anmerkungen 26 bis 29 zu entnehmen.

und zwar genau auf Rückgabe des dargeliehenen Kapitals (geschützt durch condictio certi) begründet[62]).

Im Gegensatz zu den Kontrakten kommen als Delikte (delicta privata; siehe oben S. 53 ff.) namentlich in Betracht: die Entwendung (furtum) und die Beschädigung fremder Sachen (Sachbeschädigung, damnum iniuria datum, auch aquilisches Delikt genannt), sowie die gegen die Person selbst gerichtete Injurie (iniuria), welche jede absichtliche Mißachtung eines anderen in sich begreift[63]). Dieselben erzeugen insgesamt für den Verletzten einen Anspruch auf Strafe (actio furti, legis Aquiliae, iniuriarum), welcher gegen den Täter, nicht aber seinen Erben gerichtet ist. Mit der Strafklage kann der Kläger zugleich Ersatz für den ihm zugefügten Schaden erlangen (so mit der aquilischen Klage); es kann ihm aber auch zu diesem Zwecke noch eine besondere Ersatzklage eingeräumt sein (wie die condictio furtiva neben der actio furti), so daß der Strafklage dann nur Straffunktion zukommt. Delikt.

Außer den Kontrakten und Delikten gibt es noch zahlreiche andere Tatbestände, die Obligationen erzeugen; je nachdem sich dieselben wesentlich nach dem Rechte der Kontrakte oder dem der Delikte bestimmen, werden sie als obligationes quasi ex contractu und quasi ex delicto bezeichnet. So entstehen durch Geschäftsführung ohne Auftrag (negotiorum gestio) Obligationen zwischen dem Geschäftsführer und demjenigen, dessen Interesse er wahrnimmt, welche den Verbindlichkeiten aus dem Mandat entsprechen, während andererseits der Bewohner eines Hauses für den Schaden, den jemand dadurch angerichtet hat, daß er etwas aus dem Hause herausgegossen oder geworfen hatte, mit einer Strafklage auf den doppelten Betrag des Schadens haftete, so, als habe er das Delikt selbst verübt[64]). Andere Tatbestände.

---

[63]) Die Entwendung und Beschädigung fremder Sachen verpflichten als Verletzungen des Eigentums nach § 823 Abs. 1 zum Schadensersatz, die Ehrverletzungen dagegen, welche unter den Begriff der römischen Injurie fallen und heutzutage durch das Strafgesetzbuch bedroht werden, begründen ebenso wie der Betrug eine Schadensersatzpflicht nach § 823 Abs. 2 (vgl. Anm. 25).

[64]) Neben der negotiorum gestio kommt als obligatio quasi ex contractu die Gemeinschaft ohne Vertrag (sog. communio incidens) in Betracht. Beide sind im BGB. als „Geschäftsführung

Klaglose Verträge und einseitiges Versprechen. Es leuchtet ein, daß in dieser Klassifikation der Schuldverhältnisse in obligationes ex contractu, ex delicto, quasi ex contractu und quasi ex delicto die erste Gruppe besonderen Anstoß bieten mußte; die Zahl der klagbaren Verträge, der sog. contractus, war sehr gering, alle anderen Verträge, darunter beispielsweise der Tausch, sowie alle Verträge auf Leistung von Diensten gegen bloße Naturalvergütung entbehrten als bloße pacta der Klagbarkeit — ex pacto actio non nascitur; sie wurden erst klagbar, wenn ihr Inhalt in der Form von Stipulationen versprochen worden war; war das nicht der Fall, so konnte selbst derjenige, welcher aus einem gegenseitigen pactum seinerzeit geleistet hat, das Geleistete zurückfordern; er war ja nicht gebunden. Im ersten Jahrhundert der Kaiserzeit wurde ihm jedoch das Recht eingeräumt, die Leistung der anderen Partei (mit einer sog. actio praescriptis verbis) zu erzwingen. So wurde das bloße pactum, freilich nur für die eine Partei, welche ihrerseits geleistet hatte, zum klagbaren Vertrag, sog. Innominatkontrakt. — Außerdem wurden einzelne formlose Verträge, wie das Versprechen, eine Schuld zu bezahlen, durch das

---

ohne Auftrag" (§ 677) und „Gemeinschaft" (§ 741) im Anschlusse an den Auftrag bzw. die Gesellschaft geregelt. Dagegen kennt das BGB. die Haftung des Bewohners (quasi ex delicto) für den durch Hinausgießen und Hinauswerfen aus seiner Wohnung angerichteten Schaden nicht. (Vgl. aber § 831, Anm. 30.) Wohl aber nennt das römische Recht noch als obligatio quasi ex contractu die ungerechtfertigte Bereicherung, die demjenigen, auf dessen Kosten sie erfolgt, gegen den Bereicherten einen Anspruch auf Herausgabe der Bereicherung (condictio sine causa) gewährt, so wenn jemand irrtümlich eine Nichtschuld zahlt (vgl. § 105 und Anm. 12, §§ 116—118 und Anm. 19, § 125 und Anm. 20, §§ 134 und 138 Abs. 1 und Anm. 1 und 3) oder eine Leistung aus einem Rechtsgrunde, der hinterher (z. B. durch Anfechtung, §§ 119, 123 Abs. 1, 242 Anm. 19), wegfällt oder um eines erwarteten, aber ausgebliebenen Erfolges (Eheschließung z. B.) willen bewirkt, oder wenn jemand (nach BGB.) einen Nachteil dadurch erleidet, daß ein Nichtberechtigter über seinen Gegenstand rechtswirksam verfügt, z. B. seine Sache an den gutgläubigen Erwerber veräußert (siehe Stellen in Anm. 44; vgl. noch § 951 und Anm. 46 und 48). Im BGB. ist die ungerechtfertigte Bereicherung nach den Schuldverhältnissen aus Rechtsgeschäften im Anschlusse an die Verpflichtung zur Vorlegung von Sachen normiert. Siehe namentlich § 812 Abs. 1 und § 816; über Verjährung § 852 Abs. 2 (§ 195), vgl. mit Abs. 1 und Anm. 8.

prätorische Edikt (pacta praetoria), andere durch die spätere kaiserliche Gesetzgebung (pacta legitima) klagbar gemacht (so das Versprechen einer dos und das Schenkungsversprechen)[65]. — Endlich aber ist in ganz vereinzelten und nicht besonders wichtigen Fällen sogar dem einseitigen Versprechen (der pollicitatio und dem votum) die Kraft beigelegt worden, klagbare Obligationen zu erzeugen[66].

Hiermit ist in den Grundzügen das System des römischen Obligationenrechts, so wie es zur Zeit Justinians gegolten hat, dargelegt. In dieser Gestalt ist es auch in Deutschland rezipiert worden, aber nicht ohne tiefgreifende Änderungen zu erfahren (neben vielfachen Modifikationen in Einzelheiten). Vor allem hat die Stipulation, den deutschen Anschauungen fremd, Aufnahme nicht finden können; dagegen ist der Grundsatz bei uns zur Anerkennung gelangt, daß jeder Vertrag (erlaubten Inhalts) auch ohne Beachtung irgendwelcher Formen klagbar ist, eine Neuerung, mit der selbstverständlich die Kategorie der Innominatkontrakte in Wegfall gekommen ist. Wenn nun dadurch zahlreiche und wichtige Verträge klagbar geworden sind, welche in Rom ohne Stipulation der Klagbarkeit ganz entbehrten, so haben sich andererseits, entsprechend den Bedürfnissen des deutschen Rechtslebens, völlig neue Verträge gebildet, wie die Versicherungs- und die Rentenverträge[67]. Sodann hat das einseitige Versprechen in wichtigen Fällen verpflichtende Kraft erhalten; so verpflichtet die öffentliche Zusage einer Belohnung (Auslobung), z. B. für Auffindung einer verlorenen Sache, den Erklärenden zur Erfüllung; Einfluß der Rezeption.

[65]) Die pacta praetoria und legitima sind nach bürgerlichem Recht, wie jeder Vertrag (siehe oben), selbstverständlich klagbar, doch bedarf das Versprechen, für eine fremde Schuld einzustehen, als Verbürgung nach § 766 Satz 1 der schriftlichen Form, das Schenkungsversprechen der gerichtlichen oder notariellen Beurkundung nach § 518 Abs. 1 Satz 1 (vgl. Anm. 20 zu S. 50).

[66]) Auch nach BGB. erzeugt das einseitige Versprechen nur ausnahmsweise (§ 305), in den Fällen des § 82 Satz 1 (das Stiftungsgeschäft, vgl. dazu S. 48 oben und Anm. 16), sowie des § 657 (die Auslobung) und § 793 Abs. 1 Satz 1, vgl. mit § 794 (die Ausstellung von Schuldverschreibungen auf den Inhaber), eine klagbare Obligation.

[67]) Über die Versicherungsverträge siehe S. 99 ff.; zu den Rentenverträgen § 761, wonach das Versprechen einer Leibrente schriftlich erteilt werden muß (Anm. 20).

so macht die Ausstellung einer auf den Inhaber lautenden Schuldverschreibung den Aussteller haftbar[66]). Endlich verpflichtet neben den schon im römischen Recht anerkannten Delikten auch Tötung zum Schadensersatz[68]). Zudem haben die Delikte überhaupt mehr und mehr ihre Strafnatur abgestreift; nach neuerem gemeinen Recht, sowie nach dem Bürgerlichen Gesetzbuch erzeugen sie grundsätzlich nur einen Anspruch auf Schadensersatz, nicht aber auf Strafe. Es liegt auf der Hand, daß für ein derart geändertes und erweitertes Obligationenrecht die römische, auf contractus und delictum basierte Klassifikation unanwendbar ist. Freilich kann man auch heutzutage die Obligationen nach ihren Entstehungsgründen einteilen, also in Schuldverhältnisse aus Rechtsgeschäften, Verträgen und einseitigen Versprechen, in Schuldverhältnisse aus anderen — nichtdeliktischen — Tatbeständen und in Schuldverhältnisse aus unerlaubten Handlungen; allein dadurch werden Obligationen, welche ihrem Inhalt nach zusammengehören, voneinander getrennt, wie die Obligationen aus der Geschäftsführung ohne Auftrag von den wesentlich gleichartigen Verpflichtungen kraft Auftrags. Das Bürgerliche Gesetzbuch hat daher mit Recht auf eine Klassifikation der Obligationen verzichtet und sich damit begnügt, die einzelnen Schuldverhältnisse, wenn auch in Anlehnung an die Verschiedenheit der Entstehungsgründe (in der soeben bezeichneten Reihenfolge), doch ihrer inhaltlichen Verwandtschaft nach anzuordnen und zu normieren[69]).

Von größter Wichtigkeit für unser ganzes wirtschaftliches Leben sind die gegenseitigen Schuldverträge, die regelmäßig auf Vereinbarung der Parteien über Leistung und Gegenleistung

---

[68]) Die Tötung verpflichtet nach § 823 Abs. 1 (vgl. Anm. 25 zu S. 53) zum Schadensersatz, insbesondere gegenüber dem Unterhaltsberechtigten nach § 844 Abs. 2 Satz 1, auch wenn er nur erzeugt, aber noch nicht geboren war, § 844 Abs. 2 Satz 2 und dazu Anm. 10 zu S. 43.

[69]) Vgl. den 7. Abschnitt des 2. Buches des BGB. über die einzelnen Schuldverhältnisse. Dieser Abschnitt behandelt im Titel 1—22 die Schuldverhältnisse aus Rechtsgeschäften, wobei aber die Geschäftsführung ohne Auftrag (11. Titel) dem Auftrag, 10. Titel, die Gemeinschaft — ohne Vertrag — (15. Titel) der Gesellschaft (14. Titel) angeschlossen wird, während Auslobung und Schuldverschreibung auf den Inhaber verwandten Verträgen, dem Mäklervertrag und der Anweisung, nachfolgen; in den Titeln 23 und 24

beruhen. Wird aber ein gegenseitiger Schuldvertrag geschlossen, ohne den Umfang der Gegenleistung zu vereinbaren, z. B. eine Sache ohne Preisbestimmung verkauft, so bestimmt sich, wie schon dargelegt (S. 7 f. oben), der Umfang der Gegenleistung, also beim Kauf die Höhe des Kaufpreises, nach billigem Ermessen. Der damit gegebene Gedanke eines sachlich angemessenen Entgeltes — eines gerechten Kaufpreises — dient aber nicht nur der Ergänzung geschlossener Verträge, er hat auch Ausdruck gefunden in der Gesetzgebung der Kriegs- und Nachkriegszeit, die im Zusammenwirken mit der Rechtsprechung und Verwaltung bemüht war, dem Verlangen nach unverhältnismäßig hohen Preisen für Gegenstände des täglichen Bedarfes entgegenzutreten und sie tunlichst auf einen angemessenen Betrag, die sog. Gestehungskosten zu beschränken. Wenn nun auch die ganze darauf sich beziehende Gesetzgebung aufgehoben ist, so greift doch die moderne Sozialgesetzgebung fortgesetzt im Sinne einer angemessenen Regelung von Leistung und Gegenleistung ein in die drei anderen wichtigsten gegenseitigen Schuldverhältnisse: Wohnungsmiete, Grundstückspacht und Dienstvertrag. Damit hat sie zugleich für jeden Beteiligten einen Anspruch auf amtliche Feststellung eines gerechten Entgeltes in Gestalt der „gesetzlichen Miete", des „gesetzlichen Pachtzinses" und einer Art gesetzlichen Lohnes (in Form des Tariflohnes) geschaffen. (Siehe hierüber das Reichsmietengesetz vom 24. März 1922, nunmehr geltend in der Fassung vom 20. Februar 1928 — RGBl. I S. 38 —, und die Pachtschutzordnung vom 23. Juli 1925 — RGBl. I S. 152 —; über Tariflohn vergleiche den folgenden Abschnitt über Arbeitsrecht.)

Einzelne Schuldverhältnisse und Allgemeiner Teil.

Da nun für die verschiedenen Schuldverhältnisse zahlreiche Bestimmungen mehr oder weniger gemeinsam sind, wie Bestimmungen über Wesen und Inhalt, über Entstehung und Erlöschung der Schuldverhältnisse, Übertragung von Forderungen und Übernahme von Schulden, Beteiligung mehrerer Personen als Gläubiger oder als Schuldner, so pflegt man dieselben wie in den Lehrbüchern so auch in den neueren Gesetzbüchern als Allgemeinen

---

Schuldverhältnisse aus anderen Tatbeständen, Besitz der zur „Vorlegung von Sachen" verpflichtet, und ungerechtfertigte Bereicherung und zuletzt im Titel 25 die unerlaubten Handlungen.

Teil des Obligationenrechts zusammenzufassen und der Darstellung der einzelnen Schuldverhältnisse voranzustellen[70]).

(Arbeitsrecht.) Unter den rezipierten Schuldverträgen des römischen Rechts ist für uns von überragender Wichtigkeit der Dienstvertrag (locatio conductio operarum), der für die übergroße Mehrheit unserer Bevölkerung die einzige Erwerbsquelle bietet. Die modernen Arbeiter, die mit der Einführung des die Handarbeit entbehrlich machenden Fabrikbetriebes um die Wende des 18. Jahrhunderts aufkommen und selbstverständlich keinerlei Rückhalt an der alten überlieferten Zunftverfassung besitzen, haben als einziges verwertbares Gut ihre Arbeitskraft und müssen daher, wenn sie überhaupt ihren Lebensunterhalt erwerben wollen, einen Dienstvertrag eingehen. Dieser Dienstvertrag begründet für den Arbeiter außer der selbstverständlichen obligatorischen Pflicht, Dienste gegen Entgelt zu leisten, eine rechtliche Abhängigkeit des Arbeiters vom Arbeitgeber, der als Eigentümer der Produktionsmittel ausschließlich über den Arbeitsprozeß und dessen Produkt zu verfügen hat, während andere Dienstverträge, wie der Vertrag mit dem Hausarzt auf dauernde ärztliche Behandlung der Familie, der Vertrag mit einem Rechtsanwalt auf fortgesetzte juristische Beratung einer geschäftlichen Unternehmung eine solche Abhängigkeit nicht begründen. Es ist daher der mit den Arbeitern (ursprünglich gewerblichen, später auch landwirtschaftlichen Arbeitern und Dienstboten, sowie Heimarbeitern) geschlossene Dienstvertrag, der sogenannte Arbeitsvertrag und das damit geschaffene Arbeitsverhältnis, was den Anstoß der Arbeiter erregen und sie bestimmen mußte, in allen Kulturländern, zum Teil schon seit den ersten Dezennien des 18. Jahrhunderts, Vereinigungen (Koalitionen) zur Erkämpfung besserer Arbeitsbedingungen zu bilden. Diese Bestrebungen, im wesentlichen gerichtet auf Erreichung angemessener Lohn- und Arbeitsbedingungen, auf Einrichtung eines wirksamen Arbeiterschutzes — so durch Beschränkung der Kinder- und Frauenarbeit, durch einen Normalarbeitstag für die Männer — sowie auf eine umfassende Versicherung gegen Erkrankung, Unfall, Invalidität

---

[70]) Siehe im 2. Buch des BGB. die Abschnitte 1—6 und die Überschriften dieser Abschnitte. Zur Überschrift des zweiten Abschnitts siehe die anderen Entstehungsgründe von Schuldverhältnissen in Anm. 66 und 69.

und Arbeitslosigkeit haben in verschiedenen Ländern ihren Ausdruck in einem mehr oder minder umfassenden Arbeitsrecht im Sinne eines die Arbeiter sichernden und schützenden Sonderrechts erlangt. So namentlich im Deutschen Reiche, das durch seine Arbeiterversicherung vorbildlich für die ganze Welt geworden ist (siehe S. 103 ff.). Gleichwohl hat die Berufung der Arbeiterparteien zur Beteiligung an der Bildung der Reichsregierung (Anfang Oktober 1918) und die Schaffung eines eigenen Reichsarbeitsamtes (am 4. Oktober 1918) sowie des Reichsarbeitsministeriums zu einer neuen lebhaften Bewegung auf dem Gebiet des Arbeitsrechtes geführt, die ihren Ausdruck gefunden hat zum Teil in der Weiterbildung vorhandenen Arbeitsrechtes, zum Teil in der Schaffung neuer Gesetze, z. B. der Verordnung über die Erwerbslosenfürsorge vom 13. April 1918, an deren Stelle nunmehr das umfassende Reichsgesetz über die Arbeitslosenversicherung vom 16. Juli 1927 getreten ist (siehe unten S. 114 ff.).

Solche Weiterbildung haben insbesondere die Tarifverträge erfahren, d. h. die Verträge, welche zwischen Vereinigungen von Arbeitnehmern und Arbeitgebern geschlossen werden über Lohn- und Arbeitsbedingungen, welche in den künftig abzuschließenden Arbeitsverträgen eingehalten werden sollen. Demgemäß wurden die im Tarifvertrage vertretenen Mitglieder obligatorisch verpflichtet, ihre Arbeitsverträge in Zukunft tarifmäßig abzuschließen und konnten daher, wenn sie es nicht getan hatten, den anderen Vertragsteil auf den von ihnen erlittenen Schaden belangen. Im Gegensatze dazu hat die Verordnung über Tarifverträge vom 23. Dezember 1918 § 1 dem schriftlich abgeschlossenen Tarifvertrage unmittelbar die Wirkung beigelegt, daß der tarifwidrig geschlossene Vertrag, soweit das der Fall ist, unwirksam wird und mit tarifmäßigem Inhalt in Geltung bleibt. Der Reichsarbeitsminister kann sogar Tarifverträge, die überwiegende Bedeutung für das Tarifgebiet haben, für allgemein verbindlich erklären, so daß alle Arbeitsverträge gleicher Art im ganzen Tarifgebiet mit tarifmäßigem Inhalt in Geltung treten, auch wenn weder der Arbeitgeber noch der Arbeitnehmer am Tarifvertrage beteiligt waren (angef. Verordn. §§ 2, 3). Der Tarifvertrag bestimmt somit wie ein Gesetz den Inhalt der im Gebiete eingegangenen Arbeitsverträge, und doch beruht der Tarifvertrag wesentlich nur auf dem Einverständnis der Beteiligten und ist gerade deshalb die geeignete Grundlage für ein friedliches und einträchtiges Zusammenwirken von Arbeitnehmern und Arbeitgebern. Es begreift sich daher, daß das Tarifvertragsrecht schon jetzt in weiten Schichten deutschen Landes Lohn- und Arbeitsverhältnisse weitester Schichten regelt. Die regen Bestrebungen auf Ausgestaltung des Arbeitsrechtes erklären auch, daß das Arbeitsrecht in der neuen Reichsverfassung als Grundrecht anerkannt und geschützt wird, so namentlich im Art. 157, wonach die Arbeitskraft unter dem besonderen Schutze des Reichs steht und das Reich ein einheitliches Arbeitsrecht schafft (vgl. außerdem Art. 119, 122, 139 der Reichsverfassung). Dieses Ziel ist wesentlich durch das Reichsarbeitsgerichtsgesetz vom 23. Dezember 1926 gefördert worden, das für das ganze Deutsche Reich eine einheitliche Arbeitsgerichtsorganisation geschaffen hat. (Siehe darüber S. 170 f. Ziff. II a. E.). — Endlich hat die seit dem Weltkrieg wachsende Überzeugung, daß die Vorschriften der einzelnen Staaten über das Arbeitsrecht nur auf Grundlage internationaler Vereinbarungen sich erfolgreich durchsetzen können, zu eingehenden Vorarbeiten für das internationale Arbeitsrecht geführt; so auf den Gewerkschaftskongressen zu Leeds 1916 und Bern 1917 und in dem Entwurf der deutschen Reichsregierung 1918. Dagegen hat als Teil des Friedensvertrages von Versailles ein von den Alliierten aufgestellter Entwurf, obgleich weniger gut, Rechtswirksamkeit erhalten (siehe unten S. 194 Ziffer 3). — Grundbegrifflich bringt den Gedanken des internationalen Arbeitsrechts zum Ausdruck der Art. 162 der Reichsverfassung.

Familienverhältnisse. IV. Die Familienverhältnisse, welche den eigentlichen Gegenstand des Familienrechts bilden, sind im Grunde zweifacher Art. Mann und Weib, beide einseitig und der Ergänzung bedürftig, streben naturgemäß ihrer Verbindung entgegen; diese Verbindung wird unter gewissen Voraussetzungen vom Rechte als Ehe anerkannt — zugleich die einzige Form, in welcher die Geschlechtsverbindung überhaupt rechtlich anerkannt ist. Die darauf sich beziehenden Vorschriften bilden das Eherecht, den ersten Hauptteil des Familienrechts (s. Bürgerliches Gesetzbuch IV. Buch, 1. Abschnitt). — Auf der Verbindung von Mann und Weib beruht die Abstammung. Die Eltern stehen in naturgegebener Verbindung mit den von ihnen erzeugten Kindern, wie andererseits wiederum diese Abkömmlinge miteinander verbunden sind. Diese Verbindung zwischen zwei (oder mehreren) Personen, wonach die eine von der anderen oder beide von einer dritten Person abstammen, ist die Verwandtschaft, das zweite Grundverhältnis des Familienrechtes, welches seine Normierung in dem Verwandtschaftsrecht findet (s. Bürgerliches Gesetzbuch IV. Buch, 2. Abschnitt). Freilich beziehen sich weitaus die meisten Bestimmungen desselben nur auf das wichtigste Verwandtschaftsverhältnis, das der Eltern und Kinder, und so kommt es, daß man nicht selten an Stelle des Verwandtschaftsrechts das Eltern- und Kindesrecht als zweiten Hauptteil des Familienrechts bezeichnet. Ja, im römischen Recht ist das gegenseitige Verhältnis von Eltern und Kindern vollständig hinter der rechtlichen Abhängigkeit der Kinder von ihrem Vater, der sog. väterlichen Gewalt, zurückgetreten, eine Tatsache, welche wiederum erklärt, daß die Lehrbücher des römischen Rechts an zweiter Stelle meist nur die Lehre von der patria potestas erörtern. Im Bürgerlichen Gesetzbuch ist die väterliche durch die elterliche Gewalt ersetzt worden, die aber, solange der Vater lebt, regelmäßig diesem, nach seinem Tode dagegen der Mutter zusteht [71]. — Kein eigentliches Familienverhältnis ist die Vormundschaft, ein Schutzverhältnis zugunsten von Personen, welche ihren eigenen Angelegenheiten (wegen Minderjährigkeit, Geisteskrankheit usw.) nicht selbst vorstehen können, den ihnen erforderlichen Schutz aber in der eigenen Familie nicht finden. Im alten Recht stand die Vormundschaft lediglich den Verwandten des Mündels zu (in Rom den nächsten Agnaten), war also ganz Familiensache. Auf den späteren Stufen kultureller Entwicklung, schon im späteren römischen und in noch umfassenderem Maße in unserem modernen Recht, wird die Fürsorge für die Schutzbedürftigen als Aufgabe des Staates betrachtet. Ihm steht die sog. Obervormundschaft zu, kraft welcher er erforderlichenfalls für die Bestellung von Vormündern zu sorgen und die Führung der Vormundschaft zu überwachen hat [72]. Gleichwohl begründet die Vormundschaft

---

[71] Über elterliche Gewalt siehe §§ 1626, 1627, 1684.

[72] Die Obervormundschaft steht nach BGB. regelmäßig dem Vormundschaftsgericht zu, das die Vormundschaft anzuordnen

auch noch heutzutage ein Verhältnis dauernder Abhängigkeit des Mündels vom Vormund, welches einen familienartigen Charakter an sich trägt. Der Vormund soll sich der Person und der Interessen seines Mündels so annehmen, wie ein guter Hausvater für sein Kind zu sorgen pflegt. Mit Recht wird daher die Vormundschaft als ein den Familienverhältnissen analoges Verhältnis im Bürgerlichen Gesetzbuch im Anschlusse an das Ehe- und Verwandtschaftsrecht als dritter Hauptteil des Familienrechts geregelt (s. Bürgerliches Gesetzbuch IV. Buch, 3. Abschnitt).

Familiengüterrecht. Streng genommen hat alles Familienrecht es nur mit persönlichen Beziehungen zu tun: Beziehungen von Mann und Weib, Eltern und Kindern, Vormund und Mündel. Diese Beziehungen aber modifizieren die Vermögensverhältnisse der Beteiligten in eigentümlicher Weise, und deshalb wird zweckmäßig die rechtliche Gestaltung derselben, das Familiengüterrecht, mit der Normierung der Familienbeziehungen selbst, dem sog. reinen Familienrecht, verbunden, eine Verbindung, welche in jedem der drei Hauptteile des Familienrechts wiederkehrt.

Persönliches Eherecht. 1. Das Eherecht hat vor allem darüber Bestimmung zu treffen, wann und unter welchen Voraussetzungen eine gültige Ehe überhaupt vorhanden ist. Es regelt somit erstens Bestand und Gültigkeit der Ehe. Zweitens unterwirft es mit erfolgtem Abschluß der Ehe (welcher nach Bürgerlichem Gesetzbuch — § 1317 —[73]) mündliche Erklärung der Verlobten vor einem Standesbeamten, nach kirchlichem Eherecht Erklärung vor dem zuständigen Pfarrer und zwei Zeugen erfordert) die Ehegatten einer Reihe von Verbindlichkeiten persönlicher Natur, vor allem der gegenseitigen Verpflichtung zur ehelichen Lebensgemeinschaft[73]), welche durch eine entsprechende Klage (auf Herstellung der ehelichen Lebensgemeinschaft) geschützt wird. Diese beiden Arten von Bestimmungen, welche wir unter dem Ausdruck „persönliches Eherecht“ zusammenfassen, bezeichnen zugleich das Gebiet, welches, seit dem Mittelalter durch die kirchliche Gesetzgebung normiert, bis auf unsere Tage einen konfessionellen Charakter (als katholisches bzw. protestantisches Eherecht)

(§ 1774), den Vormund zu bestellen (§ 1789) und seine gesamte Tätigkeit zu überwachen hat (§§ 1837 Abs. 1, 1839, 1840 Abs. 1).

[73]) § 1317 Abs. 1, vgl. Anm. 20; über die Verpflichtung zur ehelichen Lebensgemeinschaft siehe § 1353 Abs. 1.

getragen hat. Erst im Bürgerlichen Gesetzbuch (IV. Buch, 1. Abschnitt, Titel 1—8 mit Ausnahme von Titel 6) ist es gänzlich der staatlichen Gesetzgebung unterworfen worden, wodurch freilich die Verbindlichkeiten des kirchlichen Eherechts für die Mitglieder der Kirchengemeinschaft als solche nicht berührt werden (§ 1588).

Eheliches Güterrecht.

Im Gegensatz zu dem persönlichen Eherecht ist der Einfluß, welchen die Ehe auf Gestaltung der Vermögensverhältnisse der Ehegatten ausgeübt hat (das sog. eheliche Güterrecht), immer dem weltlichen Recht vorbehalten geblieben. Verhältnismäßig gering ist dieser Einfluß nach (neuerem) römischem Recht, das in einzelnen Teilen Deutschlands rezipiert worden ist. Danach bilden die Vermögen beider Ehegatten grundsätzlich getrennte Massen (Gütertrennung); nur die von seiten der Frau dem Manne gegebene dos bildet eine Art von Gesamtgut, das um seiner Erträgnisse willen während der Ehe dem Manne gehört, nach Auflösung derselben aber regelmäßig der Frau zufällt. Nach deutschem Recht aber hat die eheliche Gemeinschaft zugleich in einer Gemeinschaft in Ansehung des Vermögens der Ehegatten ihren Ausdruck gefunden, sei es, daß sich dieselbe auf die Verwaltung beschränkt, indem beide Vermögen während der Ehe unter einheitlicher Verwaltung des Mannes stehen (Verwaltungsgemeinschaft), sei es, daß die Vermögen der Gatten selbst Gemeingut werden, sog. Gütergemeinschaft, welche als Errungenschaftsgemeinschaft sich auf den Erwerb der Ehegatten während der Ehe beschränkt, als Fahrnisgemeinschaft sich zudem auf den gesamten Mobiliarbesitz derselben erstreckt und endlich als allgemeine Gütergemeinschaft das gesamte Vermögen beider Gatten mit Einschluß des Grundbesitzes umfaßt. Im Bürgerlichen Gesetzbuch haben alle diese Güterstände ihre Normierung gefunden. Für jeden können sich die Gatten entscheiden; tun sie das aber nicht, so gilt als gesetzliches Güterrecht[74]) die Verwaltungs-

[74]) Das gesetzliche Güterrecht des BGB. unterwirft nach § 1363 das Vermögen der Frau (aber nicht ihr Vorbehaltsgut, §§ 1365—1367) als eingebrachtes Gut der Verwaltung (§§ 1373, 1374 Satz 1, 1359, Anm. 28) und Nutznießung des Mannes, der die Nutzungen (§ 100) wie ein Nießbraucher erwirbt (§ 1383, Anm. 49), dagegen den ehelichen Aufwand zu tragen hat (§ 1389 Abs. 1).

gemeinschaft (vgl. Bürgerliches Gesetzbuch IV. Buch, 1. Abschnitt, Titel 6).

Verwandtschaft. 2. Im Verwandtschaftsrecht ist zunächst der Begriff der Verwandtschaft selbst Gegenstand rechtlicher Bestimmung. Nach altem römischen Recht wurde nur die durch Männer vermittelte (auf Zugehörigkeit zu derselben patria potestas beruhende) Verwandtschaft (sog. Agnation) anerkannt. Im späteren römischen Recht ist, wie bei uns, das Prinzip der Blutsverwandtschaft (Kognation) anerkannt[75], ohne Unterschied, ob dieselbe durch Männer oder Frauen vermittelt ist. Indessen gilt dieser Satz schlechthin doch nur von der Verwandtschaft, welche auf ehelicher Zeugung beruht; uneheliche Kinder gelten als Verwandte nur gegenüber der Mutter und deren Verwandten, nicht aber gegenüber dem Vater und seiner Familie[75]).

Wenn dieser Güterstand der Verwaltung und Nutznießung nicht eintritt oder endigt (§§ 1426, 1432, vgl. noch § 1436), so tritt als subsidiär gesetzlicher Güterstand Gütertrennung ein. Sie verpflichtet den Mann gleichfalls zur Tragung des ehelichen Aufwands (§ 1427 Abs. 1), doch muß die Frau einen angemessenen Beitrag dazu aus ihren Einkünften leisten (§ 1427 Abs. 2 Satz 1).

Nur durch Vertrag der Gatten (Ehevertrag, §§ 1432, 1434, Anm. 20) entsteht Gütergemeinschaft (vertragsmäßiger Güterstand). — Die allgemeine Gütergemeinschaft verbindet die Vermögen von Mann und Frau zu einem Gesamtgut beider, das vom Manne verwaltet wird (§ 1443 Abs. 1, §§ 1438, 1442 Abs. 1, vgl. § 719 Abs. 1 bzw. Anm. 61 a. E.) und den ehelichen Aufwand trägt (§ 1458). Vom Gesamtgut ausgeschlossen ist das Vorbehaltsgut der Gatten (§ 1440); das Vorbehaltsgut der Frau verpflichtet sie, eventuell zum ehelichen Aufwand beizutragen (§ 1441). — Bei der Errungenschaftsgemeinschaft (§ 1519) wird nur der Erwerb beider Gatten in der Ehe, bei der Fahrnisgemeinschaft (§ 1549) zudem ihr bewegliches Vermögen Gesamtgut, welches wie bei der allgemeinen Gütergemeinschaft unter Verwaltung des Mannes den ehelichen Aufwand trägt (§ 1438 Abs. 2 und 3, § 1442 Abs. 1, vgl. § 719 Abs. 1, § 1443 Abs. 1, § 1529 Abs. 1 bzw. § 1458). Was die Gatten bei der Errungenschaft vorher besaßen (§ 1520) bzw. das unbewegliche Vermögen bei der Fahrnisgemeinschaft (§§ 1550, 1551), wird eingebrachtes Gut — daher vom Manne verwaltet (§§ 1363, 1373, 1374 Satz 1) — dessen Nutzungen aber in das Gesamtgut fallen (§§ 1525, 1550). Über das in beiden Fällen allein zulässige Vorbehaltsgut der Frau (§§ 1526, 1555) siehe gleichfalls § 1441.

[75]) Siehe über Blutsverwandtschaft § 1589 Abs. 1, über uneheliche Verwandtschaft § 1589 Abs. 2; vgl. aber § 1708 u. § 1715.

Die dem Vater über die ehelichen Kinder zustehende väterliche Gewalt gewährte im alten römischen Recht ein schrankenloses Verfügungsrecht über die Person des Kindes; im justinianischen und noch mehr im heutigen Recht hat sie den Charakter einer einseitigen Berechtigung mehr und mehr eingebüßt, und die im Bürgerlichen Gesetzbuch an ihre Stelle getretene elterliche Gewalt ist grundsätzlich als eine Art vormundschaftlicher Schutzgewalt ausgestaltet, kraft welcher der Vater wie das Recht, so auch die Pflicht hat, für die Person und das Vermögen des Kindes zu sorgen[76]). Die Sorge für das Vermögen schließt die Verwaltung desselben in sich, und mit dieser verknüpft sich, im großen und ganzen wie nach römischem und nach bisherigem gemeinen Recht, die Nutznießung am Kindesvermögen, soweit dasselbe nicht als freies Vermögen (z. B. Erwerb aus selbständiger Arbeit des Kindes) dieser Nutznießung entzogen ist[76]). Als ein Schutzverhältnis endigt die elterliche Gewalt mit der erreichten Volljährigkeit[76]), während die patria potestas nach römischem Recht regelmäßig so lange dauerte, als der Hausvater lebte, die väterliche Gewalt nach gemeinem Recht aber erst mit erlangter wirtschaftlicher Selbstständigkeit des Hauskindes bzw. der Verheiratung der Tochter ihr Ende fand. Elterliche Gewalt.

3. Die Vormundschaft tritt grundsätzlich nur ein als Ersatz für mangelnde Familiengewalt, also nach römischem und gemeinem Recht für Personen, welche nicht unter väterlicher Gewalt, nach Bürgerlichem Gesetzbuch für Personen, welche nicht unter elterlicher Gewalt (des Vaters bzw. der Mutter) stehen[77]), wenn dieselben ihren Angelegenheiten nicht oder nicht gehörig vorzustehen vermögen. Dazu zählt das gemeine Recht im Anschluß an das römische Recht (welches tutela impuberum und cura minorum, sowie cura furiosi und cura prodigi unterscheidet) Minderjährige, Geisteskranke und gerichtlich erklärte Vormundschaft.

---

[76]) Zur elterlichen Gewalt siehe über ihre Dauer § 1626, über die elterliche Gewalt des Vaters, umfassend die Sorge für Person und Vermögen des Kindes mit dessen Vertretung §§ 1627, 1630 Abs. 1, somit das Recht auf Erziehung und Herausgabe §§ 1631 Abs. 1, 1632, und andererseits die Vermögensverwaltung (vgl. § 1638 Abs. 1) und Nutznießung am Kindesvermögen §§ 1649, 1652 (dazu Anm. 49 und 74 am Anfang), aber nicht am freien Vermögen §§ 1650 und 1651 (dazu Anm. 12); über die elterliche Gewalt der Mutter §§ 1634, 1684, 1686. — Vgl. S. 89 Mitte u. Anm. 71.

Verschwender. Nach dem Bürgerlichen Gesetzbuch sind Minderjährige der Vormundschaft stets unterworfen, Volljährige regelmäßig nur, wenn sie entmündigt sind, was nicht nur wegen Geisteskrankheit und Verschwendung, sondern auch wegen Geistesschwäche und Trunksucht erfolgen kann[77]).

Pflegschaft. Von der in diesen Fällen eintretenden Vormundschaft als Gesamtfürsorge für Person und Vermögen des Mündels[77]) scheidet sich die Pflegschaft als eine Fürsorge beschränkteren Inhalts. Dieselbe dient einmal zur Ergänzung der väterlichen bzw. elterlichen Gewalt oder der gewöhnlichen Vormundschaft, nämlich in den Fällen, wo der Vater oder Vormund an der Vornahme von Geschäften für Kind oder Mündel verhindert ist[78]), sodann zur Unterstützung von Personen, die, ohne in der Geschäftsfähigkeit beschränkt zu sein, doch durch Gebrechen verhindert sind, ihre eigenen Angelegenheiten selbst zu besorgen[78]), endlich zur Sicherung von Vermögensansprüchen, so, wenn für das Vermögen eines Abwesenden ein Pfleger bestellt wird[78]). — Trotz ihrer inhaltlichen Beschränkung ist die Pflegschaft immer ein Institut vormundschaftlichen Charakters, und deshalb finden die Vorschriften über die Vormundschaft, soweit Anlaß dazu gegeben ist, auch auf die Fälle der Pflegschaft Anwendung[78]).

Was nun die rechtliche Stellung des Vormundes betrifft, so war der Vormund im alten Rom in seiner Verwaltung unbeschränkt, insbesondere konnte er Sachen des Mündels nach freiem Ermessen veräußern. Durch ein Gesetz aus dem Jahre 195 nach Chr. aber, die sog. oratio Divi Severi, wurde dem Vormund die Veräußerung landwirtschaftlicher Grundstücke verboten, und dieses Verbot wurde im Laufe der Kaiserzeit auf

---

[77]) Über Vormundschaft (vgl. über die Obervormundschaft S. 89 f. und dazu Anm. 72) als Ersatz der elterlichen Gewalt siehe § 1773 Abs. 1 u. 2; über die Vormundschaft Minderjähriger § 1773, Volljähriger § 1896 (vgl. §§ 6, 114, Anm. 12). — Über die Vormundschaft als Gesamtfürsorge für Person und Vermögen des Mündels siehe §§ 1793 (übereinstimmend mit §§ 1627, 1630 Abs. 1), 1800 bzw. §§ 1631 Abs. 1, 1632, sowie Anm. 76 über elterliche Gewalt.

[78]) Über Pflegschaft siehe zur Aushilfspflegschaft neben elterlicher Gewalt oder Vormundschaft § 1909 Abs. 1; zur Pflegschaft über Gebrechliche § 1910 Abs. 1, über Abwesende § 1911 Abs. 1 Satz 1, sowie über eine Leibesfrucht § 1912 (vgl. S. 43, Anm. 10 und Anm. 68). Über Anwendung der Vorschriften über Vormundschaft § 1915 Abs. 1.

Sachen aller Art ausgedehnt, wenn sie nicht ganz wertlos oder dem Verderb ausgesetzt waren. Regelmäßig waren nur Veräußerungen, welche zur Bezahlung von Schulden des Mündels notwendig und durch obrigkeitliches Dekret genehmigt worden waren, gestattet. — Diese Beschränkungen sind im gemeinen Recht in zweifacher Richtung gemildert worden. Einmal sind auch Veräußerungen, welche für den Mündel bloß nützlich, nicht aber notwendig sind, mit obrigkeitlicher Genehmigung für zulässig erklärt worden, und sodann wird die Genehmigung vielfach nur für die Veräußerung (und Belastung) von Grundstücken erfordert. Dieser Tendenz des neueren Rechts entsprechend verlangt das Bürgerliche Gesetzbuch die Genehmigung des Vormundschaftsgerichtes nur für den Abschluß besonders wichtiger Geschäfte des Vormundes, welche über die gewöhnliche Verwaltung hinausgehen (Bürgerliches Gesetzbuch §§ 1821—1824).

V. Das Erbrecht hat seine Grundlage in der Familie. Erbrecht. Der Hausvater will naturgemäß das Vermögen, das er erworben und das schon bei seinen Lebzeiten dem Unterhalt seiner Familie, seiner Frau und Kinder, gedient hat, auch nach seinem Tode diesen Zwecken erhalten wissen.

1. In Übereinstimmung mit diesem Streben und in sichtlichem Zusammenhange mit der uralten Institution des Familieneigentums bestimmt schon das älteste römische Recht, daß bei dem Tode des Hausvaters sein Vermögen den Mitgliedern seiner Familie zufallen solle; nur ist diese Familie selbstverständlich die agnatische, auf Zugehörigkeit zu derselben hausväterlichen Gewalt beruhende. Demgemäß werden zunächst die Kinder, welche im Augenblicke seines Todes in seiner Gewalt standen, mit Einschluß der Frau in seiner ehelichen Gewalt (die sog. sui), seine Erben; waren solche nicht vorhanden, so werden die nächsten Seitenverwandten aus der väterlichen Familie (agnati) und an letzter Stelle die Angehörigen der Sippe (gentiles) berufen. Im neuesten römischen Recht dagegen ist das Erbrecht ausschließlich auf die Kognation gegründet. Demgemäß sind wie nach justinianischem, so nach bisherigem gemeinen Recht als nächste Blutsverwandte die Kinder (Abkömmlinge) zur Erbschaft ihrer Eltern (Vater wie Mutter) berufen, in Ermangelung derselben die Eltern und Geschwister des Erblassers und endlich — wenn auch halbbürtige Geschwister oder deren Kinder nicht vor-

Gesetzliche Erbfolge.

handen sind — die übrigen Seitenverwandten, so daß im einzelnen Falle die Seitenverwandten des nächsten Grades die fernerstehenden ausschließen. Auch im Bürgerlichen Gesetzbuch ist die Erbfolge der Verwandten nur auf Kognation[79]) gegründet. Doch ist für die Reihenfolge ihrer Zulassung die dem deutschen Rechte angehörige Parentelenordnung entscheidend. Danach werden als gesetzliche Erben erster Ordnung die Abkömmlinge des Erblassers selbst, als gesetzliche Erben der zweiten, dritten, vierten und der folgenden Ordnungen (oder Parentelen) nacheinander die Eltern, die Großeltern, die Urgroßeltern und entfernteren Voreltern, jeweils mit ihren Abkömmlingen, als Erben berufen[80]). Neben den Verwandten steht nach dem Bürgerlichen Gesetzbuch noch dem überlebenden Ehegatten ein gesetzliches Erbrecht zu, und endlich ist in Ermangelung anderer Erben der Fiskus[80]) als gesetzlicher Erbe berufen mit der Wirkung, daß er die ihm angefallene Erbschaft nicht ausschlagen kann[80]).

Testamentarische Erbfolge. Erbvertrag. 2. Neben die gesetzliche Erbfolge der Verwandten tritt in Rom in verhältnismäßig früher Zeit die testamentarische Erbfolge, indem der Grundsatz zur Anerkennung gelangt, daß der Erblasser durch einseitige (in bestimmter Form abgegebene) Erklärung, ein sog. Testament, sich einen oder mehrere Erben ernennen könne, ein Grundsatz, der auf Grundlage des römischen Rechts in wesentlich gleicher Weise im heutigen Recht — auch im Bürgerlichen Gesetzbuch[81]) — Geltung gefunden hat. Außerdem kann nach bisherigem gemeinen Recht, sowie nach dem Bürgerlichen Gesetzbuch ein Erbe durch Vertrag mit dem Erblasser, sog. Erbvertrag[81]), eingesetzt werden, wodurch der Eingesetzte ein unwiderrufliches Erbrecht erhält, während das

---

[79]) Über Kognation siehe S. 92 Ziff. 2 und Anm. 75.

[80]) Siehe über die gesetzlichen Erben der ersten Ordnung § 1924 Abs. 1, der zweiten, dritten, vierten Ordnung bzw. §§ 1925 Abs. 1, 1926 Abs. 1, 1928 Abs. 1, der folgenden Ordnungen § 1929 Abs. 1; über das Erbrecht des überlebenden Ehegatten siehe § 1931 Abs. 1 Satz 1 und Abs. 2, das Erbrecht des Fiskus §§ 1936 und 1942 Abs. 2.

[81]) Über testamentarische Erbfolge siehe §§ 1937 und 2231; über Einsetzung durch Erbvertrag §§ 1941 Abs. 1 und 2276 Abs. 1 Satz 1 (dazu und zu § 2231 Anm. 20), sowie über den Widerruf des Testaments durch den Erblasser §§ 2253 Abs. 1, 2254.

Testament als „letztwillige Verfügung" jederzeit dem Widerruf des Erblassers unterliegt[81]).

3. Indessen sind derartige Verfügungen („Verfügungen von Todes wegen", weil sie erst mit dem Eintritt des Todes des Verfügenden ihre Wirksamkeit äußern) in den meisten Rechtssystemen nicht unbeschränkt zulässig. Schon im alten römischen Recht mußte der Hausvater die Kinder in seiner Gewalt, später auch diejenigen, welche aus seiner Gewalt herausgetreten waren, als Erben einsetzen oder doch ausdrücklich enterben (sui [liberi] aut instituendi aut exheredandi sunt). Getrennt von diesem rein „formellen Noterbrecht", dem durch die bloße Form der Enterbung (filius exheres esto) genügt war, entwickelt sich seit den letzten Zeiten der Republik ein materielles Noterbrecht, das Pflichtteilsrecht, kraft dessen gewissen nahen Verwandten des Erblassers, Deszendenten, Aszendenten und unter Umständen auch seinen Geschwistern, eine Quote — sog. Pflichtteil — (erst ¼, später ⅓ bzw. ½) des ihnen nach der gesetzlichen Erbfolge gebührenden Erbteils wirklich hinterlassen werden muß. Diese beiden verschiedenartigen Ansprüche hat Justinian für Deszendenten und Aszendenten durch die Bestimmung miteinander verbunden, daß Aszendenten ihre Deszendenten, Deszendenten ihre Aszendenten zu Erben einsetzen müssen (enterben können sie einander nur, wenn ein bestimmter, im Gesetz anerkannter Grund vorliegt). Ist dieser Verpflichtung genügt, so kann der Berechtigte nur auf Ergänzung des ihm nicht vollständig hinterlassenen Pflichtteils klagen; ist er aber nicht eingesetzt, so kann er nur als gesetzlicher Erbe sein Erbrecht gegen das Testament geltend machen. Im Gegensatz zu dieser, auch nach gemeinem Recht stattfindenden Erbfolge gegen den Willen des Erblassers gewährt das Bürgerliche Gesetzbuch gewissen, dem Erblasser nahestehenden Personen, den Abkömmlingen, den Eltern (nicht den ferneren Aszendenten und Geschwistern) und dem überlebenden Ehegatten desselben einen Anspruch auf einen Pflichtteil, der aber lediglich darin besteht, daß ihnen die Hälfte des Wertes desjenigen Erbteils zukommt, welcher ihnen bei Eintritt der gesetzlichen Erbfolge zugefallen wäre[82]); dagegen können sie nicht verlangen, daß sie die Hälfte als

Noterbfolge. Pflichtteilsrecht.

[82]) Über das Pflichtteilsrecht des BGB. siehe § 2303, vgl. § 2317; § 1967 Abs. 2.

Erben erhalten. Während sonach nach römischem und gemeinem Recht gesetzliche (Intestat-), testamentarische bzw. vertragsmäßige und Noterbfolge zu scheiden sind, gibt es nach dem Bürgerlichen Gesetzbuch nur eine gesetzliche Erbfolge und eine Erbfolge kraft Verfügung von Todes wegen (Testament oder Erbvertrag), welche nur durch den Anspruch der genannten Personen auf Zuwendung des Pflichtteils beschränkt ist.

Universalsukzession. 4. Damit, daß gewisse Personen in der einen oder anderen Weise als Erbe zum Nachlasse des Verstorbenen berechtigt sind, ist noch nicht gesagt, wie dieser Nachlaß unter ihnen zu verteilen ist. Man kann sich denken, daß die Gegenstände, welche den Nachlaß bilden, nach Verschiedenheit derselben an verschiedene Personen als Erben fallen, daß also in die verschiedenen Bestandteile des Nachlasses besondere Vermögensnachfolgen, Spezialsukzessionen, stattfinden. Das war in der Tat im älteren deutschen Recht (und ist noch heutzutage im englischen Recht) der Fall, welches zwischen Nachfolge in den Grundbesitz und bewegliche Habe unterschied, und letztere wiederum, je nachdem sie, wie Waffen, dem Gebrauch von Männern diente oder, wie der Hausrat, von der Frau benutzt wurde, an die nächsten männlichen oder nächsten weiblichen Verwandten vererbte. Man kann sich aber auch denken, daß der ganze Nachlaß als einheitlicher Inbegriff von Rechten und Verbindlichkeiten auf den (oder die) Erben übergeht, so daß der Erbe zugleich in alle (nicht an die Person geknüpften) Rechte und Verbindlichkeiten, welche das Vermögen des Verstorbenen bilden, eintritt, also Eigentümer, Gläubiger, Schuldner wird in allen Fällen, in welchen der Verstorbene es war. Darin liegt das Wesen der Universalsukzession, welche, schon im römischen Erbrecht ausgebildet, für die Erbfolge des gemeinen Rechts wie die Erbfolge nach Bürgerlichem Gesetzbuch allein maßgebend ist. Der Erbe ist nach heutigem Rechte immer Universalsukzessor. Nach dem Bürgerlichen Gesetzbuch (§ 1922 Abs. 1[83]), § 1967 Abs. 1)[83]) haftet er grundsätzlich für die Schulden des Erblassers (die „Nachlaßverbindlichkeiten") mit seinem ganzen Vermögen, doch kann seine Haftung auf den Nachlaß beschränkt werden (vgl. oben Ziff. III

[83]) Zu § 1922 Abs. 1, wonach die Erbschaft mit dem Tode des Erblassers auf den Erben (siehe § 1923 und Anm. 10) übergeht, vgl. § 1942 Abs. 1 und Abs. 2 (zu Abs. 2 siehe Anm. 80), § 1944 Abs. 1,

S. 77 f.), so, wenn auf seinen Antrag eine Nachlaßverwaltung angeordnet oder wegen Überschuldung des Nachlasses Nachlaßkonkurs eröffnet wird (BGB. §§ 1975, 1981).

Vermächtnisse.

5. Neben der Universalsukzession (des Erben) kann eine auf einzelne Vermögensgegenstände beschränkte Singularsukzession stattfinden. Das geschieht, indem der Erblasser durch ein sog. Vermächtnis (legatum oder fideicommissum) einer anderen Person irgendeinen Vorteil auf Kosten der Erbschaft zuwendet. Während beispielsweise seine Kinder als seine Erben zu seinem gesamten Nachlasse berufen sind, erklärt er, sein Reitpferd einem alten Freunde zu hinterlassen, eine Erklärung, welche er nach heutigem Recht ebensowohl in Form einer einseitigen letztwilligen Verfügung wie in Form eines Erbvertrags abgeben kann [84]). Die Gesamtheit der auf derartige Zuwendungen sich beziehenden Vorschriften bilden das Vermächtnisrecht. Als solches scheidet es sich scharf von dem Erbrecht (im engeren Sinne), welches die Erbfolge (und somit die dadurch unmittelbare begründete Universalsukzession) normiert. Im weiteren Sinne umfaßt allerdings der Ausdruck Erbrecht, wie schon einleitend bemerkt (siehe S. 65 oben), die Gesamtheit der Vorschriften, welche sich auf die Nachfolge in das Vermögen eines Verstorbenen beziehen, also das Recht der Erbfolge sowohl wie das Vermächtnisrecht.

Versicherungsrecht.

1. Zusatz: Das Versicherungsrecht*) und das Wohlfahrtsrecht. Hiermit ist der Überblick über das ganze Privatrecht ab-

---

Abs. 2 Satz 1, § 1953 Abs. 1, wonach der Erbe die Erbschaft ausschlagen kann, so daß der Anfall an ihn als nicht erfolgt gilt. — Zu § 1967 Abs. 1 siehe auch Abs. 2; danach gehören zu den Nachlaßverbindlichkeiten insbesondere die Verbindlichkeiten des Erben aus Pflichtteilsrechten (Anm. 82) und Vermächtnissen.

[84]) Vgl. zum Vermächtnis BGB. § 1939 und zu dessen Anordnung im Testament § 1937 mit Anm. 81 oder Erbvertrag § 1941 Abs. 1 mit Anm. 81. — Nach dem BGB. (§ 2174) erlangt der Bedachte kein Recht an dem vermachten Gegenstand (Anm. 38 vgl. 61), sondern nur eine Forderung gegen den Beschwerten (den Erben) auf Leistung dieses Gegenstandes. Vgl. § 1967 Abs. 2 und dazu Anm. 82 und 83, sowie S. 77 Ziff. III am Anfang.

*) Ehrenberg, Versicherungsrecht, in der 1. Aufl. der Systematischen Rechtswissenschaft; Laß, Arbeiterversicherungsrecht, in Holtzendorff-Kohlers Enz., 4. Bd. S. 459—518; Arndt, über Arbeiterversicherung in Birkmeyers Enz., S. 883—896; Crome, Bürgerliches Recht, Bd. II, §§ 291—294; vgl. zudem die Lehrbücher des deutschen Staats- und Verwaltungsrechts. Über die neue Reichsver-

geschlossen. Die ungeheure Wichtigkeit, die dem Versicherungswesen in unserer Zeit zukommt, nötigt uns, das Versicherungsrecht und seine Grundlage, den oben genannten Versicherungsvertrag (Ziff. III, S. 83 unten), kurz ins Auge zu fassen.

Privatversicherung. 1. Es liegt auf der Hand, daß das Leben des einzelnen von Gefahren bedroht ist, welche seine wirtschaftliche Existenz aufs äußerste gefährden. Ein Brand kann dem Hausvater und seiner Familie das schützende Obdach einäschern, dem Gewerbetreibenden zugleich den unentbehrlichen Arbeitsraum und die Arbeitsgeräte entziehen, ein Hagelschlag kann dem Landwirt die Ernte, Absturz und Seuchen den Viehstand vernichten. Schadenversicherung. Gegen solche Unglücksfälle kann auch die äußerste Sparsamkeit des einzelnen nicht unbedingt Schutz gewähren, weil sie eintreten können, ehe er die für den Ersatz erforderliche Summe erspart hat. Wohl aber vermag Kollektiversparung der beteiligten Kreise (ohne zu große Belastung der einzelnen) dem Betroffenen vollen Ersatz für den ihm verursachten Schaden zu bieten. Eine solche Versicherung gegen drohenden Schaden, sog. Schadensversicherung, Versicherung auf Gegenseitigkeit. kann in einfachster Weise dadurch übernommen werden, daß die von der Gefahr bedrohten Personen sich selbst gegenseitig versprechen, den Schaden, der einen von ihnen treffen sollte, zu (verhältnismäßig) gleichen Teilen zu tragen; z. B. die Bewohner eines Dorfes, die ihr Vieh auf die gemeinsame Weide treiben, versprechen einander Ersatz für das durch Absturz oder sonstige Unfälle getötete Vieh, sog. Versicherung auf Gegenseitigkeit. Die Versicherung kann aber auch zum Gegenstand eines Erwerbsgeschäftes gemacht werden, so daß eine dritte, nicht bedrohte Person als Versicherer die Versicherung gegen Zahlung einer festen Vergütung oder Prämie übernimmt, sog. Versicherung auf Prämien. Versicherung auf Prämien, wobei natürlich der Überschuß der Einnahmen (aus den Prämien) über die zu zahlenden Schadensersatzbeträge dem Versicherer zufällt, der aber andererseits auch den etwaigen Ausfall aus seiner Tasche zu decken hat.

---

sicherungsordnung und das Versicherungsgesetz für Angestellte siehe Heilfron, Lehrbuch des bürgerlichen Rechts, Berlin 1912, Bd. I, S. 657 ff., sowie H. Schulz, Die deutsche Sozialversicherung (Kranken-, Unfall-, Invaliden- und Angestelltenversicherung), 2. Aufl., Berlin 1926, u. E. Cahn, Sozialversicherung, Berlin 1926. Über Privatversicherungsrecht siehe W. Kisch, Handbuch des Privatversicherungsrechtes, München 1920.

Von den beiden genannten Formen, der Versicherung auf Gegenseitigkeit und der Versicherung auf Prämien, kann auch Gebrauch gemacht werden, wenn der Vertrag nicht Ersatz eines eingetretenen Vermögensschadens wie bei der eben genannten Schadensversicherung (Feuer-, Vieh-, Hagelversicherung), sondern Zahlung einer Summe zusichert, um einen außerordentlichen Vermögensbedarf des Versicherten zu decken, sog. Summenversicherung. Der vorzeitige Tod des Familienhauptes raubt der Familie den Ernährer, Invalidität desselben macht ihn für sich und die Seinigen erwerbsunfähig; dagegen schützt eine Versicherung, welche die Auszahlung einer festen Summe verspricht, sei es eines Kapitals, das an die Hinterbliebenen, sei es einer Rente, welche dem Erwerbsunfähigen selbst zu zahlen ist. Mag der Vertrag auf Leistung von Schadenzsersatz oder Zahlung einer festen Summe gerichtet sein, immer ist er ein gewagtes Geschäft; wer gegen geringe Jahresprämie die Versicherung eines anscheinend feuersicheren Hauses gegen Brand übernimmt, muß dem Eigentümer den ganzen Schaden ersetzen, wenn gleichwohl kurz danach das Haus niederbrennt, und wer in gleicher Weise die Versicherung des Lebens eines jungen kräftigen Mannes übernimmt, muß den Hinterbliebenen das bedungene Kapital ausbezahlen, auch wenn der Versicherte am nächsten Tag durch eine Epidemie dahingerafft wird. Diese Tatsache hat naturgemäß dahingeführt, einerseits die Gefahr auf viele Schultern zu verteilen — es sind immer Gesellschaften, bei uns meist Aktiengesellschaften, welche das Versicherungsgeschäft betreiben — und andererseits die Gefahr für den Versicherer nach Möglichkeit zu mindern, wenn nicht ganz auszuschließen, und zwar dadurch, daß auf Grund mathematisch-statistisch genau fixierter Wahrscheinlichkeit des Versicherungsfalles der Versicherungsvertrag mit einer möglichst großen Anzahl von Menschen abgeschlossen wird. Es ist klar, daß, wenn ein Mensch bestimmten Alters, wie das die Sterblichkeitstabellen für alle Lebensalter dartun, im Durchschnitt eine bestimmte Reihe von Jahren zu leben hat und die Lebensversicherungsgesellschaft hiernach die Beiträge bemißt, die Gesellschaft (abgesehen von besonderen Ausnahmen, wie verheerenden Epidemien) einen Schaden nicht erleiden kann, vorausgesetzt, daß das Geschäft mit einer hinreichend großen Anzahl von Personen abgeschlossen ist. Daß diese massenhaft abge-

Summenversicherung.

schlossenen Verträge übereinstimmend nach einem typischen, den Bedingungen des Geschäfts angepaßten Vertragsinhalt verlangen, ist selbstverständlich. Wenn derselbe aber, wie regelmäßig der Fall, von den Versicherungsgesellschaften einseitig formuliert wird, so wird die Formulierung naturgemäß den Versicherer begünstigen, den Versicherten beeinträchtigen, wie denn die Gesellschaften sich gegen unrichtige Angaben des Versicherten durch Klauseln, sog. Verfallsklauseln, zu schützen suchen, welche nicht selten dem gutgläubigen Versicherungsnehmer wohlbegründete Ansprüche entziehen. Das Streben der Gesetzgebung muß daher dahingehen, derartigen Enttäuschungen vorzubeugen. Von diesen Gesichtspunkten geleitet, hat das Reichsgesetz über den Versicherungsvertrag vom 30. Mai 1908 im Interesse beider Parteien diesen Vertrag einer Reihe von zwingenden Vorschriften unterworfen, welche fortan das Privatrecht des Versicherungsvertrages bilden. Es ist klar, daß diese Regelung allein nicht genügen kann. Wenn ein Vertrag auch allen Anforderungen, die man an seinen Inhalt stellen kann, entsprechen würde, so könnte der dadurch angestrebte Zweck der Sicherung gleichwohl vereitelt werden, wenn der Betrieb nicht auf den erforderlichen wissenschaftlich-technischen oder finanziell-wirtschaftlichen Grundlagen ruhen würde oder die Geschäftsführung und Verwaltung mangelhaft wären (man denke an Anlage der anvertrauten Gelder in unsicheren Hypotheken usw.). Daher verlangt das Reichsgesetz über die privaten Versicherungsunternehmungen (sog. Versicherungsaufsichtsgesetz) vom 12. Mai 1901 im öffentlichen Interesse obrigkeitliche Erlaubnis zum Geschäftsbetrieb, die insbesondere dann zu versagen ist, wenn nach dem Geschäftsplan die Interessen der Versicherten nicht hinreichend gewahrt sind und die künftige Erfüllung ihrer Ansprüche nicht hinreichend gesichert ist; zudem unterwirft das Gesetz die Geschäftsführung einer fortlaufenden Kontrolle und Aufsicht des zu diesem Zwecke errichteten Reichsaufsichtsamts für Privatversicherung zu Berlin; nur soweit der Geschäftsbetrieb sich auf das Gebiet eines Bundesstaates beschränkt, wird die Aufsicht durch die Landesbehörden ausgeübt. Diese, das versicherungsbedürftige Publikum schützenden Garantien erklären zum großen Teil den riesigen Umfang, den die Privatversicherung in den letzten Jahren genommen hat.

Versicherungsvertrag.

Aufsicht über Privatversicherung.

2. So wichtig die Privatversicherung auch ist, so segensreich und weitreichend ihre Wirkungen sind, sie muß versagen, wo die wirtschaftliche Voraussetzung derselben, die Sparfähigkeit der bedrohten Personen, fehlt. Diese aber fehlt dem modernen Lohnarbeiter. Ihm bot das abgeschlossene Dienst- und Arbeitsverhältnis regelmäßig nur die Mittel zum notdürftigen Lebensunterhalt. Krankheit, Unfall, Invalidität, Altersschwäche machten ihn erwerbsunfähig und gaben ihn, wie die Arbeitslosigkeit, mit Weib und Kind dem Elend und der Armenpflege preis. Für die Zukunft seiner nächsten Angehörigen für die Zeit nach seinem Tode zu sorgen, ist ihm vollends unmöglich. Diesen Tatsachen gegenüber einen Wandel geschaffen zu haben, ist das unvergängliche Verdienst des neuen Deutschen Reiches. Die Botschaft Kaiser Wilhelms I. vom 17. November 1881, zugleich der Ausgangspunkt einer Reform, welche für die ganze zivilisierte Welt vorbildlich werden sollte, ist bereits getragen von den Gedanken, die unserer neuen Arbeiterversicherungsgesetzgebung zugrunde liegen. Das Wohl der Arbeiter soll gefördert werden durch eine Versicherung gegen Krankheit, Betriebsunfälle und Erwerbsunfähigkeit infolge von Alter und Invalidität, welche, wenn auch auf staatlichem Zwang beruhend, unter freier genossenschaftlicher Mitwirkung der beteiligten Kreise, namentlich auch der zur Fürsorge für ihre Arbeiter verpflichteten Arbeitgeber durchgeführt werden und den Arbeitern feste Rechtsansprüche gewähren soll. Arbeiterversicherung.

Von diesen Erwägungen ausgehend, ist zuerst die Krankenversicherung, welche mehrfach an bestehende Einrichtungen angeknüpft werden konnte, durch Gesetz vom 15. Juni 1883 geregelt worden, sodann, in Anlehnung an die Grundprinzipien der modernen Haftpflichtversicherung (S. 54 f.), durch Gesetz vom 6. Juli 1884 und andere, es ergänzende Gesetze, die Unfallversicherung und zuletzt durch Gesetz vom 22. Juni 1889 die Alters- und Invaliditätsversicherung. In der Folge haben sich aber die Nachteile der gesonderten Regelung der drei großen Versicherungszweige allseitig fühlbar gemacht. Das Verlangen nach einheitlicher Zusammenfassung und Vereinfachung bzw. auch Ergänzung der Versicherungsgesetzgebung hat zu dem Erlaß der späterhin vielfach geänderten und ergänzten Reichsversicherungsordnung (RVO.) vom 19. Juli 1911 geführt. Obwohl dieselbe im Buch I, V und VI eine große Zahl allgemeiner Gesetzgebung.

Bestimmungen enthält, welche die einheitliche Grundlage des Arbeiterversicherungsrechtes bilden, normiert sie doch in Buch II, III und IV die drei Versicherungszweige, die Kranken-, Unfall- und Invalidenversicherung, gesondert, schließt aber an die Invalidenversicherung zugleich als wichtigste Neuerung die Regelung der Hinterbliebenenversicherung (Fürsorge für die Witwen und Waisen der Arbeiter) an (RVO. §§ 1, 2). Diese Anordnung bestimmt auch die folgende Darstellung.

Krankenversicherung. a) Die Krankenversicherung versichert gegen Krankheit ohne jede Einschränkung Lehrlinge, hauptsächlich aber sämtliche (gewerbliche und landwirtschaftliche) Arbeiter neben den Hausgehilfen (Dienstboten), vorausgesetzt, daß sie gegen Entgelt beschäftigt werden. Unter dieser und der weiteren Voraussetzung, daß ihr regelmäßiger Jahresarbeitsverdienst an Entgelt 3600 RM nicht übersteigt, versichert die Krankenversicherung ferner Betriebsbeamte, Werkmeister und andere Angestellte in ähnlich gehobener Stellung, Handlungs- und Apothekergehilfen, Bühnenmitglieder und Musiker, Lehrer und Erzieher, die übrigen Angestellten in Berufen der Erziehung, des Unterrichts, der Fürsorge, der Kranken- und Wohlfahrtspflege, sowie Schiffer (soweit diese bei Krankheitsfällen nicht durch Ansprüche gegen den Reeder gesichert sind). Endlich sind auch Hausgewerbetreibende, (die in eigenen Betriebsstätten Erzeugnisse für andere Gewerbetreibende herstellen oder bearbeiten), gegen Krankheit versichert, soweit ihnen nicht ein jährliches Einkommen von 3600 RM sicher ist (RVO. § 165). Diese versicherungspflichtigen Personen sind insgesamt von selbst kraft Gesetzes (RVO. § 306) versichert und sind somit, soweit sie nicht einer besonderen Krankenkasse angehören, (z. B. einer Innungskrankenkasse), entweder Mitglieder der allgemeinen Ortskrankenkasse oder der Landkrankenkasse, welche die in der Landwirtschaft und im Wandergewerbe Beschäftigten, sowie die Hausgehilfen umfaßt (RVO. §§ 234, 235 Abs. 1). Kraft dieser Versicherung hat der Versicherte im Falle der Krankheit Anspruch auf Krankenhilfe, d. h. Krankenpflege (freie ärztliche Behandlung und Versorgung mit Arznei nebst kleineren Heilmitteln) und Krankengeld; letzteres wird nach einem Grundlohn bemessen und beträgt regelmäßig die Hälfte desselben. Als Grundlohn gilt — die Woche zu sieben Tagen gerechnet — der auf einen Kalendertag entfallende Teil des Arbeitsentgelts, so jedoch, daß ein Arbeitsentgelt außer Ansatz bleibt, soweit er 10 *RM* für den Kalendertag übersteigt. — Den Grundlohn kann die Satzung feststellen, entweder nach dem wirklichen Arbeitsverdienst der einzelnen Versicherten oder nach Lohnstufen, wobei für die Angehörigen jeder Lohnstufe als Grundlohn der Durchschnittsbetrag zwischen dem höchsten und niedrigsten Satze festzusetzen ist, oder endlich nach Mitgliederklassen (wie z. B. der Metallarbeiter oder Schriftsetzer), wobei der Tariflohn, wenn er vereinbart ist, sonst aber der durchschnittliche Tagesentgelt der Klasse maßgebend ist (RVO. §§ 182 und 180 Abs. 1 und 2). An Stelle von Krankenpflege und Krankengeld kann die Kasse Kur und Verpflegung in einem Krankenhaus (Krankenhauspflege) gewähren, muß aber dann, wenn der Versicherte Angehörige von seinem Verdienst unterhalten hat, für diese ein Hausgeld im Betrage des halben Krankengeldes zahlen (RVO. §§ 184 Abs. 1 Satz 1 und 186).

Wöchnerinnen, die gegen Krankheit versichert sind, erhalten sog. Wochenhilfe, welche neben etwa erforderlicher ärztlicher Behandlung und einem einmaligen Beitrag von regelmäßig 10 *RM* zu den Entbindungskosten Wochengeld in der Höhe des Krankengeldes für 10 Wochen (mindestens 50 Reichspfennig täglich) und Stillgeld in der Höhe des halben Krankengeldes (mindestens 25 Reichspfennig täglich) für 12 Wochen umfaßt (RVO. § 195 a Abs. 1). Auch der Ehefrau und den Töchtern des Versicherten, welche mit ihm in häuslicher Gemeinschaft leben, wird Wochenhilfe gewährt, nur beschränkt diese Familien-Wochenhilfe das Wochengeld in der Regel auf 50 Reichspfennig und das Stillgeld auf 25 Reichspfennig täglich (RVO. § 205 a Abs. 1, Abs. 3 Satz 1 und Abs. 4). — Von der auf Versicherung beruhenden Wochenhilfe unterscheidet sich die sog. Wochenfürsorge, welche entsprechend der der Mutterschaft nach der Reichsverfassung (Art. 119 Abs. 3) gebührenden Fürsorge gewährt wird und den Fürsorgeverbänden als öffentlich-rechtliche Fürsorgeaufgabe obliegt (darüber siehe die Darstellung über das Fürsorgerecht S. 119 ff.). — Endlich wird beim Tode des Versicherten ein Sterbegeld zur Bestreitung der Begräbniskosten (in der Höhe des 20 bis 40 fachen Grundlohnes) gezahlt (RVO. §§ 201 und 204).

Die zur Bestreitung all dieser Ausgaben für die Krankenversicherung erforderlichen Beiträge hat der Arbeitgeber an die Kasse zu zahlen, ist aber berechtigt, sich bei der Lohnzahlung zwei Drittel abzuziehen, trägt insofern nur ein Drittel der erwachsenen Kosten (RVO. §§ 380, 381 Abs. 1, 394 Abs. 1 Satz 1).

Unfallversicherung. b) Ganz anders gestaltet als die Krankenversicherung ist die Unfallversicherung, welche in der Reichsversicherungsordnung (III. Buch) in drei Teilen als Gewerbe-, als landwirtschaftliche und See-Unfallversicherung geregelt ist (RVO. §§ 537 ff., 915 ff., 1046 ff.). Ausgehend von dem Gedanken, daß derjenige, welcher zu den Zwecken seines Erwerbs in einem gefahrdrohenden Betrieb andere Personen verwendet, ihnen auch für den dadurch verursachten Schaden schlechthin aufzukommen hat (s. das Haftpflichtgesetz vom 7. Juni 1871; vgl. oben § 6 Ziff. IV S. 54 f.), werden die Kosten dieser Versicherung ausschließlich dem Unternehmer aufgebürdet. Zum Zweck der Durchführung derselben bilden die Unternehmer einer Betriebsart oder einer Gruppe verwandter Betriebsarten Vereine mit juristischer Persönlichkeit, die sog. „Berufsgenossenschaften", deren Wirkungskreis sich entweder auf das ganze Reich oder auf räumlich abgegrenzte Gebiete desselben erstreckt (RVO. §§ 623; 956 Abs. 1, 2; 1118; vgl. RVO. §§ 3 f. und BGB. § 89).

Alle Arbeiter, Gehilfen, Gesellen, Lehrlinge und Betriebsbeamte sowie die bei der Schiffahrt und Fischerei beschäftigten Personen, gleichviel ob dauernd oder vorübergehend, ob gegen Entgelt oder unentgeltlich in einem der unfallversicherungspflichtigen Betriebe beschäftigt (RVO. §§ 537, 544 Abs. 1; 922; 1046 und 1049), sind gegen Betriebsunfälle kraft Gesetzes in der Berufsgenossenschaft versichert, welcher ihr Arbeitgeber angehört.

Dabei ist der Gegenstand der Versicherung Ersatz des Schadens, der durch Körperverletzung oder Tötung entsteht (RVO. § 555). Wird der Versicherte durch einen solchen Unfall verletzt, so steht ihm gegen diese Genossenschaft ein Anspruch auf Krankenbehandlung zu, d. h. freie ärztliche Behandlung mit Einschluß der erforderlichen Heil- und Hilfsmittel und der gebotenen Krankenpflege, sowie ein Anspruch auf Berufsfürsorge. Beide, die Krankenbehandlung und die Berufsfürsorge sollen mit allen geeigneten Mitteln die durch den Unfall hervorgerufene Gesundheitsstörung oder Körperverletzung und damit die Erwerbsunfähigkeit beseitigen; zudem sollen sie den Verletzten zur Wiederaufnahme seines Berufes oder, wenn das nicht möglich ist, zur Aufnahme eines neuen Berufes befähigen und ihm zur Erlangung von Arbeit verhelfen. Außerdem hat die Genossenschaft dem Verletzten für die Dauer seiner Erwerbsunfähigkeit eine Rente zu gewähren, welche bei völliger Erwerbsunfähigkeit zwei Drittel seines Jahresarbeitsverdienstes (sog. Vollrente) bei teilweiser Erwerbsunfähigkeit entsprechend weniger (sog. Teilrente) beträgt (RVO. §§ 558, 558 a, 558 b, und 559 a Abs. 1, die auch nach § 930 und § 1065 auf die landwirtschaftliche und Seeunfallversicherung Anwendung finden). Ist der Versicherte getötet worden, so hat die Berufsgenossenschaft als Entschädigung zu zahlen ein Sterbegeld, das dem 15. Teil des Jahresarbeitsverdienstes, jedenfalls aber einem vom Reichsarbeitsminister festzusetzenden Mindestbetrag (z. Zt. 50 RM) gleichkommt (RVO. § 586 Abs. 1 Ziff. 1) und außerdem eine Rente an die Hinterbliebenen, in der Regel 1/5 an die Witwe bis zu ihrem Tode oder ihrer Wiederverheiratung und 1/5 an jedes Kind bis zum vollendeten 15. Lebensjahr, im ganzen aber nicht mehr als 4/5 des Jahresarbeitsverdienstes (RVO. §§ 588 Abs. 1 Satz 1, 591 Abs. 1 Satz 1 und 595 Abs. 1).

Die Mittel, welche für all diese Leistungen (einschließlich der Verwaltungskosten) erforderlich sind, werden von den Berufsgenossenschaften regelmäßig am Ende des Geschäftsjahres auf die einzelnen Mitglieder derselben nach Verhältnis der Gefährlichkeit ihres Betriebes und der Höhe der von ihnen bezahlten Löhne verteilt (RVO. §§ 731 Abs. 1, 989 und 1162).

c) Die Invaliden- und Hinterbliebenenversicherung versichert Arbeiter und ihnen gleichgestellte Personen für den Fall der Invalidität und des Alters, sowie zugunsten ihrer Hinterbliebenen bei Erfüllung der Wartezeit, d. h. wenn für 200 Wochen, mitunter, insbesondere immer bei freiwilliger Versicherung, für 500 Wochen Beiträge geleistet sind, durch Anwartschaft auf Renten, deren Kosten zu gleichen Teilen vom Arbeitgeber und dem Versicherten getragen werden, während das Reich einen Zuschuß von 72 bzw. 36 RM jährlich zu jeder Rente leistet (§§ 1251, 1278, 1280 Abs. 1, 1258 RVO.). Invalidenversicherung.

Zu den Versicherten kraft Gesetzes gehören überwiegend

die Personen, die der Krankenversicherungspflicht unterliegen, vorausgesetzt, daß sie (Hausgewerbetreibende ausgenommen) gegen Entgelt beschäftigt sind, also Arbeiter, Gesellen, Hausgehilfen, Hausgewerbetreibende, sowie die zur Schiffsbesatzung deutscher See- und Binnenfahrzeuge gehörenden Personen in nicht gehobener Stellung; überdies Gehilfen und Lehrlinge, aber nur soweit sie nicht unter das Angestellten-Versicherungs-Gesetz fallen. Zum freiwilligen Eintritt in die Versicherung dagegen, sog. „Selbstversicherung" sind berechtigt kleinere Betriebsunternehmer, die in ihren Betrieben keinen oder höchstens zwei Arbeiter beschäftigen; zudem steht die Versicherung als freiwillige „Weiterversicherung" allen jenen Personen offen, welche aus dem versicherungspflichtigen Arbeitsverhältnis ausscheiden (RVO. §§ 1226, 1243 Abs. 1 Ziff. 1 und 1244). Die in der einen oder anderen Weise begründeten Ansprüche aus der Versicherung sind gerichtet gegen besondere von den einzelnen Ländern gegründete Anstalten mit juristischer Persönlichkeit, die sog. „Versicherungsanstalten" und zwar im einzelnen Fall immer gegen diejenige Versicherungsanstalt, in deren Bezirk der Versicherte beschäftigt ist; an diese Anstalt sind auch die Beiträge für den Versicherten zu zahlen (§§ 1—4 RVO., § 89 BGB.). Nach der Höhe des wöchentlichen Arbeitsverdienstes — jeweils bis zu 6, 12, 18, 24, 30, 36 Reichsmark und darüber — zerfallen die Versicherten (zur Zeit) in 7 Klassen (Lohnklasse I, II, III, IV, V, VI und VII), welche für die Höhe der Beiträge maßgebend sind. Zur Zeit betragen die Wochenbeiträge 30, 60, 90, 120, 150, 180 und 200 Reichspfennige, welche regelmäßig vom Arbeitgeber und Arbeitnehmer je zur Hälfte zu bestreiten sind (RVO. §§ 1245 Abs. 1, 1387 und 1392 Abs. 1). Dieser Pflicht genügt der Arbeitgeber dadurch, daß er auf den bestimmten Betrag lautende Marken (die bei den Postanstalten verkauft werden) für den Versicherten in eine amtlich ausgestellte Quittungskarte einklebt.

Alters- und Invalidenrente.

Die Fürsorge, welche die Versicherungsanstalt zu betätigen hat, besteht abgesehen von der möglichen Einleitung eines Heilverfahrens zur Verhütung, sowie zur Beseitigung der Erwerbsunfähigkeit vor allem in Gewährung einer Invalidenrente. Die Gewährung der Invalidenrente setzt Vollendung des 65. Lebensjahres oder dauernde Invalidität infolge von Krankheit oder anderen Gebrechen voraus. Eintritt der Invalidität des Versicherten liegt vor, wenn seine Erwerbsfähigkeit infolge von Alter, Krankheit oder Gebrechen dauernd auf weniger als ein Drittel herabgesetzt ist, sodaß er nicht mehr ein Drittel dessen zu verdienen vermag, was körperlich und geistig gesunde Menschen unter gleichen Verhältnissen zu verdienen pflegen. Die hiernach festzustellende Invalidenrente umfaßt neben dem Reichszuschuß von 72 RM einen für alle Klassen gleichen Grundbetrag von 168 RM und einen Steigerungsbetrag, der hauptsächlich aus einem Fünftel der seit dem 1. Januar 1924 (nach Ende der Inflation) gültig entrichteten Beiträge besteht (RVO. §§ 1251, 1255 Abs. 1 und 2, 1269, 1288, 1289 Abs. 1).

Hinterbliebenenversicherung.

d) Stirbt der Versicherte, so erhält seine Witwe eine Witwenrente, aber nur, wenn sie das Alter von 65 Jahren vollendet hat, oder infolge von Krankheit oder anderen Gebrechen dauernd invalide ist, also nicht ein Drittel dessen zu verdienen vermag, was sie unter normalen Verhältnissen verdienen könnte (siehe oben), seine Kinder erhalten Waisenrenten regelmäßig bis zum vollendeten 15. Lebensjahr. Die Witwenrente besteht aus dem Reichszuschuß von 72 RM und sechs Zehntel von der Summe des Grundbetrages und der Steigerungssätze, welche der Versicherte zur Zeit seines Todes bezogen hat oder bei Invalidität bezogen hätte, die Waisenrente hingegen besteht neben einem Reichszuschuß von 36 RM für jedes Kind aus fünf Zehnteln der genannten Summe aus Grundbetrag und Steigerungssätzen. Doch dürfen die Renten der Hinterbliebenen insgesamt achtzig vom Hundert des Jahresarbeitsverdienstes nicht übersteigen, den der Versicherte unter normalen Verhältnissen erzielt hätte (RVO. §§ 1258 Abs. 1 und 2, 1259 Abs. 1 Satz 1 und Satz 2, 1285, 1292 und 1262 Satz 1).

Die auf Grund der gesamten Arbeiterversicherung zustehenden Ansprüche werden zunächst durch die beteiligten Organisationen, „die Träger der Versicherung" festgestellt, also im Einzelfall die Krankenkasse, Berufsgenossenschaft oder Versicherungsanstalt, welcher der Versicherte angehört (RVO. § 3). Diese „Feststellung durch die Versicherungsträger" (§ 1545 RVO.) kann aber auf Antrag der Beteiligten in einem gesetzlich geordneten Verfahren (eine Art von Verwaltungsstreitverfahren, siehe unten § 4, Ziffer VIII, S. 155 f.) angefochten und berichtigt werden. Diese „Feststellung im Spruchverfahren" (§§ 1636 ff. RVO.) erfolgt vor den Behörden, welche nach der Reichsversicherungsordnung zur einheitlichen Durchführung der ganzen Arbeiterversicherung im Deutschen Reich berufen sind: den Versicherungsämtern (§§ 1636 ff. RVO.) (regelmäßig als Abteilung der unteren Verwaltungsbehörden errichtet), den Oberversicherungsämtern (§§ 1675 ff.) (für die Bezirke der oberen Verwaltungsbehörden bestellt) und in höchster Instanz dem Reichsversicherungsamt (§§ 1694 ff. RVO.) in Berlin. Während bei Streit über die Leistungen aus der Krankenversicherung das Versicherungsamt in erster Instanz entscheidet, ist gegen die Endbescheide der Träger der Unfallversicherung (der Berufsgenossenschaften), sowie die Bescheide der Träger der Invaliden- und Hinterbliebenenversicherung (der Versicherungsanstalten) nur Berufung an das Oberversicherungsamt zulässig, welches auch für Berufungen gegen die Urteile der Versicherungsämter in Sachen der Krankenversicherung zuständig ist. Die Entscheidungen der Oberversicherungsämter endlich können in wichtigeren Fällen — auf Einlegung des Rechtsmittels der Revision (in Sachen der Kranken-, sowie der Invaliden- und Hinterbliebenenversicherung) bzw. des Rekurses (in Sachen der Unfallversicherung) — in letzter Instanz der Prüfung durch das Reichsversicherungsamt unterzogen werden.

Bedeutung der Versicherung.

Die große Bedeutung der Arbeiterversicherung für das deutsche Volk zeigt die Statistik. Hiernach waren 1924 bei einer Gesamtbevölkerung von etwa 60 Millionen im Deutschen Reich gegen Krankheit über 19 Millionen, gegen Unfall rund 24 Millionen versichert, während der Invaliden- und Hinterbliebenenversicherung 16 Millionen angehörten. Sonach sind es mindestens zwei Dritteile der ganzen Bevölkerung, die an den Segnungen der Arbeiterversicherung Anteil haben. Gleichwohl fehlte noch die Versicherung gegen Arbeitslosigkeit. Die seit Jahren darauf gerichteten Bestrebungen sind von ihrem Ziele zunächst abgelenkt worden durch die „Erwerbslosenfürsorge", die den mit Ende des Weltkrieges in die Heimat zurückströmenden Hunderttausenden von mittellosen Kriegsteilnehmern geboten wurden mußte (siehe darüber unten Ziffer 5, S. 114 ff., über Arbeitslosenversicherung).

3. Die Bestrebungen, welche auf staatliche Versicherung in den Fällen der Invalidität wie zugunsten der Hinterbliebenen gerichtet sind, haben seit Jahren in den Kreisen der höheren Privatangestellten, der sog. Privatbeamten, sich geltend gemacht und in dem Reichsgesetz vom 20. Dezember 1911, jetzt geltend in der später noch mehrfach geänderten Fassung vom 28. Mai 1924 (RGBl. I S. 563 ff.), dem „Angestelltenversicherungsgesetz" (AVG.), eine selbständige von der Arbeiterversicherung verschiedene Regelung gefunden. Danach gehören die Angestellten dieser Art, soweit ihr Jahresarbeitsverdienst den vom Reichsarbeitsminister festzusetzenden Betrag (z. Zt. 6000 RM) nicht übersteigt, in sechs Gehaltsklassen: A, B, C, D, E und F gegliedert, — je nachdem der monatliche Arbeitsverdienst höchstens 50 bzw. höchstens 100, 200, 300, 400 oder mehr als 400 RM beträgt — der Reichsversicherungsanstalt für Angestellte an. Außer diesen Gehaltsklassen sind vier, der freiwilligen Beitragsleistung dienende sog. Beitragsklassen: G, H, J und K gebildet, welche die Selbstversicherung von Angestellten, die nicht versicherungspflichtig sind (weil sie mehr als 6000 RM erhalten), die Höherversicherung versicherungspflichtiger Mitglieder, sowie die Weiterversicherung ausgeschiedener Mitglieder der Reichsversicherungsanstalt für Angestellte ermöglichen sollen (AVG. § 1 Abs. 1, 2 und 3, § 3 Abs. 1 Satz 1, § 171 Abs. 1, § 171a Abs. 1 vgl. §§ 21, 22). Auf Grund dieser Zugehörigkeit hat der Angestellte (wenn die gesetzlichen Voraussetzungen vorliegen) einen Anspruch auf ein sog. Ruhegeld (entsprechend der Invalidenrente), wenn er 65 Jahre alt oder berufsunfähig geworden ist. Im Falle seines Todes haben seine Hinterbliebenen Anspruch auf Hinterbliebenenrente, und zwar die Witwe (auch wenn sie arbeitsfähig ist) auf Witwenrente, die Kinder bis zum vollendeten 15. bzw. 21. Lebensjahr auf Waisenrente (AVG. §§ 30, Abs. 1, 32 und 33 Abs. 1). Die Mittel für diese Leistungen werden durch monatliche Beiträge beschafft, welche der Versicherte und der Arbeitgeber in der Regel zu gleichen Teilen aufzubringen haben. Sie steigen für die 6 Gehaltsklassen A bis F von zwei RM bis zu 4, 8, 12, 16 und 20 RM und betragen

Privat-Angestellten-versicherung.

für die Beitragsklassen G, H, J und K 25, bzw. 30, 40 und 50 RM (AVG. §§ 168, 172 Abs. 1 und 172a). Der Ruhegehalt besteht aus einem einheitlichen Grundbetrag von 480 RM und dem Steigerungsbetrag (gebildet aus 15 vom Hundert der — nach dem 1. Januar 1924 — gültig entrichteten Beiträge); die Witwenrente hingegen beträgt sechs Zehntel, die Waisenrente für jedes Kind fünf Zehntel des Ruhegeldes des Versicherten. Die Gesamtbezüge der Hinterbliebenen dürfen jedoch 80 vom Hundert des höchsten Jahresarbeitsverdienstes in der höchsten Gehaltsklasse, welcher der Versicherte angehört hat, nicht übersteigen (AVG. §§ 56 Abs. 1, 59 und 35a).

Die Feststellung der Ruhegelder und Renten ist Aufgabe des Direktoriums der Reichsversicherungsanstalt für Angestellte. Im Streitfall sind zur richterlichen Prüfung die Oberversicherungsämter als Berufungsinstanzen und das Reichsversicherungsamt als Revisionsinstanz (vgl. § 5, III. 5, S. 173f.) berufen (AVG. §§ 248, 252, 270).

Knappschaftsversicherung.

4. Eine besondere Stellung in der Arbeiterversicherung nimmt das Knappschaftsrecht ein. Die großen Gefahren für Leben und Gesundheit haben die im Bergbau beschäftigten Arbeiter in den einzelnen Bergwerken schon seit dem frühen Mittelalter dazu geführt Genossenschaften, sog. *Knappschaften* für *Kranken-*, *Unfall-* und *Invalidenversicherung* sowie für *Witwen-* und *Waisenversorgung* zu gründen, denen beizutreten Pflicht der Bergarbeiter war, während der Eigentümer des Bergwerkes Beiträge zu leisten hatte. Diese Knappschaften, welche vielfach Gegenstand der Landesgesetzgebung der letzten Jahrhunderte waren, sind durch den Erlaß der Reichsversicherungsordnung (im Jahre 1911) nur wenig berührt worden, doch wurden die Vorschriften über die Reichsunfallversicherung auf die Knappschaften ausgedehnt (RVO. § 537 Abs. 1 Ziff. 1) und daher bildeten seitdem die Knappschaften zugleich Unfallberufsgenossenschaften im Sinne der Reichsversicherungsordnung. Indessen haben sich die einzelnen Knappschaften bald nach Erlaß der Reichsversicherungsordnung zu größeren Verbänden in den deutschen Staaten zusammengeschlossen, so in Preußen, Bayern, Sachsen und haben auf dieser Grundlage den Allgemeinen Deutschen Knappschaftsverband begründet. Dieser Verband hat als Hauptaufgabe den Erlaß eines

für das ganze Reich geltenden Knappschaftsgesetzes angestrebt. Der darauf bezügliche Gesetzentwurf ist nach eingehender Beratung am 12. Juni 1923 vom Reichstag als Gesetz beschlossen und am 23. Juni 1923 verkündigt worden. Es ist bald darauf einer eingreifenden Revision unterworfen worden und steht nunmehr in wesentlich veränderter Gestalt in der neuen Fassung in Geltung (Reichsknappschaftsgesetz — RKG. — in der neuen Fassung vom 1. Juli 1926, RGBl. I S. 369 ff.).

Mit Ausnahme der Unfallversicherung ist die gesamte Versicherung der in den knappschaftlichen Betrieben beschäftigten Arbeitnehmer, Arbeiter und Angestellten, also die Kranken- wie die Invaliden- und Hinterbliebenenversicherung durch das Reichsknappschaftsgesetz geordnet. Darnach ist der einzige und zugleich rechtsfähige Träger dieser Versicherung die Reichsknappschaft, die alle knappschaftlichen Betriebe zusammenfaßt (RKG. §§ 1, 2 Abs. 1 und Abs. 2; 7, 8 und 9 Abs. 1). Dementsprechend wird die Krankenversicherung durch die Bezirksknappschaften, welche in den deutschen Bergbaugebieten als Verwaltungsstellen von der Reichsknappschaft errichtet sind, in deren Auftrage gewährt und zwar getrennt für Arbeiter und Angestellte. Für ihre Durchführung sind im wesentlichen die Vorschriften der Reichsversicherungsordnung maßgebend, insbesondere die über Krankenversicherung (RKG. §§ 9 Abs. 2, 17 Abs. 1 und Abs. 2 und § 20).

Im Gegensatz zur Krankenversicherung ist die Versicherung gegen Invalidität für den knappschaftlich versicherten Arbeiter eigenartig geregelt, vor allem dadurch, daß ihm eine Pension gebührt, die er nicht nur wie der Arbeiter nach der Reichsversicherungsordnung nach vollendetem 65. Lebensjahr und dem Eintritt dauernder Berufsunfähigkeit erhält, sondern auch bei nur vorübergehender Berufsunfähigkeit; die Pension bietet also den Vorteil dauernder Versorgung wie die Pension eines Beamten (RKG. §§ 28 Satz 1, 34 Abs. 1 und 35). Im Gegensatz zum Arbeiter, der Mitglied der Arbeiterpensionskasse ist, gehören die Angestellten der knappschaftlichen Betriebe (Angestellte im Sinne des Angestelltenversicherungsgesetzes § 1) der Angestelltenpensionskasse der Reichsknappschaft an und wird für sie die Pensionsversicherung nach den Vorschriften des Reichsgesetzes über die Angestelltenversicherung von der Reichsknappschaft durchgeführt (RKG. §§ 49 Satz 1 und 50 Abs. 1).

Die Mittel für die Versicherung durch die Reichsknappschaft

haben die Arbeitgeber und Versicherten aufzubringen. Die dazu erforderlichen Beiträge sind sowohl für die Krankenversicherung wie für die Pensionsversicherung zu zwei Fünfteln von den Arbeitgebern, zu drei Fünfteln von den Versicherten zu tragen (RKG. §§ 112 Abs. 1, 117 Abs. 1 und 130 Abs. 1).

Arbeitslosenversicherung.

5. Die Notlage der in die Heimat zurückkehrenden Kriegsteilnehmer hat unmittelbar nach dem Sturz der Monarchie zum Erlaß der Reichsverordnung über die Erwerbslosenfürsorge vom 13. Nov. 1918 geführt, welche die Gemeinden verpflichtete bedürftigen Personen, die infolge des Krieges erwerbslos geworden waren, in erster Linie durch Arbeitsnachweis zur Aufnahme von Arbeit zu verhelfen, ihnen aber, soweit das nicht zu erreichen war, Unterstützungen aus öffentlichen Mitteln (der Gemeinden, der Länder und des Reiches) zu gewähren. Insoferne war die Erwerbslosenunterstützung eine reine Fürsorge für Bedürftige ohne jede Gegenleistung. Indessen hatte sie doch nach den Verordnungen vom 15. Okt. 1923 und vom 13./16. Febr. 1924 — die einerseits die Erhebung von Beiträgen der Arbeitnehmer und Arbeitgeber anordneten, andrerseits die Erwerbslosenunterstützung nur beim Nachweis einer dreimonatigen Arbeitsleistung (während der letzten zwölf Monate) gewährten — einen versicherungsähnlichen Charakter angenommen, wenn sie auch wesentlich Fürsorge geblieben ist. Nunmehr ist die Erwerbslosenunterstützung aufgehoben; an ihre Stelle ist nach dem Reichsgesetz über Arbeitsvermittlung und Arbeitslosenversicherung vom 16. Juli 1927 seit dem 1. Oktober 1927 eine eigentliche *Arbeitslosenversicherung* getreten, die an ein früheres Arbeitsverhältnis anknüpft, auf Beiträgen der Arbeitnehmer und ihrer Arbeitgeber beruht und demgemäß feste Rechtsansprüche auf Leistungen für den Versicherten erzeugt, die er im Wege gesetzlich geordneten Verfahrens geltend machen kann. Nachstehend sollen nur die leitenden Grundgedanken des überaus wichtigen Gesetzes hervorgehoben werden.

a) Aehnlich wie bisher die Verordnungen über die Erwerbslosenfürsorge geht das „*Arbeitslosenversicherungsgesetz*“ (RGBl. 1927 I S. 187) von dem Grundsatz aus, daß die Arbeitslosigkeit durch Aufnahme von Arbeit verhütet, und wenn sie eingetreten ist, sobald als möglich beendigt werden soll. Diesen Zwecken dient vor allem die *Arbeitsvermittlung*;

sie soll dahin wirken, daß freie Stellen durch möglichst geeignete Arbeitskräfte besetzt werden und soll dabei sowohl die besonderen Anforderungen der freien Arbeitsplätze, wie die Eignung des Bewerbers und dessen besondere Verhältnisse tunlichst berücksichtigen. Mit der Arbeitsvermittlung und der ihr nahestehenden Lehrstellenvermittlung hängt zusammen die Berufsberatung, welche die Eignung des Ratsuchenden für einen in Frage stehenden Lebensberuf, seine Fähigkeiten dazu im Zusammenhang mit seinen wirtschaftlichen und familiären Verhältnissen, sowie mit den Berufsaussichten angemessen zu berücksichtigen hat. — Über die Arbeitsvermittlung hinausgehend sind im Arbeitslosenversicherungsgesetz eine Reihe von Maßnahmen vorgesehen, welche unmittelbar Arbeitslosigkeit verhüten oder beendigen, so die Bestreitung von Reisekosten für Personen, die außerhalb ihres bisherigen Aufenthaltsortes Arbeit genommen haben, so auch die Vorstreckung von Mitteln zur Beschaffung von Arbeitsausrüstung, die zur Aufnahme einer Arbeit von längerer Dauer unentbehrlich ist, so namentlich auch durch Einrichtungen, die der beruflichen Fortbildung und Umschulung zu einem anderen Lebensberuf dienen (Arbeitslosenversicherungsgesetz § 58 bzw. §§ 131, 132 Abs. 1, 134, 135, 137).

b) Das Gesetz gewährt den Arbeitslosen Arbeitslosenunterstützung, nur unter der allgemeinen Voraussetzung, daß sie gegen Arbeitslosigkeit pflichtversichert sind. Das sind in der Regel die Personen, die nach der Reichsversicherungsordnung oder dem Reichsknappschaftsgesetz gegen Krankheit versichert sind, ebenso die Angestellten im Sinne des Angestelltenversicherungsgesetzes — diese auch dann, wenn sie der Krankenversicherungspflicht nicht unterliegen, weil ihr Jahresverdienst 3600 *RM* übersteigt —, sowie die Angehörigen deutscher Seefahrzeuge. Diese Personen sind insgesamt von selbst kraft Gesetzes gegen Arbeitslosigkeit versichert von dem Tage an, an welchem sie in die versicherungspflichtige Beschäftigung eingetreten sind (Arbeitslosenversicherungsgesetz § 69 vgl. RVO. § 165, RKG. § 1).

c) Einen Anspruch auf Arbeitslosenunterstützung, die in der Regel bis zu 26 Wochen gewährt wird, erwirbt der Versicherte erst, wenn er arbeitslos wird, vorausgesetzt, daß er arbeitsfähig ist (d. h. wenigstens ein Drittel dessen erwerben kann, was normale Menschen unter wesentlich gleichen

Verhältnissen zu verdienen pflegen) und arbeitswillig (d. i. nicht ohne berechtigten Grund Übernahme von Arbeit verweigert), überdies innerhalb der letzten zwölf Monate mindestens 26 Wochen versicherungspflichtig beschäftigt war — somit die „Anwartschaftszeit" erfüllt hat — und endlich den Anspruch auf Arbeitslosenunterstützung noch nicht erschöpft hat, m. a. W. noch nicht 26 Wochen während des letzten Jahres die Unterstützung bezogen hat (Arbeitslosenversicherungsgesetz §§ 87, 88 Abs. 1, 90 Abs. 1 und 2, 95 Abs. 1, 99 Abs. 1 Satz 1 und 2 und Abs. 2 Satz 1).

d) Die Arbeitslosenunterstützung bestimmt sich in ihrer Höhe nach dem Arbeitsentgelt. Nach Verschiedenheit desselben sind 11 Lohnklassen (Klasse I—XI) gebildet, je nach dem der wöchentliche Arbeitsverdienst bzw. höchstens 10, 14, 18, 24, 30, 36, 42, 48, 54, 60 RM und mehr als 60 RM (in der Klasse XI) beträgt. Für jede dieser Klassen ist sodann ein (dem Durchschnitt entsprechender) Einheitslohn in der Höhe jeweils von 8, 12, 16, 21, 27, 33, 39, 45, 51, 57 und 63 RM festgestellt, der für die Bemessung der Arbeitslosenunterstützung maßgebend ist. Die Arbeitslosenunterstützung besteht immer in jeder Lohnklasse für das arbeitslos gewordene Mitglied in einem in Prozenten ausgedrückten Bruchteil des Einheitslohnes seiner Lohnklasse. So beträgt in der Klasse I die Unterstützung 75%, sinkt — bei steigendem Arbeitsverdienst der folgenden Klassen — in Klasse V und VI auf 40, in den Klassen VIII—XI auf 35 vom Hundert des Einheitslohnes. Demnach erhalten als Arbeitslosenunterstützung, sog. Hauptunterstützung, die Arbeitslosen in der Klasse I nur 6 RM, in der Klasse VI eine Unterstützung von 13,20 RM, in der Klasse XI eine solche von 22,05 RM. — Außer der Hauptunterstützung erhält der Versicherte gegebenenfalls als Teil der Arbeitslosenunterstützung überhaupt auch Familienzuschläge für seine Angehörigen, wie namentlich Ehegatten und Kinder, und zwar 5 vom Hundert für jeden zuschlagsberechtigten Angehörigen. Doch darf die (gesamte) Arbeitslosenunterstützung in keinem Falle 80% des Arbeitslohnes übersteigen, beträgt also für den Versicherten der ersten Klasse mit Angehörigen immer nur 8,40 RM (Arbeitslosenversicherungsgesetz §§ 103 Abs. 1 und Abs. 2 Satz 1 und Satz 2, 104, 105 Abs. 1, 106 und 107).

e) Die Mittel, welche zur Durchführung der Arbeitslosenversicherung erforderlich sind, werden durch Beiträge der Arbeitnehmer und Arbeitgeber aufgebracht und zwar so, daß die Versicherten und ihre Arbeitgeber die Beiträge je zur Hälfte zu entrichten haben; regelmäßig werden sie als Zuschläge zu den Krankenkassenversicherungsbeiträgen erhoben und dürfen 3 vom Hundert des maßgebenden Wochenentgelts nicht übersteigen (Arbeitslosenversicherungsgesetz §§ 142, 143 Abs. 1 und Abs. 2 Satz 1, 145 Abs. 1 Ziffer 1; § 153 Abs. 3).

f) Eine Ausnahmestellung nimmt die Unterstützung von Arbeitslosen ein, welche der Reichsarbeitsminister in Zeiten andauernder ungewöhnlich ungünstiger Arbeitsmarktlage als Krisenunterstützung zulassen kann und die nach Lage der Sache auf bestimmte Berufe und Bezirke beschränkt werden kann. Sie wird zwar auch, wie die Arbeitslosenversicherung Arbeitslosen, die arbeitsfähig und arbeitswillig sind, gewährt, aber sie fordert nicht, daß die Anwartschaftszeit erfüllt ist — es genügt dreizehnwöchige Leistung versicherungspflichtiger Arbeit — und wird selbst gewährt, wenn der Anspruch auf Arbeitslosenunterstützung schon erschöpft ist, erforderlich ist vielmehr nur (neben der dreizehnwöchigen Arbeit), daß der Arbeitslose bedürftig ist, ein Erfordernis, das dem Rechtsanspruch auf Arbeitslosenversicherung fremd ist. Die Krisenunterstützung ist somit wesentlich eine Fürsorge. Demgemäß trägt das Reich den notwendigen Aufwand, der durch die Krisenunterstützung entsteht, und zwar zu vier Fünfteln, der Rest des Aufwandes fällt den beteiligten Gemeinden zur Last (Arbeitslosenversicherungsgesetz § 101 Abs. 1 und Abs. 2 und § 167 Abs. 1).

g) Träger der öffentlichen — nicht privater Betätigung überlassenen — Arbeitsvermittlung mit Einschluß der Lehrstellenvermittlung und der Berufsberatung sowie der Arbeitslosenversicherung ist die neugeschaffene, in einheitlicher Organisation das ganze Deutsche Reich in allen seinen Teilen umfassende Reichsanstalt für Arbeitsvermittlung und Arbeitslosenversicherung. Sie ist, wie die Krankenkassen, Unfallberufsgenossenschaften, Versicherungsanstalten und die Reichsknappschaft, eine Körperschaft des öffentlichen Rechts (siehe oben Anm. 14), die ihren Sitz in Berlin hat und sich in die Hauptstelle, die Landesarbeitsämter als Landesstellen und die Arbeitsämter als Ortsstellen gliedert (Arbeitslosenversicherungsgesetz § 1 Abs. 1, Abs. 2 Satz 1 und Abs. 3; § 2 Abs. 1 und Abs. 3; § 3). — Organe dieser Reichsanstalt sind die Verwaltungsausschüsse der Arbeitsämter, die Verwaltungsausschüsse der Landesarbeitsämter, der Verwaltungsrat der Reichsanstalt und der Vorstand der Reichsanstalt. — Jedes dieser vier Organe besteht aus dem Vorsitzenden des Amts, zu dem es gehört, also dem Vorsitzenden des Arbeitsamts, dem Vorsitzenden des Landesarbeitsamts, dem Präsidenten der Reichsanstalt, sowohl als Vorsitzenden des Verwaltungsrats wie auch als Vorsitzenden des Vorstandes der Reichsanstalt (bzw. aus deren Stellenvertretern), — sowie aus Vertretern der Arbeitgeber, Arbeitnehmer und der öffentlichen Körperschaften (namentlich auch der Gemeinden und Gemeindeverbände). Grundsätzlich ist es der Vorstand allein, der zur Führung der Geschäfte der Reichsanstalt berufen ist und sie gerichtlich und außergerichtlich vertritt. Indessen ist durch die Satzung der Reichsanstalt, die vom Verwaltungsrat festgestellt ist, bestimmt, daß und inwieweit „an die Stelle des Vorstandes der Präsident, die Vorsitzenden der Landesarbeitsämter und Arbeitsämter und die Stellvertreter dieser Personen die Geschäfte der Reichsanstalt führen und die Anstalt vertreten können" (Arbeitslosenversicherungsgesetz §§ 4; 5 Abs. 1 Satz 1, 9 Abs. 1 Satz 1 und 2, 12 Abs. 1 Satz 1; § 21).

Offenbar ist die Tätigkeit der Arbeitsämter praktisch von größter Bedeutung. Ihnen obliegt es die Zwecke der Gesetzes: Vermittlung von Arbeit, Berufsberatung, Lehrstellenvermittlung und insbesondere die Gewährung der Arbeitslosenunterstützung unmittelbar zu verwirklichen. Daher hat der Arbeitslose den Antrag auf Arbeitslosenunterstützung beim Arbeitsamt (in dessen Bezirk er wohnt) zu stellen und hat der Vorsitzende dieses Amts über den Antrag zu entscheiden. Da aber der Anspruch auf Arbeitslosenunterstützung auch wie die anderen Ansprüche aus der Arbeiterversicherung ein Rechtsanspruch ist, so ist er auch, wie diese durch ein gesetzlich geordnetes Spruchverfahren gesichert (siehe S. 103 und vgl. S. 110 oben). Wird der Antrag ganz oder teilweise vom Vorsitzenden abgelehnt, so kann der Arbeitslose Einspruch einlegen beim Spruchausschuß des **Arbeitsamts**, welcher aus dem Vorsitzenden des Arbeitsamts und je einem Arbeitgeber und Arbeitnehmer des Verwaltungsausschusses besteht. Lehnt auch der Spruchausschuß den Antrag ab, so kann der Arbeitslose zum Zwecke einer erneuten Prüfung und Entscheidung **Berufung** (vgl. S. 173 f. Ziff. 5) ergreifen zur **Spruchkammer des Landesarbeitsamts**, welche aus dem Vorsitzenden des zuständigen Oberversicherungsamts und je einem dem Oberversicherungsamt angehörigen Arbeitgeber und Arbeitnehmer gebildet ist. Ein weiteres Rechtsmittel steht dem Arbeitslosen nicht zu. Wenn dagegen die Spruchkammer ihre Entscheidung auf eine Auslegung einer Gesetzesstelle von grundsätzlicher Bedeutung stützen will, so **kann** die Spruchkammer die Sache dem **Spruchsenat für Arbeitslosenversicherung des Reichsversicherungsamts** zur Entscheidung abgeben, wenn darüber eine grundsätzliche Entscheidung vom Reichsversicherungsamt noch nicht veröffentlicht ist; ist aber eine solche Entscheidung veröffentlicht und will die Spruchkammer davon abweichen, so **muß** sie die Sache an den Spruchsenat abgeben (Arbeitslosenversicherungsgesetz §§ 29, 30 Abs. 1 und Abs. 2, 31 Abs. 1; 168 Abs. 1 Satz 1, 172 Abs. 1, 178 Abs. 1 Satz 1, 180 Abs. 1, 182 Abs. 1).

6. Wenn auch die moderne Arbeiterversicherungsgesetzgebung das Uebel der Armut sehr verringert hat, so ist die Armut doch geblieben. Der Arbeitslose, der z. B. das Erfordernis der Anwartschaftszeit (vgl. S. 116 oben) nicht erfüllt hat, verfällt der Armut, wie der Reiche, der sein ganzes Vermögen verliert. So ist denn auch heutzutage eine Armenpflege nicht zu entbehren. Indessen hat die überbrachte gesetzliche Regelung der Armenpflege, die sich auf die Gewährung des notdürftigsten Unterhalts beschränkte und zudem an den Zustand der Armut, auch der gänzlich unverschuldeten, die Versagung wichtiger Rechte knüpfte (wie die Berechtigung zum Schöffen- und Geschworenenamt), dem Geiste einer Verfassung widersprochen, die, wie die neue deutsche Reichsverfassung, jedem zwanzigjährigen Reichsangehörigen, gleichviel ob reich oder arm, Wahl- und Stimmrecht in allen öffentlichen Angelegenheiten gewährt und grundsätzlich für alle ein menschenwürdiges Dasein zu verwirklichen sucht (vgl. unten S. 165). Dementsprechend vermeidet die neue Gesetzgebung des Reiches und der Länder es an die Armut auch nur die ge- Fürsorgerecht.

ringste Beeinträchtigung der Ehre zu knüpfen und ersetzt selbst den Ausdruck Armenpflege durch das Wort Fürsorge und bietet mit ihr dem Hilfsbedürftigen über den notdürftigsten Unterhalt hinausgehend den gesamten notwendigen Lebensunterhalt überhaupt.

Während so für die Armenpflege tiefgreifende Aenderungen erstrebt wurden, hatte der Weltkrieg und seine Folgeerscheinungen neue Klassen von Hilfsbedürftigen geschaffen, wie namentlich die Kriegsbeschädigten und Kleinrentner, die dringend Berücksichtigung ihrer Lage — durch eine gehobene Fürsorge — verlangten, ein Verlangen, das auch aus vaterländischen und sozialen Gründen gerechtfertigt war. Beide Bestrebungen: die nach Reform der Armenfürsorge, wie die nach einer gehobenen Fürsorge haben Ausdruck gefunden in der Reichsverordnung über die Fürsorgepflicht — RFV. — vom 13. Februar 1924 (RGBl. I S. 100), mit Änderungen vom 8. Juni 1926 (RGBl. I S. 255). Sie überläßt in Übereinstimmung mit dem bisherigen Rechtszustand den Ländern die Regelung über die Träger der Fürsorge und ihre Aufgaben, sowie über den Umfang der Fürsorge, jedoch im Rahmen der reichsrechtlichen Vorschriften (RFV. § 6), welche in Gestalt der die Länder verpflichtenden Reichsgrundsätze über Voraussetzung, Art und Maß der öffentlichen Fürsorge — RGr. — vom 4. Dezember 1924 (RGBl. I S. 765) erlassen worden sind.

Diese beiden Reichsverordmungen in Verbindung mit den dazu erlassenen Ausführungsvorschriften der Länder bilden das gesamte im deutschen Reiche geltende Fürsorgerecht*), sowohl das Recht der allgemeinen Fürsorge als auch das Recht der gehobenen Fürsorge.

a) Nach dem bisherigen Rechte waren zur Fürsorge für die Armen, die sog. Armenpflege, die Ortsarmen- und Landarmenverbände berufen. An deren Stelle sind nach der Reichsfürsorgepflichtverordnung seit dem 1. April 1924 die Bezirksfürsorgeverbände und die Landesfürsorgeverbände getreten, die (wie früher die Armenverbände) auch Träger von Rechtsfähigkeit sind, sog. Körperschaften des öffent-

*) B. Baath, Verordnung über die Fürsorgepflicht, 5. Aufl., Berlin 1927; Geiger-Heß, Die Fürsorgepflicht, 2. Auflage, München 1926.

lichen Rechts (siehe Anmerkung 14 S. 48), ausgestattet mit dem Rechte der Selbstverwaltung (siehe unten S. 144 und 148 f.). Dabei obliegt die Fürsorge regelmäßig den Bezirksfürsorgeverbänden, — d. h. Gemeindeverbänden, in Preußen namentlich den Stadt- und Landkreisen —, in Bayern auch Ortsfürsorgeverbänden; die Landesfürsorgeverbände dagegen — wie die Provinzialverbände in Preußen, die Kreise in Bayern — sind nur ergänzend zur Fürsorge berufen, wenn das Gesetz es bestimmt, so wenn es sich um die Fürsorge für Blinde, Taubstumme, Geisteskranke, Krüppelhafte und um die Unterbringung derselben in geeignete Anstalten handelt (vgl. für Preußen § 6 der Ausführungsverordnung zur RFV., für Bayern Art. 6 der vorläufigen Ausführungsverordnung). — Die Fürsorge setzt selbstverständlich voraus, daß der zu Unterstützende hilfsbedürftig ist. Das ist der Fall, wenn er sich und seinen unterhaltsberechtigten Angehörigen nicht oder nicht ausreichend den notwendigen Lebensbedarf verschaffen kann; mit anderen Worten, wenn er trotz pflichtgemäßer Bereitwilligkeit zur Arbeit sich nicht das verschaffen kann, was der Lebensunterhalt (Unterkunft, Nahrung, Kleidung), die Erhaltung der Gesundheit und Körperkraft, die Erziehung und Erwerbsbefähigung verlangen. Sind diese Voraussetzungen gegeben, so hat der Bezirksfürsorgeverband, in dessen Bezirk der Hilfsbedürftige seinen gewöhnlichen Aufenthaltsort hat, ihm auch ohne Antrag von amtswegen die erforderliche Unterstützung zu gewähren. Wird dagegen jemand hilfsbedürftig ohne im Bezirke seines gewöhnlichen Aufenthalts zu sein, weil er z. B. auf der Reise seine Geldbörse verliert, so ist ihm der Bezirksfürsorgeverband, in dessen Bezirk er sich beim Eintritt seiner Hilfsbedürftigkeit befindet, vorläufig zur Unterstützung verpflichtet. Freilich trifft auch in Fällen dieser Art endgültig die Unterstützungspflicht den Bezirksfürsorgeverband, in dessen Bezirk der Unterstützte zur Zeit des Eintritts der Hilfsbedürftigkeit seinen gewöhnlichen Aufenthaltsort hat. Nur wenn ein gewöhnlicher Aufenthalt des Unterstützten nicht gegeben ist oder nicht ermittelt werden kann, hat der Landesfürsorgeverband, in dessen Bezirk die Hilfsbedürftigkeit eingetreten ist, die Unterstützungslast endgültig zu tragen. Selbstverständlich entspricht der Unterstützungsverpflichtung der Fürsorgeverbände eine Art von Berechtigung des Hilfsbedürftigen. Indessen ist dem Hilfsbedürftigen jede gerichtliche Geltendmachung versagt, wohl aber steht ihm unentziehbar eine auf Abhilfe gerichtete Beschwerde gegen den Fürsorgeverband zu, der die Fürsorge ganz oder teilweise ablehnt oder in nicht entsprechender Art festgesetzt hat. — In Bayern ist diese Beschwerde an die den Fürsorgeverband vorgesetzte Verwaltungsbehörde (Bezirksamt bzw. Regierung) zu richten, in letzter Instanz ist das Staatsministerium zuständig. In Preußen entscheidet regelmäßig endgültig der Bezirksausschuß. (RFV. § 1 Abs. 1 Satz 1 und § 2 Abs. 1 mit § 4 Satz 1 — § 6 Abs. 1, § 7 Abs. 1 und Abs. 2 Satz 1 und Abs. 2 Satz 2 — RFV. § 6 Abs. 2 mit RGr. § 5, § 6, § 7 Abs. 1 Satz 1. § 1 und § 2 — RFV. § 3 Abs. 3 mit Abs. 2 Satz 1).

b) Wie für die allgemeine Fürsorge ist auch für die gehobene Fürsorge die Hilfsbedürftigkeit Voraussetzung; nur trägt die gehobene Fürsorge über das Maß der allgemeinen Fürsorge hinausgehend der besonderen Lage der beteiligten Personenkreise Rechnung. Dazu gehören (1) die Kleinrentner, d. h. alte oder erwerbsunfähige verarmte Rentner, die ohne die eingetretene Geldentwertung nicht auf die öffentliche Fürsorge angewiesen wären. Bei ihnen sollen ihre früheren Lebensverhältnisse aber zugleich unter Berücksichtigung der allgemeinen Verschlechterung der Lebenshaltung der gesamten Bevölkerung beachtet werden und jedenfalls sollen sie im Zweifelsfall zur Bestreitung des notwendigen Lebensunterhalts ein Viertel mehr erhalten als die Hilfsbedürftigen im allgemeinen. Zudem sollen den Kleinrentnern die bescheidenen Reste ihres früheren Vermögens tunlichst verbleiben und deshalb die Fürsorge nicht von vorgängiger Verwertung derselben abhängig gemacht werden (RFV. § 1 Abs. 1 c, RGr. § 14 Abs. 1, § 15; RFV. § 6 Abs. 3). (2) Die Sozialrentner, d. h. die alt oder invalide oder erwerbsunfähig gewordenen Rentner der Arbeiter- und der Angestelltenversicherung, können wie die Kleinrentner völlig unzureichende Bezüge haben und sind daher entsprechend wie sie zu behandeln, — jedenfalls gebührt auch ihnen ein Viertel über den notwendigen Unterhaltsbedarf hinaus —, wenn sie auch sonst weniger gut gestellt sind (RFV. § 1 Abs. 1 b, RGr. § 16 Satz 1, vgl. aber § 15 Abs. 1). (3) Arbeitsame Personen, die alt oder durch Gebrechen erwerbsunfähig geworden sind und dadurch — weil sie nicht versichert sind — auf die öffentliche Fürsorge angewiesen sind, können durch die Landesbehörden Kleinrentnern gleichgestellt werden und damit deren Stellung erlangen (RFV. § 1 Abs. 1c, RGr. § 17 Abs. 1, vgl. § 14 Abs. 1 und § 15). (4) Eine bevorzugte Stellung in der gehobenen Fürsorge haben die Kriegsbeschädigten und die Witwen und Waisen verstorbener Kriegsteilnehmer, die Kriegerhinterbliebenen. Ihnen gebührt wenigstens das gleiche Maß von Fürsorge wie den Kleinrentnern, somit Erhöhung der Unterstützung um mindestens ein Viertel des notwendigen Unterhalts neben tunlichster Wahrung ihres Besitzstandes (RGr. § 18 Abs. 1 vgl. §§ 14 und 15). Darüber weit hinausgehend hat diese Fürsorge das Ziel den Kriegsbeschädigten erwerbsfähig zu machen und zu erhalten, der Witwe die Fortführung des Hausstandes und die Erziehung der Kinder zu ermöglichen, tunlichst aus eigenen Kräften, und den Waisen die Erlangung einer ihren Fähigkeiten angemessenen Lebensstellung zu erleichtern. Demgemäß erwachsen der Fürsorge die Aufgaben Beschädigte und Hinterbliebene entsprechend zu beraten, für Arbeitsvermittlung und Arbeitsbeschaffung zu sorgen und gegebenenfalls auch deren Ansiedelung und Selbständigmachung zu fördern. Der Durchführung dieser Aufgaben dienen zahlreiche Vereinigungen und Einrichtungen, so vor allem der Reichsausschuß der Kriegsbeschädigten- und Kriegshinterbliebenenfürsorge, eine öffentlichrechtliche Körperschaft, die insbesondere berufen ist, in Angelegenheiten dieser Fürsorge den Reichsarbeitsminister zu beraten (RFV. § 1 Abs. 1a, RGr. §§ 24, 25 und 27, vgl. RFV. § 34 Abs. 1). — Die Pflege der besonderen Interessen der akademisch gebildeten Kriegsteilnehmer überhaupt (unabhängig von jeder Beschädigung) obliegt dem Reichsverband Akademischer Kriegsteilnehmer. (5) Schwerbeschädigte — und ihnen gleichgestellt — Schwererwerbsbeschränkte sind Deutsche, die infolge einer Dienstbeschädigung oder durch Unfall um wenigstens fünfzig vom Hundert erwerbsbeschränkt sind und auf Grund gesetzlicher Bestimmung Anspruch auf Ruhegehalt oder Rente haben. Da nun diese Vergütungen häufig für den Lebensunterhalt nicht genügen, so bestimmt das Reichsgesetz über die Beschäftigung der Schwerbeschädigten in der Fassung vom 12. Januar 1923 zweckmäßig, daß ihnen — nicht durch unterstützende Fürsorge — sondern durch Verschaffung von Arbeit geholfen werden soll, so namentlich durch die Vorschrift, daß ein Arbeitgeber, der einen Arbeitsplatz besetzen will, einen Schwerbeschädigten, der für die Arbeit geeignet ist, anderen Bewerbern vorziehen muß (RFV. § 1 Abs. 1d; Ges. über die Beschäftigung Schwerbeschädigter § 1, § 3 Abs. 1, § 4 Abs. 1, § 5 Abs. 1 Satz 1). (6) Wochenfürsorge tritt ein — in Übereinstimmung mit dem Grundsatz der Reichsverfassung Art. 119 Abs. 3 — für alle hilfsbedürftigen Wöchnerinnen, die nicht bereits nach der Reichsversicherungsordnung einen Anspruch auf Wochenhilfe oder Familienwochenhilfe haben (s. oben S. 105), und soll diesen jedenfalls das bieten, was die Familienwochenhilfe den Familienangehörigen gewährt (RGr. § 12 mit RFV. § 1 Abs. 1 f).

Jugendwohlfahrtsrecht. 7. Von jeher hat die Rechtsordnung der heranwachsenden Jugend Schutz zuteil werden lassen, so namentlich gegen Übervorteilung. Die dahin gerichteten Bestrebungen haben aber in neuerer Zeit eine weit größere Bedeutung erlangt, schon durch die fortgeschrittene Proletarisierung breiter Volksschichten, insbesondere aber durch den Weltkrieg, der Millionen von deutschen Kindern der schützenden Gewalt des Vaters lange Jahre, wenn nicht für immer entzogen hat. Unter den gewaltigen Nachwirkungen dieser Tatsachen richtet die Reichsverfassung (Art. 120) die ernste Mahnung an das deutsche Volk, daß die Erziehung des Nachwuchses zur leiblichen, seelischen und gesellschaftlichen Tüchtigkeit oberste Pflicht der Eltern ist und daß über deren Betätigung die Staatsgemeinschaft wacht. Dieser Mahnung entsprechend ist (nach Art. 122 derselben Verfassung) die Jugend „gegen Ausbeutung, sowie gegen sittliche, geistige oder körperliche Verwahrlosung zu schützen" und haben Staat und Gemeinde die erforderlichen Einrichtungen zu treffen. Im Anschluß an diese grundrechtlichen Bestimmungen ist das Jugendwohlfahrtsrecht in seinen leitenden Vorschriften einheitlich in dem Reichsgesetz für Jugendwohlfahrt*) vom 9. Juli 1922, jetzt in der Fassung der Verordnung vom 14. Februar 1924 (RGBl. I S. 100), geregelt worden, während innerhalb dieses Rahmens das (nichtwidersprechende) Landesrecht in Geltung bleibt. Das

*) W. Heß, Jugendwohlfahrtsrecht, München 1926.

Reichsjugendwohlfahrtsgesetz (RJWG.) selbst geht, gleichfalls in Übereinstimmung mit der Reichsverfassung, von dem Satz aus, daß jedes deutsche Kind „ein Recht auf Erziehung zur leiblichen, seelischen und gesellschaftlichen Tüchtigkeit" hat. Dieser Anspruch ist selbstverständlich gegen die Eltern gerichtet, soweit er aber von der Familie nicht erfüllt wird, hat das Kind einen Anspruch auf öffentliche Jugendhilfe, die alle Maßnahmen der Behörden zur Förderung der Jugendwohlfahrt umfaßt, sowohl die Maßnahmen der Jugendpflege, die wesentlich vorbeugend die körperliche, geistige und sittliche Gefährdung der Jugend zu verhüten suchen, als auch Maßnahmen der Jugendfürsorge, welche schon eingetretene Verwahrlosung beheben sollen, insoferne also heilende Funktion haben (RJWG. § 1 Abs. 1 und Abs. 3 und § 2 Abs. 2). Zur Durchführung dieser Jugendwohlfahrtsaufgaben sind berufen die von Gemeinden und Gemeindeverbänden für das Gebiet des Deutschen Reiches errichteten Jugendämter, während Landesjugendämter wesentlich für die gleichmäßige Erfüllung der den Jugendämtern obliegenden Aufgaben, so durch Aufstellung gemeinsamer Richtlinien, und für die Unterstützung der Arbeit der Jugendämter, z. B. durch Beratung derselben, zu sorgen haben (RJWG. § 2 Abs. 1, § 8 Satz 1, § 12 Abs. 1 und § 13).

Die dem Jugendamt obliegende Jugendpflege umfaßt vor allem den Schutz der Pflegekinder, d. h. der Kinder unter 14 Jahren, die sich dauernd, wenn auch nur für einen Teil des Tages, gegen Entgelt in fremder Pflege befinden. Sie werden gegen die ihnen vielfach drohenden Gefahren der Verwahrlosung dadurch geschützt, daß jeder, der ein Pflegekind aufnehmen will, vorgängiger Erlaubnis des Jugendamts bedarf, daß das Pflegekind fortgesetzter Aufsicht des Jugendamts untersteht, und daß schließlich, wenn unmittelbar Gefahr der Verwahrlosung gegeben ist, das Jugendamt das Pflegekind sofort aus der Pflegestelle entfernen und anderweitig unterbringen kann. — In ähnlich gefährdeter Lage, wie die Pflegekinder, sind die unehelichen Kinder, die sich bei ihrer Mutter befinden, und deshalb unterliegen auch sie der Aufsicht des Jugendamts (RJWG. § 3 Ziff. 1, §§ 19, 20 Abs. 1 Satz 1, 24 Abs. 1 Satz 1 und 27 Abs. 1 — § 24 Abs. 1 Satz 2).

Sodann ist das Jugendamt in umfassender Weise zur Mitwirkung im Vormundschaftswesen (s. S. 93 Ziff. 3 vgl. S. 89 f.) berufen. Das tritt schon darin hervor, daß das Jugendamt Amtsvormund über alle in seinem Bezirk geborenen unehelichen Kinder ist und zwar kraft Gesetzes vom Augenblick der Geburt an; es ist somit als Vormund sofort in der Lage die Unterhaltspflicht des außerehelichen Vaters geltend zu machen (RJWG. § 3 Ziff. 2, §§ 32 Satz 1 und 35 Abs. 1). Überdies ist das Jugendamt Gemeindewaisenrat, d. h. ein gemeindliches Hilfsorgan des Vormundschaftsgerichtes, welches erforderlichenfalls geeignete Personen als Vormünder vorzuschlagen, die Führung der Vormundschaft zu überwachen und die dabei hervorgetretenen Mängel dem Vormundschaftsgericht anzuzeigen hat (BGB. § 1849 f.). Das Jugendamt hat somit als Gemeindewaisenrat Einfluß auf alle Vormundschaften überhaupt, nicht bloß auf die Vormundschaften über uneheliche Kinder. — Über die Pflichten des Gemeindewaisenrats hinausgehend soll das Jugendamt die Bestellung einer Einzelperson als Vormund beantragen, wenn das im Interesse des Mündels liegt, und zudem hat es die Vormünder zu beraten und sie bei der Ausübung ihres Amtes zu unterstützen (RJWG. § 3 Ziff. 2, §§ 42 Abs. 1 Satz 1, 43 Abs. 1 Satz 1, 44 Abs. 1 Satz 1 und 45 Satz 1).

Es ist möglich, daß der Schutz, den der Minderjährige in der Familie findet, nicht ausreicht, z. B. weil der erziehungsberechtigte Vater zur Erziehung nicht recht befähigt oder zu schwach ist; dann ist der Minderjährige zur Verhütung drohender körperlicher, geistiger oder sittlicher Verwahrlosung vom Vormundschaftsgericht unter Schutzaufsicht zu stellen. Sie besteht darin, daß dem Erziehungsberechtigten vom Vormundschaftsgericht ein Helfer zur Seite gestellt wird, der ihn bei der Sorge für die Person des Minderjährigen zu unterstützen und zu überwachen hat (RJWG. § 3 Ziff. 4; §§ 56, 57 Abs. 1 Satz 1 und 58 Abs. 1 Satz 1 und 2). Die Stellung unter Schutzaufsicht setzt aber voraus, daß sie voraussichtlich ihre vorbeugende Wirkung auch erreichen wird, ist aber eine solche Erwartung nicht berechtigt, ist vielmehr zur Verhütung der Verwahrlosung die Entfernung des Minderjährigen aus seiner bisherigen Umgebung erforderlich und trifft zudem den Erziehungsberechtigten — den Vater, bzw. die Mutter (siehe Anm. 76 S. 93) — ein Verschulden, z. B. weil er das Kind vernachlässigt hat, so hat das

Vormundschaftsgericht zur einschneidendsten vorbeugenden Maßnahme zu schreiten und den Minderjährigen der Fürsorgeerziehung zu überweisen, die in einer geeigneten Familie oder einer Erziehungsanstalt auf öffentliche Kosten durchgeführt wird (RJWG. § 3 Ziff. 4; §§ 62 und 63 Abs. 1 Ziff. 1). Eine solche Überweisung zur Fürsorgeerziehung, die zugleich den schwersten Eingriff des Staates in das den Eltern zustehende Erziehungsrecht darstellt, muß das Vormundschaftsgericht unter allen Umständen — auch ohne irgendwelches Verschulden des Erziehungsberechtigten — anordnen, wenn die Verwahrlosung des Minderjährigen schon eingetreten ist. Damit erwächst der Fürsorgeerziehung, im Gegensatz zu den vorbeugenden Maßnahmen, insbesondere der Schutzaufsicht und der die Verwahrlosung verhütenden Fürsorgeerziehung, die überaus schwere aber auch hohe heilende Aufgabe, den Verwahrlosten durch Erziehung zur körperlichen, geistigen und sittlichen Tüchtigkeit, zum nützlichen Mitglied der menschlichen Gesellschaft zu machen (RJWG. §§ 62, 63 Abs. 1 Ziff. 2).

Vorstehend ist der Inhalt des Reichsjugendwohlfahrtsgesetzes in seinen wichtigsten Bestimmungen dargelegt. Wie umfassend darüber hinausgehend das Gesetz den Gedanken der Jugendwohlfahrt zu verwirklichen sucht, zeigt insbesondere § 4 RJWG. Darnach ist es Aufgabe der Jugendämter, Einrichtungen und Veranstaltungen anzuregen, zu fördern und gegebenenfalls zu schaffen, die geeignet sind der Wohlfahrt der heranwachsenden Jugend in allen Phasen ihrer Entwicklung zu dienen; das Gesetz, das schon dem Ungeborenen seine Sorge zuwendet, erstrebt die Wohlfahrt der Säuglinge und Kleinkinder, der schulpflichtigen und der schulentlassenen Jugend. Gleichwohl ist das Ziel der öffentlichen Jugendhilfe wesentlich ideeller Natur. Im Gegensatz dazu ist die materielle (wirtschaftliche) Unterstützung der hilfsbedürftigen Minderjährigen lediglich Sache des Fürsorgerechts (vgl. oben Ziff. 6 S. 119 ff.); sie beschränkt sich darnach auf das Maß des notwendigen Lebensbedarfs, welchen die Fürsorge im allgemeinen (bisherige Armenpflege) jedem Hilfsbedürftigen überhaupt darbietet, freilich in Berücksichtigung der Eigenart seiner Notlage. Die Fürsorge hat somit dem Minderjährigen neben dem notwendigen Lebensunterhalt (Unterkunft, Nahrung, Kleidung) namentlich auch Erziehung und die zur Ergreifung eines Lebensberufes erforderliche Ausbildung (Erwerbsbefähigung) zu gewähren (RFV. § 1 Abs. 1e; RGr. § 1 Abs. 1, § 5, 6 Abs. 1a und d).

Internationales Privatrecht. Begründung. 2. Zusatz: Das internationale Privatrecht*). Unser Privatrecht hat, wie das Recht des modernen Staates überhaupt, einen wesentlich territorialen Charakter. Es gilt für die Rechtsverhältnisse, welche, wie man gesagt hat, im Staatsgebiet ihren Sitz haben, aber auch nur für diese Verhältnisse. Diese Beschränkung folgt unmittelbar aus dem Nebeneinanderbestehen unabhängiger Staaten und der daraus sich ergebenden Verpflichtung dieser Staaten, sich wechselseitig in ihrer Integrität (siehe unten § 8, II, S. 186 f.) und somit in ihrer Herrschaft, auch der Herrschaft der Gesetze über Land und Leute des Staatsgebiets anzuerkennen. Demgemäß ist es ein kraft allgemeinen Gewohnheitsrechts alle Staaten gleichmäßig verpflichtender Rechtssatz, innerhalb gewisser Grenzen die Anwendung ausländischer Gesetze zu gestatten, und daher auch einem Rechtserwerb, der sich unter der Herrschaft des ausländischen Rechts vollzogen hat, im Inland Wirksamkeit nicht zu versagen. So würde, wenn jemand in Frankreich Eigentum an einer Sache durch bloßen Vertrag erworben hätte (vgl. oben Abs. II, 1, S. 68), dieser Eigentumserwerb, wenn er später zufällig in Deutschland Gegenstand eines Rechtsstreits würde, vom deutschen Richter nicht deshalb als ungeschehen behandelt werden können, weil die nach dem Bürgerlichen Gesetzbuch erforderliche Tradition der Sache gefehlt habe. So unzweifelhaft diese Sätze sind, so kann doch ihre Grundlage, die Zugehörigkeit eines Rechtsverhältnisses zu einem bestimmten Staatsgebiete, zweifelhaft sein, weil das Rechtsverhältnis Beziehungen zu mehreren Staaten darbietet. So kann es sein, daß ein Vertrag in einem Staate geschlossen und in einem anderen zu erfüllen ist, eine Person einem Staate als Staatsbürger angehört und in

*) L. v. Bar, Internationales Privatrecht, in der Systematischen Rechtswissenschaft, S. 182—201; Derselbe, in Holtzendorff-Kohlers Enz., Bd. II, S. 1—45; Kohler, Einführung, S. 212—216; Niemeyer, Das internationale Privatrecht des Bürgerl. Gesetzbuchs, Berlin 1901; Zitelmann, Internationales Privatrecht, 1897 ff.; Enneccerus-Kipp-Wolff, Lehrbuch des bürgerlichen Rechts, Bd. I, §§ 58 ff., sowie die anderen Lehrbücher des bürgerl. Rechts; F. Meili, Die moderne Fortbildung des internationalen Privarrechts, Zürich 1909.

einem anderen wohnt, eine Sache und deren Eigentümer sich in verschiedenen Staaten befinden. Es müssen daher Regeln aufgestellt werden, welche den Geltungsbereich des Privatrechts eines Staates gegenüber allen anderen Staaten abgrenzen, indem sie die Tatbestände genau bezeichnen, auf welche die einzelnen privatrechtlichen Vorschriften angewendet werden sollen. Wenn z. B. das Bürgerliche Gesetzbuch (§ 1706 Abs. 1) ganz allgemein die Vorschrift aufstellt, daß das uneheliche Kind den Familiennamen der Mutter erhält, so bestimmt das Einführungsgesetz zum Bürgerlichen Gesetzbuch (Art. 20 Satz 1), daß das Rechtsverhältnis zwischen dem unehelichen Kind und seiner Mutter nur dann nach deutschem Recht zu beurteilen ist, wenn die Mutter eine Deutsche ist. Somit beschränkt diese Bestimmung die Vorschrift, daß das uneheliche Kind den Namen der Mutter teilt, auf die Fälle oder Tatbestände, in denen die Mutter eine Deutsche ist. Zur Entscheidung dagegen der Frage, welchen Familiennamen das Kind erhalten soll, wenn die Mutter eine Ausländerin ist, ist der Richter (hier stillschweigend, in anderen Fällen ausdrücklich) auf das Recht des Auslandes verwiesen. Diese doppelte Funktion, welche den in Frage stehenden Vorschriften eigentümlich ist, die Begrenzung des Anwendungsgebietes des eigenen Privatrechts und die Verweisung auf das fremde Privatrecht, erklärt es, daß dieselben sowohl als Vorschriften über „die räumliche Herrschaft der Rechtsnormen" wie als Vorschriften über „die Anwendung ausländischer Rechtsnormen" bezeichnet worden sind. Weil ihre Anwendung praktisch nur dann in Frage kommt, wenn ein Rechtsverhältnis Beziehungen zu mehreren Rechtsordnungen darbietet, insofern also eine Kollision verschiedener Gesetze voraussetzt, nennt man sie gewöhnlich „Kollisionsnormen", und weil sie endlich bezwecken, das Privatrecht eines Staates im Verhältnisse zu allen anderen Staaten (inter nationes) gegenüber deren Privatrechtsordnungen abzugrenzen, faßt man sie unter dem Namen „internationales Privatrecht" zusammen. Wie andere Kodifikationen des Privatrechts, so hat auch das Bürgerliche Gesetzbuch für das Deutsche Reich das internationale Privatrecht normiert. Im Einführungsgesetz, Artikel 7—31, stellt es eine Reihe von Bestimmungen auf, welche größtenteils die Rechtsstellung der Person, ihre Rechts- und Geschäftsfähigkeit, ihre Familienverhältnisse und ihre Beerbung, betreffen. Danach soll

Funktionen und Bezeichnungen.

für diese Verhältnisse — im Anschluß an die neueren kontinentalen Gesetzbücher, aber im Gegensatz zum englisch-amerikanischen Recht, welches in diesen Fällen das Recht des Wohnsitzes entscheiden läßt — grundsätzlich das Recht des Staates, dem die Person als Staatsbürger angehört (Recht des Heimatstaates), entscheiden. Die Frage daher, ob eine Person geschäftsfähig ist oder nicht, bestimmt sich für den Deutschen nach deutschem, für den Österreicher nach österreichischem Recht. Ebenso bestimmen sich die persönlichen Beziehungen der Ehegatten zueinander, der Einfluß, welchen die Ehe auf das Vermögen derselben ausübt (das eheliche Güterrecht), das Rechtsverhältnis zwischen Eltern und Kindern nach deutschem Recht, wenn die Gatten beziehungsweise Eltern Deutsche sind. Die Beerbung erfolgt nach dem Recht des Heimatstaates des Erblassers, also nach deutschem Recht, wenn er ein Deutscher, nach ausländischem Recht, wenn er ein Ausländer war, gleichviel, ob er seinen Wohnsitz im Inland oder Ausland hatte.

Im Gegensatz zu den Personen bestimmen sich die Rechtsverhältnisse an Sachen, insbesondere an Grundstücken, nach den Gesetzen des Ortes, an welchem sie liegen. Ob und in welchem Umfang Eigentum oder ein sonstiges Recht an einem Grundstück begründet ist, darüber entscheidet das Recht des Staates, in dem das Grundstück liegt. Ebenso ist für die juristisch wichtigen Handlungen (Kap. I, § 6, I. S. 48f.) das Recht des Staates, in dem sie vorgenommen werden, maßgebend. Während aber die Voraussetzungen und Wirkungen unerlaubter Handlungen sich nach dem Recht des Ortes, wo sie verübt worden sind, bestimmen, sind für die Wirkung der Rechtsgeschäfte, namentlich der Verträge, nach der herrschenden Meinung die Gesetze des Ortes maßgebend, an welchem die Erfüllung vorgenommen werden soll. Ist eine Form für das Rechtsgeschäft vorgeschrieben, so genügt es, wenn die Form beobachtet ist, welche am Orte der Vornahme erforderlich ist. — Insofern diese und die anderen im Einführungsgesetz angeführten Kollisionsnormen die Vorschriften des Bürgerlichen Gesetzbuchs (die sog. „Sachnormen") in ihrem Geltungsbereich begrenzen, bilden sie selbst einen Bestandteil des bürgerlichen Rechts. Es liegt auf der Hand, daß eine derartige einseitige Regelung der Kollisionsvorschriften in den verschiedenen bürgerlichen Gesetzbüchern dem Bedürfnis nach einer gleichmäßigen Abgrenzung der Privatrechtsordnungen gegeneinander nicht vollkommen entsprechen kann; sie muß zu Konflikten führen, die doch gerade durch die Aufstellung der Kollisionsnormen vermieden werden sollen. Sollen Konflikte in der Anwendung des Rechts verschiedener Staaten vermieden werden, so müßten die Staaten in ihrer Gesamtheit Kollisionsnormen aufstellen, welche geeignet sind — nicht das Recht eines bestimmten einzelnen Staates, sondern — jede Privatrechtsordnung in ihrem Geltungsbereich von der Privatrechtsordnung jedes anderen Staates abzugrenzen. Ein verheißungsvoller Anfang in dieser Richtung ist durch die Abkommen der Haager Konferenzen über internationales Privatrecht vom 12. Juni 1902 und vom 17. Juli 1905 gemacht worden, welche den Geltungsbereich der Gesetze über die Erfordernisse der Eheschließung und Ehescheidung, über die persönlichen Beziehungen der Ehegatten zueinander, wie über den Einfluß der Ehe auf das Vermögen (neben Abkommen betr. Vormundschaft über Minderjährige und Entmündigung) für die beteiligten Staaten vertragsmäßig feststellen. Diese Vereinbarungen wurden vom Deutschen Reich als Gesetz veröffentlicht, bilden also einen Teil des deutschen bürgerlichen Rechts, welches dadurch nicht unerheblich geändert worden ist (vgl. Artikel 8, 13, 14, 17 und 23 des Einführungsgesetzes zum Bürgerlichen Gesetzbuch)*).

§ 3. Anhang: Das Handels-, Wechsel- und Seerecht**).

I. Unter den privatrechtlichen Verhältnissen sind die Verhältnisse, welche in den G e s c h ä f t s b e t r i e b e i n e s K a u f m a n n s Handelsrecht.

*) Wie für das Privatrecht macht sich auch für das Prozeß-, das Straf- und das Verwaltungsrecht wegen möglicher Anwendbarkeit ausländischer Rechtsnormen das Bedürfnis nach einer Abgrenzung des Geltungsbereichs der Normen des einen (beziehungsweise eines jeden) Staates gegenüber den einschlägigen Normen des anderen Staates geltend und führt auch hier zur Aufstellung von Kollisionsnormen, die in ihrer Gesamtheit nach Verschiedenheit der abzugrenzenden Rechtsgebiete als i n t e r n a t i o n a l e s Z i v i l p r o z e ß - (das Haager Abkommen über den Zivilprozeß vom 17. Juli 1905), S t r a f p r o z e ß -, S t r a f - und V e r w a l t u n g s r e c h t bezeichnet werden.

**) G a r e i s, § 58; M e r k e l, §§ 551, 566 f., 661, 664, 690; K o h l e r, S. 77—92; H e d e m a n n, § 24; F i s c h e r, S. 99—107;

fallen, die sog. Handelssachen, namentlich die Handelsgeschäfte, deshalb hervorzuheben, weil sie nicht selten Gegenstand eigenartiger, von den Bestimmungen des allgemeinen Privatrechts abweichender Regelung sind. Diese lediglich auf die Verhältnisse des Handels anwendbaren Vorschriften bilden das Handelsrecht. Dasselbe ist für Deutschland durch das deutsche Handelsgesetzbuch von 1861 (s. S. 21) normiert, das nunmehr in der Fassung des Gesetzes vom 10. Mai 1897 im Deutschen Reiche gilt. Danach sind Kaufleute nicht nur diejenigen, welche sich gewerbsmäßig mit dem Umsatz der Waren, also dem Handel im eigentlichen Sinne, beschäftigen, sowie jene Personen, deren Gewerbe, wie das der Bankiers und Geldwechsler, der Spediteure und Transportunternehmer, lediglich auf Erleichterung, Beförderung, Sicherung und Vermittlung des Güterumsatzes abzielt, sondern auch die im Handelgesetzbuch normierten Gesellschaften, wie die eigentlichen Handelsgesellschaften und die Aktiengesellschaften, obgleich letztere auch zu beliebigen anderen Zwecken gegründet werden können. Außerdem haben Kaufmannseigenschaft die durch besondere Reichsgesetze geregelten Gesellschaften mit beschränkter Haftung und die eingetragenen Erwerbs- und Wirtschaftsgenossenschaften.

Seerecht. II. Die privatrechtlichen Verhältnisse des Seehandels unterliegen als Handelsverhältnisse selbstverständlich den Vorschriften des Handelsrechts. Doch hat ihre Eigenart es mit sich gebracht, daß sie in mannigfachen Beziehungen Gegenstand besonderer Regelung geworden sind, so namentlich in bezug auf die Seeschiffahrt und den Seetransport. Die Gesamtheit dieser, den Seehandel betreffenden Bestimmungen, das sog. Seerecht, ist bis auf unsere Tage in der Theorie und der Gesetzgebung vielfach als eine eigene Materie behandelt worden, obwohl es doch eigentlich nur ein Teil des Handelsrechts überhaupt ist. Diesem letzten

Lehmann, Handels-, Wechsel- und Seerecht, in Birkmeyers Enz., S. 613—740; O. Gierke, Grundzüge des Handelsrechts, in Holtzendorff-Kohlers Enz., 3. Bd., S. 1—136, und ebendort Georg Cohn, Wechsel- und Scheckrecht, S. 137—200; K. Gareis, Handels- und Wechselrecht, in der Systematischen Rechtswissenschaft, S. 155—181; K. Cosack, Lehrbuch des Handelsrechts, 10./11. Aufl., Stuttgart 1923; R. Müller-Erzbach, Deutsches Handelsrecht, 2. Aufl. Tübingen 1927.

Gesichtspunkt hat (im Anschlusse an die französische Gesetzgebung) das deutsche Handelsgesetzbuch von 1861 Rechnung getragen, indem es in seiner jetzt geltenden Fassung, im Anschlusse an die drei ersten, dem Handelsstand, den Handelsgesellschaften und den Handelsgeschäften gewidmeten Büchern, in dem vierten und letzten Buche vom „Seehandel", die diesem eigentümlichen Bestimmungen zusammenstellt.

III. Eine besondere Stelle nimmt das Wechselrecht ein, d. h. der Inbegriff jener Vorschriften, welche den Wechsel und die dadurch begründete Haftung betreffen. Unter Wechsel versteht man einen Schuldschein, wodurch in bestimmter Form (insbesondere muß der Schuldschein als Wechsel bezeichnet sein) die Zahlung einer bestimmten Geldsumme schlechthin, ohne Bezugnahme auf das zugrunde liegende Schuldverhältnis, versprochen wird, sei es, daß der Aussteller seinem Gläubiger selbst Zahlung verspricht (eigener Wechsel), sei es, daß er demselben Zahlung durch eine andere Person (den Bezogenen) verspricht. Letzterer wird freilich dazu erst dadurch verpflichtet, daß er seine Annahme auf der Wechselurkunde selbst schriftlich erklärt. Da nun die durch die Erklärungen des Ausstellers, wie des Bezogenen begründete Haftung eine sehr strenge ist, welche alsbaldige Zahlung wirksam sichert, und da die Forderung aus dem Wechsel zugleich sich sehr leicht übertragen läßt und daher jederzeit veräußerlich ist, so macht der heutige, großenteils auf Kredit basierte Handelsverkehr in umfassendem Maße vom Wechsel Gebrauch. Dadurch erklärt es sich, daß das Wechselrecht auch jetzt noch in Verbindung mit dem Handelsrecht dargestellt wird, obgleich heutzutage die Fähigkeit, sich durch Wechselerklärung zu verpflichten, nicht auf einen Stand, den Handelsstand, wie früher, beschränkt ist, sondern jedem zukommt, der sich durch Rechtsgeschäfte verpflichten kann. Dieser Grundsatz der allgemeinen Wechselfähigkeit ist in der Hauptquelle unseres Wechselrechtes, der deutschen Wechselordnung von 1848 (s. oben S. 21), jetzt geltend in der Fassung vom 3. Juni 1908 ausdrücklich anerkannt.

Wechselrecht.

Das öffentliche Recht.

§ 4. 1. Das Staatsrecht (Verfassungs- und Verwaltungsrecht)*).

Begriff und Zweck des Staates. I. Der Staat hat seinen Ursprung und Ausgangspunkt in der Familie. Schon in jenen Zeiten, in welchen die Menschen noch ein nomadisierendes Dasein geführt haben, schließen sich die durch gemeinsame Abstammung miteinander verbundenen Familien unter Führung ihrer Geschlechtsältesten zu größeren Verbänden, Sippen und Völkerschaften, ja schließlich zu ganzen Stämmen zusammen. Indessen bilden die so geeinten Volksgemeinschaften noch keinen Staat. Der Staat kommt erst zur Entstehung, wenn die Volksgemeinschaft sich auf einem bestimmten Gebiet dauernd niedergelassen und demgemäß organisiert hat. Damit ist ein Gemeinwesen, eine „Gebietskörperschaft" gegeben, welche, nach außen von jeder fremden Macht rechtlich unabhängig, in ihrer Organisation im Innern die höchste Gewalt über Land und Leute ausübt. Diese Unabhängigkeit und Machtfülle des Staates als der organisierten Volkskraft, die sog. „Souveränität", macht es zugleich erklärlich, daß die verschiedensten menschlichen Interessen, vorausgesetzt, daß sie überhaupt in der Gemeinschaft Befriedigung finden können, Gegenstand der staatlichen Fürsorge werden können. So beschränkt auch die Zwecke des Staates ursprünglich gewesen sind (sie haben sich wesentlich auf Abwehr

---

*) Arndts, §§ 69—91; Gareis, §§ 37—55; Kohler, Einf., S. 108—153; Hedemann, §§ 26 f. u. 36; Fischer, S. 109—122, 154—171; Radbruch, S. 45—69 u. S. 140—148; Schmidt, §§ 7—25 u. 41; Arndt, Staatsrecht, in Birkmeyers Enz., S. 741—922; G. Anschütz, Deutsches Staatsrecht, in Holtzendorff-Kohlers Enz., 4. Bd., S. 1—193, und ebendort, P. Schoen, Das Verwaltungsrecht, S. 637—760; Laband, Staatsrecht, Anschütz, Verwaltungsrecht und Bernatzik, Polizei- u. Kulturpflege, in der Systematischen Rechtswissenschaft, II, S. 293 bis 426; G. Meyer, Lehrbuch des deutschen Staatsrechts, 6. Aufl., Leipzig 1905; P. Laband, Deutsches Reichsstaatsrecht, 6. Aufl., Tübingen 1912, 7. Aufl., München 1914 f., herausgegeben von G. Anschütz; J. Hatschek, Deutsches und preußisches Staatsrecht, Berlin 1922/23; Nawiasky, Bayerisches Verfassungsrecht, München 1923; G. Anschütz, Die Verfassung des Deutschen Reichs (vom 11. Aug. 1919), 6. Aufl., Berlin 1927; F. Giese, Verfassung des Deutschen Reichs (vom 11. Aug. 1919), 7. Aufl., Berlin 1926.

der von außen drohenden Gefahren und auf Aufrechterhaltung der Rechtsordnung im Innern beschränkt), so mannigfaltig sind die Zwecke des modernen Staates, entsprechend der Mannigfaltigkeit der Interessen, welche in unserer Zeit Befriedigung und Sicherung durch den Staat und die vom Staate geschützte Rechtsordnung erwarten. Wenn dieselben auch nicht immer und in gleicher Weise staatliche Anerkennung zu erwirken vermögen, so kann man doch angesichts der den verschiedensten Lebensverhältnissen zugewendeten Tätigkeit und Fürsorge als allgemeinen Staatszweck die Förderung der Wohlfahrt der staatlichen Gemeinschaft und damit die der Staatsangehörigen selbst bezeichnen.

II. Als ein Gebilde des Rechtes ist der Staat in seinem Bestande und seinen Beziehungen zu seinen Teilen und Gliedern einer Reihe von Rechtsregeln unterworfen. Der Inbegriff der die Verhältnisse des Staates als des herrschenden Gemeinwesens bestimmenden Rechtsnormen bildet das öffentliche Recht oder das Staatsrecht im weitesten Sinne des Wortes. Es umfaßt ebensowohl die Regeln, welche die Organisation des Staatswesens selbst, wie die Regeln, welche die Art und Weise seiner Betätigung in Verfolgung der verschiedenen staatlichen Zwecke bestimmen. Unter diesen Zwecken steht die Aufrechterhaltung der Rechtsordnung obenan; die darauf gerichtete Tätigkeit ist die Justiz oder Rechtspflege. Ihr liegt es ob, die tatsächlichen Verhältnisse in Übereinstimmung mit den gegebenen Rechtsvorschriften zu setzen und zu erhalten. Demgemäß ist es Aufgabe derselben, wenn Privatrechten die erforderliche Anerkennung von seiten des Verpflichteten versagt wird, ihr Bestehen gegen Bestreitung autoritativ — durch richterliche Entscheidung — festzustellen und nötigenfalls den ihnen entsprechenden Zustand zwangsweise zu verwirklichen. Das kann aber nur auf Grund eines gegen den Verpflichteten durchgeführten Verfahrens geschehen, welches, als Zivilprozeß, Gegenstand eingehender rechtlicher Normierung ist. Außerdem hat der Staat ganz allgemein die Aufgabe, die bestehende Rechtsordnung und die dadurch geschützten Interessen, soweit das veranlaßt ist, gegen rechtswidrige Angriffe zu sichern. Das geschieht, indem durch das Strafrecht die Begehung solcher Handlungen, der Verbrechen, mit einem empfindlichen Übel, der Strafe, bedroht und eventuell die Strafe

Staatsrecht und Rechtspflege.

auch gegen den Übeltäter im Wege eines rechtlich geordneten Verfahrens, des Strafprozesses, zum Vollzug gebracht wird. Wenn nun auch dem Gesagten zufolge der Zivilprozeß, das Strafrecht, wie das Strafprozeßrecht in bestimmten Beziehungen zu den Aufgaben des Staates stehen, so richtet sich der Inhalt ihrer Vorschriften doch überwiegend nach den besonderen Zwecken, welchen zu dienen sie berufen sind (d. h. der Durchführung der verletzten Privatrechtsansprüche in dem einen, dem Bestreben, die verschiedenartigsten Verbrechen wirksam zu unterdrücken, in dem anderen Falle). Diese Erkenntnis hat dahin geführt, den Zivilprozeß, das Strafrecht und das Strafprozeßrecht als selbständige Disziplinen des öffentlichen Rechts, also abgesondert vom übrigen Staatsrecht, zu behandeln. — Freilich wird der Begriff des öffentlichen Rechts nicht selten in einem umfassenderen Sinne gebraucht. Indem man sich als Gegenstand desselben die Rechtsverhältnisse nicht nur der staatlichen, sondern auch der kirchlichen Gemeinwesen denkt, wird auch das Kirchenrecht zum öffentlichen Recht gezählt (so namentlich von Hinschius in der Darstellung des Kirchenrechts in Birkmeyers Enzyklopädie, § 1), oder es wird auf Grund der Vorstellung, das die Staaten miteinander verbindende Völkerrecht bilde eine Art des äußeren Staatsrechts, auch das Völkerrecht in den Kreis der Disziplinen des öffentlichen Rechts einbezogen (vgl. Arndts, Enzyklopädie, § 46 Anm.).

Verfassungsrecht. III. Das Staatsrecht, soweit wir uns damit zunächst zu beschäftigen haben, also das Staatsrecht im engeren Sinne des Wortes, hat es vor allem mit der Organisation oder Verfassung des Staates zu tun. Es bezeichnet daher die Träger (Organe) der höchsten Staatsgewalt und die Betätigung derselben in ihren Grundrichtungen, ihren Formen und den Schranken, welchen dieselbe (namentlich durch die Rechte der Staatsangehörigen auf Leben, Freiheit, Unverletzlichkeit der Person und des Besitzes) unterworfen ist.

Träger der Staatsgewalt. 1. Von größter Bedeutung für die Verfassung eines Staates ist selbstverständlich die Frage nach dem Träger der höchsten Staatsgewalt. Je nachdem es nur eine Person oder eine beschränkte Anzahl mehrerer (bevorrechteter) Personen oder endlich das ganze Volk ist, bezeichnet schon das griechische Altertum die Staatsform als Monarchie, Aristokratie oder Demokratie. Die Demokratie selbst aber ist eine unmittelbare, wenn das ganze Volk (wie in der altdeutschen Landesgemeinde), eine mittelbare, wenn (erwählte) Vertreter des Volkes zur Ausübung der Staatsgewalt berufen sind. Da nun in unserem modernen Leben ausgeprägte Aristokratien nicht mehr vorkommen, wie das im Altertum der Fall war, so pflegen wir regelmäßig nur zwischen Monarchie und Republik zu scheiden, je nachdem wir uns als Träger der höchsten Staatsgewalt einen Einzelnen oder das Volk denken. Aber ebensowenig wie in unseren Republiken das ganze Volk, ist in unseren Monarchien der Monarch allein und ausschließlich im Besitz der höchsten Staatsgewalt. Streng genommen erscheint die Monarchie in ihrer Reinheit nur in der erblichen und absoluten Monarchie, also dort, wo eine Person kraft eigenen Rechts (ihres Erbrechts) allein und unbeschränkt die Staatsgewalt innehat. Das zeigt sehr klar der Gegensatz, den zu dieser Monarchie einerseits die Wahlmonarchie bildet (in welcher sich die höchste Gewalt vom wählenden Volke ableitet) und andererseits die moderne beschränkte sog. konstitutionelle Monarchie, also jene Staatsform, in welcher neben dem Monarchen eine Volksvertretung besteht, an deren Zustimmung er in Ausübung bestimmter Staatshoheitsrechte, insbesondere der Gesetzgebung, gebunden ist. Was nun diese Volksvertretung anlangt, so bestand dieselbe in den größeren und mittleren deutschen Staaten, wie in den meisten anderen Staaten Europas, aus zwei Häusern oder Kammern (Zweikammersystem), deren übereinstimmende Zustimmung zum Zustandekommen jedes Gesetzes erforderlich war. Während die erste Kammer (Herrenhaus, Kammer der Reichsräte, der Standesherren) überwiegend aus erblichen und vom Monarchen ernannten Mitgliedern bestand, ging die zweite Kammer (Abgeordnetenhaus, Kammer der Abgeordneten) aus den Wahlen der Bevölkerung hervor, und dasselbe galt von jenen Landtagen der kleineren deutschen Länder, welche nur aus einer Kammer bestehen. Dabei war das den Wahlen zugrunde liegende Wahlrecht in den einzelnen Staaten sehr verschieden gestaltet. Nicht selten war es durch einen Zensus beschränkt, schloß also die minderbemittelten Bürger von der Wahl aus; mitunter war es ungleich, indem es den Ärmeren ein schwächeres Wahlrecht als den reicheren Mitbürgern einräumte (wie das bekannte Dreiklassensystem in Preußen); war zudem ein indirektes, kraft dessen die Wahlberechtigten nicht unmittelbar den Abgeordneten selbst, sondern (als Urwähler) zunächst Wahlmänner zu erwählen hatten, die erst ihrerseits den Abgeordneten wählten, und war endlich öffentlich durch mündliche Stimmenabgabe — nicht durch verschlossen abzugebende Stimmzettel — auszuüben. Demgegenüber ist seit geraumer Zeit ein allgemeines, gleiches, direktes und geheimes Wahlrecht vielfach verlangt worden; solcher Art war bekanntlich das Wahlrecht, welches für die Wahlen zum bisherigen deutschen Reichstage in Geltung stand.

Funktionen: Gesetzgebung, Verwaltung und Justiz.

2. Was die Funktionen der Staatsgewalt anbetrifft, so sind diese im Grunde doppelter Art. Entweder stellt die Staatsgewalt abstrakte Vorschriften, Gebote und Verbote, auf, welche das Leben der staatlichen Gemeinschaft bestimmen sollen — ihre Tätigkeit ist Gesetzgebung —, oder die Staatsgewalt greift konkret, anordnend und gestaltend in die individuellen Lebensverhältnisse der Volksgemeinschaft ein — ihre Tätigkeit ist Verwaltung, oder, wie man wohl auch sagt, Vollziehung, Exekutive. Zur Verwaltung in diesem weiteren Sinne des Wortes gehört auch die Anwendung der Gesetze auf die gegebenen Lebensverhältnisse durch den Richter; indessen wird diese richterliche Tätigkeit (weil sie regelmäßig besonderen Organen, den Gerichten, anvertraut ist) gewöhnlich von der sonstigen verwaltenden Tätigkeit geschieden und demgemäß eine dreifache Scheidung der staatlichen Tätigkeit in gesetzgebende, richterliche und verwaltende (Gesetzgebung — Justiz — Verwaltung) beliebt. Von größter, das Leben des Volkes bestimmender Bedeutung ist selbstverständlich die gesetzgeberische Tätigkeit. Daher ist in konstitutionellen Monarchien — und das waren die meisten deutschen Bundesstaaten bis zum November 1918 — der Monarch in Ausübung derselben grundsätzlich an die Mitwirkung der Volksvertretung gebunden; er kann ein Gesetz nur mit ihrer Zustimmung erlassen. Zustimmung der Volksvertretung erfordern mehrfach bloße Maßnahmen der Verwaltung, Aufnahme von Anleihen, Feststellung des Staatshaushaltsetats; eben darum, weil sie in der Form des Gesetzes ergehen, bezeichnet man auch sie als Gesetze, und zwar als formelle Gesetze oder genauer als nur formelle Gesetze. Mit dieser Einschränkung steht die gesamte Verwaltung dem Monarchen allein zu; er ist

(wie man sich ausdrückt) der Träger der vollziehenden Gewalt und übt dieselbe durch seine Gehilfen, die Minister, aus, welche sich zur Bewältigung ihrer Aufgaben der ihnen untergeordneten Behörden bedienen. Indem die Minister für die in ihrer Person vertretenen Verwaltungszweige der Volksvertretung verantwortlich sind, ist diese in die Lage gesetzt, auch ihrerseits indirekt einen Einfluß auf die gesamte Staatsgewalt auszuüben.

Die Wichtigkeit der Gesetzgebung hat es mit sich gebracht, die Grundsätze, welche die Ausübung der gesetzgebenden Tätigkeit bestimmen, mit anderen Worten: die Erfordernisse für das Zustandekommen der Gesetze selbst als Teil des Verfassungsrechts zu behandeln. Dieselben bilden daher auch einen Bestandteil der sog. Verfassungsurkunden, welche zum Zwecke der Festlegung der Grundlagen der öffentlichen Ordnung in der neueren Zeit in den meisten Staaten erlassen worden sind. Verfassungsurkunden.

IV. Der unglückliche Verlauf des Weltkrieges und namentlich der jähe Zusammenbruch unserer Front haben in ganz Deutschland im November 1918 — unter Führung von Ausschüssen, die nicht minder plötzlich allerorten ins Leben getreten sind, den sog. „Arbeiter- und Soldatenräten" — die Abschaffung der Monarchie und die Einführung der Republik zur Folge gehabt. Dem Volke ist in den einzelnen Bundesstaaten die höchste Gewalt beigelegt, das Volk somit als Träger der gesetzgebenden und der vollziehenden Gewalt anerkannt worden. Die alsbald ausgearbeiteten — zuerst in vorläufigen Gesetzen, dann in definitiver Gestalt in Geltung getretenen — Verfassungsurkunden der einzelnen Bundesstaaten zeigen eine weitgehende Übereinstimmung, die sich insbesondere aus den drei, an die Ausarbeitung gestellten Anforderungen erklärt, daß jeder Bundesstaat eine republikanische Verfassung haben, daß die Volksvertretung aus allgemeinen, gleichen, unmittelbaren, geheimen Verhältniswahlen aller reichsdeutschen Einwohner hervorgehen müsse und daß die Staatsregierung des Vertrauens des Landtags bedürfe, die Verfassung also republikanisch, demokratisch und parlamentarisch gestaltet sein müsse (siehe die Deutsche Reichsverfassung Art. 17 Abs. 1). Verfassung der Einzelstaaten.

Demgemäß soll hier als Typus der modernen, deutschen Landesverfassungen die bayerische Verfassung vom 14. August 1919 in ihren leitenden Grundsätzen kurz dargestellt werden. Bayerische Verfassung.

Freistaat. 1. „Bayern ist ein Freistaat“, sagt § 1 Abs. 1 Satz 1 der bayerischen Verfassungsurkunde. Preußen nennt sich eine Republik, ebenso Hamburg, Baden eine demokratische Republik. Wie Bayern bezeichnen sich die Staaten Anhalt, Braunschweig, Bremen, Lippe (=Detmold), Lübeck, Mecklenburg-Schwerin, Oldenburg, Sachsen, Schaumburg-Lippe und Thüringen als Freistaat, Mecklenburg-Strelitz als freier Staat, Hessen als Volksstaat und Württemberg als freier Volksstaat. Gemeint ist immer dasselbe: Jeder zum Deutschen Reiche zugehörige Staat muß Republik sein (S. 137); ausgeschlossen ist somit die Monarchie in jeder Form als absolute und konstitutionelle, erbliche und Wahlmonarchie*).

Volkssouveränität. 2. „Die Staatsgewalt geht von der Gesamtheit des Volkes aus“, lautet der zweite Hauptgrundsatz (in § 2 Satz 1) der bayerischen Verfassung. Er will, wie der Satz der preußischen Verfassung: Träger der Staatsgewalt ist die Gesamtheit des Volkes, und die entsprechenden Sätze der anderen Landesverfassungen den Gedanken der Volkssouveränität, daß dem Volke in seiner Gesamtheit die höchste Gewalt im Staate zusteht, zur Grundlage der republikanischen Verfassung machen.

---

*) Vgl. zum Texte den § 1, bzw. Art. 1 — für Mecklenburg-Strelitz den § 4 — in den Verfassungsurkunden von:

Anhalt	(A)	vom	18. Juli	1919
Baden	(Ba)	„	21. März	1919
Bayern	(B)	„	14. August	1919
Braunschweig	(Bsch)	„	26. Januar	1922
Bremen	(Br)	„	18. Mai	1920
Hamburg	(Hb)	„	7. Januar	1921
Hessen	(H)	„	12. Dezember	1919
Lippe	(L)	„	21. Dezember	1920
Lübeck	(Lü)	„	23. Mai	1920
Mecklenburg-Schwerin	(MSchw)	„	7. Mai	1920
Mecklenburg-Strelitz	(MSt)	„	29. Januar	1919
Oldenburg	(O)	„	17. Juni	1919
Preußen	(Pr)	„	30. November	1920
Sachsen	(S)	„	1. November	1920
Schaumburg-Lippe	(SchL)	„	24. Februar	1922
Thüringen	(Th)	„	11. März	1921
Württemberg	(W)	„	25. September	1919

Waldeck (Wa), dessen Staatsverwaltung seit 1887 Preußen führt, hat bis jetzt nur ein Gesetz zur vorläufigen Ordnung der Staatsgewalt vom 15. April 1919. Der Landesteil Pyrmont wird Preußen einverleibt.

Damit ist selbstverständlich ausgeschlossen die aristokratische Republik, aber auch die demokratische Republik, welche auf der berufsständischen Zusammenfassung der werktätigen Schichten des Volkes beruht (Grundgedanke der Räterepublik). Die ihm zustehende Staatsgewalt übt das Volk, das ist die Gesamtheit der über 20 Jahre alten (reichsdeutschen) männlichen und weiblichen Angehörigen des bayerischen Staates, aus, zum Teil unmittelbar durch Volksabstimmung, Volksbegehren, Volksentscheid und Volkswahl, zum Teil mittelbar durch die verfassungsmäßig bestellten Organe, insbesondere den Landtag und das Gesamtministerium. — Unmittelbar maßgebend ist der Wille des Volkes auf dem Gebiete der Gesetzgebung. Durch **Volksbegehren** kann das Volk (Unterstützung durch $^1/_5$ bzw. $^1/_{10}$ der Stimmberechtigten vorausgesetzt), von wenigen Ausnahmen, wie die Finanzgesetze und Gesetze über Steuern und Abgaben, abgesehen (§ 77 Abs. 1), den Erlaß jedes Gesetzes, auch einer Verfassungsänderung, beim Landtag beantragen und kann, wenn der Landtag dem Begehren nicht entspricht, durch seine eigene Abstimmung (die **Volksentscheidung**, sog. Referendum) das gewollte Gesetz zustande bringen. Durch **Volksentscheidung** kann aber auch **einem** vom Landtag bereits beschlossenen, aber noch nicht verkündeten **Gesetz** die **Rechtskraft entzogen** werden (§§ 6, 7, 10 Abs. 1, 2 und 3, 76 Abs. 2 und 3 und 77 Abs. 2). — Das Volk kann sodann auf Tätigkeit und Bestand des Landtags entscheidend einwirken. **Der Landtag** kann **durch Volksbegehren** zu einer außerordentlichen Tagung **einberufen** werden und zudem kann eine dahin gerichtete **Volksentscheidung zur Auflösung** des Landtags selbst führen (§§ 7, 10 Abs. 1 Ziff. 3, Abs. 3 und § 30 Abs. 1 u. 4). — Endlich übt das Volk die Staatsgewalt unmittelbar aus **bei den Wahlen**; vor allem geht der Landtag aus allgemeinen, gleichen, unmittelbaren und geheimen Verhältniswahlen der Staatsangehörigen hervor (§§ 7, 26; siehe aber das bayerische Landeswahlgesetz vom 12. Mai 1920, Art. 1)*).

Volksbegehren.

Volksentscheidung.

Volkswahl.

---

*) A §§ 2, 3, 5, 6, $9^{I, II}$, $11^{I, II}$, 42 vgl. 41; Ba §§ 2, $3^{I, II}$, 6, 8, 21—24; B §§ 2, 6, 7, 8, $10^{I, II, III}$, $30^{I, IV}$, $76^{II, III}$, $77^{I, II}$; Bsch Art. 2, 15, 32, 41—43; Br §§ 2—6, 11; Hb Art. 2, 4, 54, $58^{I, II}$; H Art. 3, 4, 10, 12—15; L Art. 2—6, 10—11; Lü Art. 2, 3, 17, 67—71; MSch §§ 24—26, 44—46; MSt §§ 4^{I}, 6, 7; O §§ 3, 34, 35, 48, 55^{I}, 65—67;

Landtag. 3. „*Dem Landtag steht die Ausübung aller Rechte der Staatsgewalt zu*", die nicht der Staatsbürgerschaft oder anderen Organen des Staates überlassen sind (§ 3 Abs. 1). Demgemäß steht dem Landtag, und zwar unbeschränkt, das *Recht der Gesetzgebung* zu (soweit nicht etwa Volksentscheidung eingreift). Er ist es, der durch seinen Beschluß allein das Gesetz zustande bringt, mag der Antrag dazu von seinen Mitgliedern, dem Staatsministerium oder der Staatsbürgerschaft ausgehen (§§ 44, 76 Abs. 1), obwohl die Verfassung auch die Bildung berufsständischer Vertretungen der werktätigen Kreise des Volkes vorsieht, welche berechtigt sind, in Gegenständen der Gesetzgebung gleichfalls Anträge an den Landtag zu bringen (§ 24). Zudem ist der Landtag im erheblichen Maße an der *Finanzverwaltung* beteiligt; namentlich muß er die Aufnahme von Anleihen genehmigen und hat über den, vom Gesamtministerium alljährlich vorzulegenden Staatshaushaltplan Beschluß zu fassen (§§ 47, 48). Darüber hinausgehend übt der Landtag auf die *gesamte Staatsverwaltung* mit Einschluß der Vollziehung einen sehr wirksamen Einfluß aus. Dieser Einfluß beruht vor allem darauf, daß das *Gesamtministerium vom Landtag bestellt wird* — in Bayern wählt der Landtag den Ministerpräsidenten und dieser ernennt die übrigen Mitglieder im Einvernehmen mit dem Landtag (§ 58 Abs. 1) — und daß alle Minister fortdauernd zu ihrer Amtsführung des Vertrauens des Landtags bedürfen und demgemäß (wie das Gesamtministerium) für ihre Amtsführung *dem Landtag verantwortlich* sind (§§ 4 Abs. 1, 59 Abs. 1 und 2). Demgemäß kann der Landtag durch beauftragte Mitglieder Einsicht von den Einrichtungen und Maßnahmen der Verwaltung nehmen und muß sogar (wenn $^1/_5$ seiner Mitglieder es verlangt) Ausschüsse zur Untersuchung von Tatsachen bestellen, so, wenn sich etwa Zweifel über die Lauterkeit und Gesetzlichkeit der Amtsführung einstellen sollten (§ 52). In derartigen Fällen kann der Landtag den betr. Minister zur Verantwortung ziehen, *indem er von ihm Rechenschaft fordert*, oder ihm und gegebenenfalls dem Gesamtministerium sein *Mißtrauen kund*-

---

Pr Art. 2, 3, 4, 6; S Art. 2, 3, 35—38; SchL §§ 2—5, 6^{I}, 11; Th §§ 3, 4, 5, 16, 24—27; W §§ 3, $4^{I, II}$, $5(^{1})$, 16, 43, 44.

gibt, oder endlich Anklage vor dem Staatsgerichtshof gegen ihn erhebt; letzteres, wenn ihm eine vorsätzliche oder grobfahrlässige Verletzung der Verfassung oder eines Gesetzes zur Last gelegt wird (§§ 53, 54, 55, vgl. mit 59 Abs. 2, 56 Abs. 1). — So weitreichend der Einfluß des Landtags ist — und er ist um so größer, als er sich mit allen Angelegenheiten beschäftigen kann, die irgendwie ein öffentliches Interesse dartun, — so darf er doch nicht eingreifen in die Tätigkeit der verfassungsmäßig bestellten Behörden und in das gesetzlich festgelegte Gebiet der Selbstverwaltung der Gemeinden und Gemeindebehörden (§ 3 Abs. 1)*).

Gesamtministerium.

4. „Das Gesamtministerium ist die oberste vollziehende und leitende Behörde des Staates" (§ 4). Darunter ist zu verstehen die Gesamtheit der derzeit bestehenden acht Ministerien: das Ministerium des Äußern, der Justiz, des Innern, für Unterricht und Kultus, der Finanzen, für soziale Fürsorge, für Landwirtschaft, für Handel, Industrie und Gewerbe. Es ist dies das Gesamtministerium, dem nach § 57 Abs. 1 die Leitung der Gesamtstaatsverwaltung, der Vollzug aller Gesetze und Beschlüsse des Landtags, sowie die Vertretung Bayerns gegenüber dem Reiche, den deutschen Einzelstaaten und den auswärtigen Mächten obliegt, soweit eine solche Vertretung nach der Reichsverfassung Bayern verblieben ist (Reichsverf. Art. 6 Ziff. 1, 78 Abs. 2). Daneben bezeichnet in verfassungsrechtlich besonders wichtigem Sinne der Ausdruck „Gesamtministerium" ein aus den Ministern unter Vorsitz des Ministerpräsidenten bestehendes Kollegium, welches berufen ist, über bestimmte, ihm vorbehaltene Aufgaben zu beraten und — mit Stimmenmehrheit der anwesenden Minister (§ 63) — zu entscheiden, im Gegensatz zu allen anderen staatlichen Aufgaben, deren Erledigung den einzelnen dafür zuständigen Ministerien zugewiesen ist. So vertritt das Gesamtministerium Bayern gegenüber dem Reich und

---

*) A §§ 8, 9, 35, 39; Ba §§ 6, 8, 29^{I}, 30, 31, 34, 38, 53, 60: B §§ 3, 44, 47, 48, 52, 53, 54, 55^{I}, 59$^{I, II}$, 76^{I}; Bsch Art. 14, 29, 30, 33; Br §§ 2, 53^{I}, 56, 61; Hb Art. 26, 36, 49, 51; H Art. 3, 4, 36, 38$^{I, II}$, 47, 50^{I}, 53, 54^{I}, 57; L Art 9, 10, 35^{I}, 37$^{I, II}$, 46, 51; Lü Art. 14, 41; MSch §§ 26, 37^{I}, 50, 62, 66^{I}, 78, 79; MSt §§ 14$^{I, II}$, 16$^{III, IV}$, 26^{II}, 28^{I}, 30$^{I, II}$; O §§ 34, 40^{VI}, 46, 69, 84, 86, 87; Pr Art. 25, 26, 29, 57, 58, 63; S Art. 5, 21, 22, 27, 42; SchL §§ 7, 9$^{I, II}$, 10$^{I, II, V}$, 11, 28, 29^{I}; Th §§ 5, 23, 28, 38, 39, 40, 48; W §§ 6, 8, 38, 41, 48, 54.

den anderen Staaten, soweit diese Geschäfte nicht einem besonderen Ministerium (Ministerium des Äußern) übertragen sind (§ 61 Ziff. 3); so ernennt das Gesamtministerium die Vertreter der Minister und die Vorstände der den Ministerien unmittelbar untergeordneten Behörden, während die anderen Beamten durch die zuständigen Minister oder die von ihnen beauftragten Behörden ernannt werden (§ 61 Ziff. 4); so beschließt das Gesamtministerium über alle Vorlagen an den Landtag, während jedes Ministerium die Gesetzentwürfe seines Geschäftskreises bearbeitet (§ 61 Ziff. 8 und 9). In allen Fällen aber ist das Gesamtministerium befugt, die Entscheidung auch in Angelegenheiten, die den einzelnen Ministerien zugewiesen sind, an sich zu ziehen, wenn sie von allgemeiner politischer Bedeutung sind (§ 61 Ziff. 2).

Als oberste Behörde muß das — der Volksvertretung verantwortliche — Gesamtministerium die Verwaltung aller staatlichen Angelegenheiten maßgebend bestimmen. Daher sind ihm

Untergeordnete Behörden.

alle Staatsbehörden untergeordnet und müssen in Erfüllung ihrer staatlichen Aufgaben seinen Anordnungen Folge leisten. Das gilt vor allem für die, dem Staatsministerium des Innern unmittelbar untergeordneten Kreisregierungen, die darunter stehenden Bezirksämter, sowie die Gemeindebehörden — den Stadtrat in den Stadt-, den Gemeinderat in den Landgemeinden. Von diesen unterstehen die Stadträte der größeren (sog. kreisunmittelbaren) Städte unmittelbar den Kreisregierungen, die übrigen Stadt- und Gemeinderäte den Bezirksämtern, und sind an deren Weisungen gebunden, soweit sie mit der Wahrnehmung staatlicher Aufgaben betraut sind. Abgesehen hiervon haben die drei gemeindlichen Körperschaften,

Gemeindeverbände.

die Gemeinde, der Bezirk und der Kreis das Recht, ihre gemeindlichen Angelegenheiten, wie die Errichtung oder den Betrieb der, der allgemeinen Volkswohlfahrt dienenden Anstalten und Einrichtungen, nach Maßgabe der Gesetze selbständig zu verwalten, und üben dieses Selbstverwaltungsrecht aus durch die, von ihnen nach den Grundsätzen des Landtagswahlrechts gewählten Verwaltungsorgane, welche nach den vertretenen Selbstverwaltungskörpern als Gemeinderat (bzw. Stadtrat), Bezirks- und Kreistag bezeichnet werden. Die Staatsbehörden (Bezirksamt, Kreisregierung, Ministerium) haben ihnen gegenüber lediglich die Staatsaufsicht auszuüben und damit die Erfüllung ihrer Pflichten und die Gesetzmäßigkeit ihrer Verwaltung zu überwachen (§§ 22 Abs. 1 und 2, 23)*)**).

5. „Die Rechtspflege wird durch unabhängige, nur den Gesetzen unterworfene Gerichte ausgeübt" (§ 5). Rechtspflege. Dieser Grundsatz bringt zum Ausdruck die seit Ausbildung der konstitutionellen Verfassungen erhobene Forderung nach Unabhängigkeit der Gerichte von jeder staatlichen, namentlich der vollziehenden Gewalt (s. oben S. 19 und S. 138) und ist seit Einführung der Reichsjustizgesetze (S. 22) der leitende Grundsatz (Gerichtsverfassungsgesetz § 1) der gesamten Zivil- und Strafrechtspflege unserer ordentlichen Gerichte, das sind die Amts- und Landgerichte, die Oberlandesgerichte und das Reichsgericht. Nunmehr bildet der Satz auch einen Bestandteil der neuen Reichsverfassungsurkunde (Art. 102) und ist damit zugleich auf die Verwaltungs- wie die modernen Verfassungsgerichte (Staatsgerichtshöfe) erstreckt worden. Zudem hat er auch in obiger Form Aufnahme in die bayerische Verfassung (§ 5) und andere Landesverfassungen gefunden, womit dieser Satz (wie für das Reich durch die Reichsverfassung) auch für die einzelnen Länder Ansehen und Kraft eines Verfassungsgesetzes erlangt hat, was deshalb erwünscht ist, weil die Justizverwaltung immerhin noch Aufgabe der Einzelstaaten und daher vor allem berufen ist, die Unabhängigkeit der Rechtspflege zu wahren***).

6. Im Gegensatz zu der Rechtspflege steht die Gesetzgebung, wie schon betont (oben Ziffer 3), regelmäßig der Volksvertretung, in Bayern somit dem Landtage (§§ 3, 74, 76 Abs. 1) zu. Gang der Gesetzgebung. Damit der Landtag ein Gesetz erlassen kann, muß ihm

*) A §§ 27, 31, 32, 35; Ba §§ 52, 56, 58; B §§ 4, 57, 61; Bsch Art. 32; Br §§ 35, 36, 45, 60; Hb Art 32, 41, 43—46; H Art. 5, 37, 40, 41; L Art. 25, 29, 30, 38; Lü Art. 5, 12, 41, 45; MSchw §§ 51—55, 60, 62; MSt §§ 16—19; O §§ 38—40, 42; Pr Art. 44—47, 49—53, 57; S Art. 25, 27—32; SchL §§ 2^{II}, 8^{I}; Th §§ 34, 35, 38, 47; W §§ 26, 27, 30, 32, 39.

**) Eine zusammenfassende Regelung der einschlägigen Verhältnisse enthalten die bayerische Gemeinde-, die Bezirks- und die Kreisordnung vom 17. Okt. 1927, in Geltung seit dem 1. April 1928. (Vergleiche dazu W. Laforet, Bayerische Gemeinde-, Bezirks- und Kreisordnung, München, 1928.)

***) Ba § 7; B § 5 Satz 1; Bsch Art. 68; H Art 6; L Art. 44; MSchw § 23; O § 44; Pr Art. $8(^{1})$.

ein dahin gerichteter Antrag zugehen. In den meisten Fällen wird der **Antrag vom Gesamtministerium** gestellt werden, weil der Entwurf zum Gesetz gewöhnlich in dem zuständigen Ministerium ausgearbeitet wird und demgemäß dem Gesamtministerium das Recht zusteht, nachdem es darüber Beschluß gefaßt hat, dem Landtage den Entwurf in Vorlage zu bringen (§ 61 Ziff. 8 und 9). Dasselbe Recht, dem Landtag einen Gesetzesvorschlag zu machen (sog. **Gesetzesinitiative**), steht den **Mitgliedern des Landtags** und dem **Volke** (Staatsbürgerschaft) zu. Doch muß das Volksbegehren in Gestalt eines förmlichen Gesetzentwurfes eingebracht werden und darf nicht auf Gesetze gerichtet sein, die der Volksentscheidung entzogen sind, wie Steuer-, Finanzgesetze und Besoldungsordnungen (§§ 76 Abs. 1 und Abs. 2, 77 Abs. 1). — **Über den** in der einen oder anderen Weise eingebrachten **Antrag berät und beschließt der Landtag** — mit Mehrheit der abgegebenen Stimmen (§ 34) —, so daß nach seinem Willen der Gesetzestext nach Form und Inhalt festgestellt und so der Entwurf zum Gesetz gemacht wird (§ 76 Abs. 1). — Die vom Landtag **beschlossenen Gesetze** sind, wie die durch Volksentscheidung zustande gekommenen Gesetze, in Bayern vom Landtagspräsidenten und Gesamtministerium (in anderen Staaten durch die Staatsregierung) **auszufertigen** — das ist mit Unterschrift zu versehen — und im Gesetz- und Verordnungsblatt **zu verkünden**; sie treten regelmäßig mit dem 14. Tage seit Ablauf des Tages der Ausgabe in Kraft (§§ 62 Abs. 1, 75). Der dargelegte Verlauf der Gesetzgebung erleidet Änderungen, wenn das Volk von seinem Rechte der Gesetzgebung — innerhalb seiner Zuständigkeit (§ 77 Abs. 1) — Gebrauch macht. Das als förmlicher Gesetzentwurf eingebrachte Volksbegehren kann vom Landtage eigentlich nur unverändert angenommen werden; lehnt der Landtag es ab oder nimmt es mit Veränderungen an, so ist das Volksbegehren der Volksentscheidung zu unterbreiten. Dabei kann der Landtag dem Entwurf des Volksbegehrens einen von ihm selbst beschlossenen Entwurf entgegenstellen, so daß beide Entwürfe der Volksentscheidung zu unterbreiten sind (§ 10 Abs. 1 und 2, § 76 Abs. 2 und 3). Wie sonach das Volk den Erlaß jedes ihm genehmen Gesetzes herbeiführen kann, so kann es auch den Erlaß eines ihm nicht genehmen Gesetzes vereiteln, indem es durch Volksbegehren über ein vom Landtage ohne seine Mitwirkung beschlossenes Gesetz binnen zwei Monaten die Volksentscheidung anruft. Dasselbe Recht steht auch dem Staatsministerium zu (§ 77 Abs. 2)*).

V. Einer besonderen Darstellung bedarf die neue, am 30. November 1920 verkündete preußische Verfassung, welche im Staatsrat ein neues, ihr eigentümliches leitendes Organ geschaffen hat. Im übrigen zeigt die Verfassung eine große Übereinstimmung mit den Verfassungen der anderen deutschen Länder, namentlich auch der bayrischen Verfassung, wie die nachstehend wiedergegebenen leitenden Grundsätze und Grundgedanken darlegen sollen. Die preußische Verfassung.

1. „**Preußen** ist eine **Republik**" sagt Art. 1 Abs. 1 der preußischen Verfassungsurkunde. Republik.

2. „**Träger der Staatsgewalt ist die Gesamtheit des Volkes**" (Art. 2). Es ist das Volk (alle über 20 Jahre alten reichsdeutschen Männer und Frauen, die in Preußen ihren Wohnsitz haben), welches durch Volksbegehren und Volksentscheid den Erlaß jedes Gesetzes (mit Ausnahme der Finanz- und Abgabengesetze sowie der Besoldungsordnungen) und die Auflösung des Landtags herbeiführen kann, und das ebenso unmittelbar durch seine Abstimmung den Landtag erwählt, während es mittelbar die Staatsgewalt durch die verfassungsmäßig bestellten Organe: Landtag, Staatsministerium, Staatsrat ausübt (Art. 3, 4, 6 Abs. 1—4). Volkssouveränität.

3. Der **Landtag**, der aus Abgeordneten des preußischen Volkes besteht (Art. 9) ist wie in Bayern (soweit nichts anderes bestimmt ist) zur Ausübung aller Rechte der Staatsgewalt berufen, obgleich er dabei durch die Zuständigkeit des Staatsrats nicht unerheblich beeinflußt wird (s. unten Ziff. 5). Demgemäß **beschließt der Landtag** (allein) **über Gesetze**, hat an der **Finanzverwaltung** einen erheblichen Anteil, namentlich dadurch, daß er den Haushaltplan in Einnahmen und Ausgaben bewilligt (Art. 29 Abs. 1, vgl. Art. 63 und 65) und übt darüber hinausgehend durch **Überwachung** auf die gesamte Staats- Landtag.

---

*) A §§ 8, 9, 41, 42, 43; Ba §§ 6, 22, 23, 48, 57; B §§ 10, 74, 75, 76; Bsch Art 14[1], 38, 41, 42; Br §§ 5, 7, 55—57, 59; Hb Art. 51—58; H Art. 7, 8, 12, 13; L Art. 9, 10, 20, 21; Lü Art. 37, 42; MSch §§ 26, 44, 45, 48; MSt § 14; O §§ 34. 36; Pr Art. 6, 29, 40, 42, 50, 60, 61; S Art. 5, 34—36, 39, 41; SchL § 2[1]; Th §§ 24, 25, 28—31; W §§ 41—44, 47.

verwaltung einen großen Einfluß aus (Art. 24, 25, 26), der um so wirksamer ist, als die Minister dem Landtage für ihre Geschäftsführung verantwortlich sind (Art. 45 f., 57 Abs. 1, 58).

Staatsministerium. 4. „*Das Staatsministerium ist*" (wie in Bayern das Gesamtministerium) „*die oberste vollziehende und leitende Behörde des Staates*" (Art. 7). Es besteht aus dem Ministerpräsidenten und den Staatsministern (Art. 44): zurzeit dem Minister des Innern, der Finanzen, für Wissenschaft, Kunst und Volksbildung, für Handel und Gewerbe, für Landwirtschaft, Forsten und Domänen, für öffentliche Arbeiten, für auswärtige Angelegenheiten und für Volkswohlfahrt. Es wird auch vom Landtage bestellt und ist ihm verantwortlich (Art. 44, 45, 46, 47).

Zuständigkeit. Die dem Staatsministerium zustehende oberste vollziehende und leitende Gewalt übt vor allem der Ministerpräsident aus, der die Richtlinien der Politik aufstellt (dafür auch dem Landtag verantwortlich ist); sodann jeder einzelne Minister, insofern er innerhalb dieser Richtlinien den ihm anvertrauten Geschäftszweig selbständig (unter eigener Verantwortung gegenüber dem Landtage) leitet; das (gesamte) Staatsministerium unter Vorsitz des Ministerpräsidenten als Ministerkollegium, insofern seiner Beratung und Beschlußfassung bestimmte Angelegenheiten vorbehalten sind, wie namentlich die Vertretung des Staates nach außen, die Entscheidung von Gesetzesvorlagen, die an den Landtag zu bringen sind und die Ernennung der unmittelbaren Staatsbeamten (Art. 49—55).

Behörden. Von den *Behörden* sind hier zu nennen diejenigen, welche die Aufgaben der sog. allgemeinen Landesverwaltung durchzuführen haben: die dem Gesamtministerium unmittelbar unterstehenden *Oberpräsidenten* in den Provinzen, die *Regierungen* in den Regierungsbezirken, die *Landräte* in den Kreisen.

Selbstverwaltungskörper und organe. Dagegen sind *Selbstverwaltungskörper* die *Provinz*, der *Kreis* und die *Gemeinde*, welche ihre eigenen Angelegenheiten durch ihre nach den Vorschriften des Landtagswahlrechts erwählten Volksvertretungsorgane, den *Provinziallandtag*, den *Kreistag* und *Gemeinderat* verwalten. Neben diesen von ihnen selbständig verwalteten *Selbstverwaltungsangelegenheiten* verwalten sie als ausführende Organe des Staates die ihnen übertragenen staatlichen *Auftragsangelegenheiten* wie z. B. die Ortspolizei

(Art. 70—72). Insofern haben die Selbstverwaltungskörper (wie die staatlichen Behörden) auch den Weisungen der staatlichen Aufsichtsbehörden Folge zu leisten; im übrigen unterstehen die Selbstverwaltungskörper nur der staatlichen Aufsicht; ihre eigenen Angelegenheiten verwalten sie grundsätzlich selbständig. Die Staatsaufsicht hat regelmäßig nur darauf zu achten, daß die Selbstverwaltung sich regelmäßig vollzieht, nicht aber die Zweckmäßigkeit ihrer Maßnahmen zu prüfen. Insoweit kann auch das Staatsministerium für zweckwidrige Selbstverwaltung der Gemeinden und Gemeindeverbände vom Landtag nicht verantwortlich gemacht werden. Staatsaufsicht.

5. Neben die beiden Organe, den Landtag als den Träger der legislativen Gewalt und das Staatsministerium als den Träger der vollziehenden Gewalt des souveränen Volkes ist in der neuen preußischen Verfassung als drittes leitendes Organ der Staatsrat getreten. Er verdankt seine Entstehung der wachsenden Überzeugung, daß die Wahrung und Pflege der berechtigten Eigenart der Provinzen nach einer Erweiterung ihrer Autonomie verlange, und diese zugleich zu einem festeren Zusammenhang mit dem Staatsganzen führen würde. Demgemäß ist der Staatsrat, dessen Mitglieder von den einzelnen Provinziallandtagen zu erwählen und jeweils nach der Neuwahl derselben neu zu wählen sind, „zur Vertretung der Provinzen bei der Gesetzgebung und Verwaltung des Staates" berufen (Art. 31, 32, 33). Staatsrat. Wahl.

Um dafür die Voraussetzungen zu bieten, ist der Staatsrat vom Staatsministerium über die Führung der Staatsgeschäfte überhaupt auf dem Laufenden zu halten (Art. 40 Abs. 1). Bei der Gesetzgebung hat vor Einbringung von Gesetzesvorlagen das Staatsministerium dem Staatsrat durch Mitteilung des Gesetzentwurfs Gelegenheit zur gutachtlichen Äußerung zu geben; der Staatsrat kann auch seine abweichende Ansicht dem Landtag schriftlich darlegen (Art. 40 Abs. 2); zweitens ist er berechtigt Gesetzesvorlagen — im Interesse der Provinzen — durch das Staatsministerium an den Landtag zu bringen (Art. 40 Abs. 3) und drittens kann er gegen ein vom Landtag beschlossenes Gesetz Einspruch einlegen mit aufschiebender Wirkung, so daß das Gesetz dem Landtag zur nochmaligen Beschlußfassung vorgelegt wird und wenn es dabei Zweidrittelmehrheit erhält, Gesetz bleibt, wenn Zuständigkeit. Gesetzgebung.

es dagegen nur einfache Mehrheit erlangt, hinfällig wird, vorausgesetzt, daß es nicht durch einen vom Landtag herbeigeführten Volksentscheid bestätigt wird (Art. 42 Abs. 1—3). Nur in einem Falle ist positiv die Zustimmung des Staatsrates zum Zustandekommen eines Landtagsbeschlusses erforderlich: nämlich wenn der Landtag Ausgaben beschließen will, die über den vom Staatsministerium vorgeschlagenen oder bewilligten Betrag hinausgehen. Stimmt der Staatsrat nicht zu, so ist der Beschluß nur bis zu dem bezeichneten Betrage wirksam, darüber hinaus unwirksam (Art. 42 Abs. 4).

Verwaltung. Weit beschränkter als bei der Gesetzgebung ist die Beteiligung des Staatsrats bei der Verwaltung. Er ist zu hören vor Erlaß von Ausführungsvorschriften zu Reichs- und Staatsgesetzen und von allgemeinen, die Organisation von Behörden regelnden Anordnungen (§ 40 Abs. 4); zudem steht ihm das Recht zu, einen Volksentscheid über Auflösung des Landtags herbeizuführen (Art. 14 Abs. 1).

Die hiermit dargelegten Vorschriften sind wohl geeignet, dem Staatsrat (und damit den Provinzen) einen wirksamen Einfluß auf die Führung der Staatsgeschäfte zu sichern. Gleichwohl berühren sie grundsätzlich (abgesehen von Art. 40 Abs. 4) die Stellung des Landtags und des Staatsministeriums nicht. Dagegen bedingen sie *Änderungen im Verfahren bei der Gesetzgebung*. Das Recht, einen Gesetzesvorschlag einzubringen, steht nach der preußischen Verfassung nicht nur zu dem Volke (Art. 6 Abs. 1), den Mitgliedern des Landtags (Art. 29) und dem Staatsministerium (Art. 50 vgl. mit Art. 6 Abs. 2), sondern durch Vermittlung des letzteren auch dem Staatsrat (Art. 40 Abs. 3). Ist das Gesetz vom Landtag beschlossen (Art. 29, 30), so kann es nicht, wie nach der bayerischen Verfassung, vom Volke abgelehnt werden, wohl aber kann der Staatsrat einen Einspruch dagegen einlegen (Art. 42 Abs. 1—3), der aber nicht hindert, daß das Gesetz durch wiederholten Beschluß des Landtags oder Bestätigung durch Volksentscheid doch in Geltung tritt (s. Art. 60 f.).

Rechtspflege. 6. Wie die bayerische Verfassung (s. oben S. 145), so stellt auch die preußische Verfassung den Grundsatz auf: „Die Rechtspflege wird durch unabhängige, nur den Gesetzen unterworfene Gerichte ausgeübt“ (Art. 8 Abs. 1).

VI. Während das Verfassungsrecht es grundsätzlich mit der Feststellung der Organisation der Staatsgewalt und ihrer Bedeutung zu tun hat und die Fixierung der staatlichen Funktionen nur diesem Zwecke dient, hat es das Verwaltungsrecht umgekehrt grundsätzlich mit der Tätigkeit zu tun, welche die Staatsgewalt in Verfolgung der verschiedenen staatlichen Zwecke entfaltet, und nur um deswillen auch den Organismus, insbesondere den Behördenapparat, zu bestimmen, in welchem sich diese Tätigkeit vollzieht. Indessen ist es nicht alle staatliche Tätigkeit, welche durch das Verwaltungsrecht normiert wird. Da die gesetzgebende, den gesetzgebenden Faktoren (wie Monarch und Volksvertretung in den konstitutionellen Monarchien) zugewiesene Tätigkeit durch das Verfassungsrecht, die richterliche, lediglich auf Aufrechterhaltung der Rechtsordnung gerichtete Tätigkeit der Gerichte aber durch die für sie geltende Justizgesetzgebung bestimmt wird, so bildet den Gegenstand des Verwaltungsrechts die sonstige staatliche Tätigkeit, also in der Hauptsache jene konkret gestaltende und anordnende Tätigkeit, die wir oben als verwaltende gekennzeichnet haben. Für Wahrnehmung dieser Tätigkeit sind besondere Behörden bestellt, die sog. Verwaltungsbehörden, die durch ihre Aufgabe und Stellung in bestimmtem Gegensatz zu den Justizbehörden (den Gerichten) stehen. Verwaltungsrecht.

Die für die Tätigkeit der Verwaltungsbehörden und -organe maßgebenden Vorschriften bilden in ihrer Gesamtheit das Verwaltungsrecht, das sich natürlich auf alle Gebiete erstreckt, auf welchen die Verwaltung selbst tätig wird. Entsprechend dem Zwecke aller staatlichen Tätigkeit hat die Verwaltung — als sog. innere Verwaltung — vor allem dem Lande selbst und seiner Bevölkerung ihre Fürsorge zuzuwenden. Das geschieht, indem sie für Entfaltung und Verwertung der Kräfte der Staatsangehörigen sorgt und die Bedingungen dafür zu bieten und zu sichern sucht. — Da aber jedes Staatswesen im Zusammenhang mit anderen, insbesondere den Nachbarstaaten, steht, so kann die innere Verwaltung eine gedeihliche Wirksamkeit nur entfalten, wenn dementsprechende förderliche Beziehungen nach außen unterhalten werden, — Verwaltung der auswärtigen Angelegenheiten. Beide, innere und äußere Verwaltung, haben wiederum zur Voraussetzung, daß im Innern des Landes die Rechtsordnung aufrecht erhalten wird, verlangen somit eine Zweige der Verwaltung.

dahin gerichtete rechtsetzende und rechtanwendende Tätigkeit: die Rechtspflege (s. S. 135 f. und 151), welche den von der Verwaltung getrennten Gerichten obliegt. Indessen erfordert doch diese richterliche Tätigkeit fortlaufend eine verwaltende Tätigkeit des Staates: die Justizverwaltung, deren Aufgabe es ist, die Gerichte zu bestellen, sie den wechselnden Bedürfnissen anzupassen und ihre Tätigkeit fortgesetzt zu überwachen. — Alle staatliche Tätigkeit aber wäre zwecklos, wenn der Bestand des Staates selbst nicht so weit als tunlich sichergestellt wäre; die Möglichkeit von Angriffen nötigt daher zur Bereitstellung einer bewaffneten Macht und bedingt somit eine diesem Zwecke gewidmete Tätigkeit, die der Kriegsverwaltung. Schließlich kommt in Betracht, daß innere und äußere, Justiz- und Kriegsverwaltung insgesamt Kosten verursachen; dadurch erwächst noch ein besonderer Zweig staatlicher Tätigkeit, die Finanzverwaltung, welche für Beschaffung, Bereithaltung und Verwendung der für die verschiedenen Departements erforderlichen Mittel Sorge zu tragen hat.

Innere Verwaltung. Diesen fünf großen Verwaltungszweigen entsprechen in allen Staaten mit erheblichem Umfange fünf Ministerien, welche nach denselben ihre Namen tragen: das Ministerium des Innern, des Äußern, das Justiz-, Kriegs- und Finanzministerium. Es liegt auf der Hand, daß die innere Verwaltung die bei weitem wichtigste ist, zumal in einem Zeitalter, das mehr oder minder der Sozialisierung (Vergesellschaftung) des wirtschaftlichen Lebens zustrebt*); sie ist Zentrum und Seele der gesamten Staatsverwaltung, diejenige Verwaltung, um derentwillen alle andere Verwaltung vorhanden ist. Gemäß ihrer Aufgabe, die Entfaltung der Einzelkräfte zu fördern, hat sie vor allem den Bedingungen für die Gesundheit der Volksangehörigen ihre Fürsorge zuzuwenden, als der Grundlage jeder weiteren Entwicklung (mens sana in corpore sano); aus gleichem Grunde liegt es ihr ob, für die geistige und sittliche Ausbildung durch Unterricht und Erziehung und, wegen des Zusammenhangs der Religion mit den sittlichen Anschauungen des Volkes, auch für die Betätigung des religiösen Lebens Sorge zu tragen. Sodann wird die innere Verwaltung

*) Siehe das von der verfassungsgebenden deutschen Nationalversammlung beschlossene Sozialisierungsgesetz v. 23. März 1919 und RV. Art. 156.

entsprechend ihrer weiteren Aufgabe, den Staatsangehörigen die Verwertung ihrer Kräfte zu ermöglichen, dem gesamten Gebiete der Produktion — der Urproduktion (in Landwirtschaft, Bergbau, Forst-, Jagd- und Fischereibetrieb) und der Verarbeitung der Urprodukte (in Handwerk und Fabriken) —, sowie dem auf Umsatz der Produkte abzielenden Handel Schutz und Pflege angedeihen lassen müssen, die auch dem Erwerb durch geistige (wissenschaftliche und künstlerische) Tätigkeit nicht zu versagen ist. Als Vorbedingung für das ganze wirtschaftliche Leben des Volkes muß die innere Verwaltung auch das Verkehrswesen (Land- und Wasserstraßen; Post-, Eisenbahn-, Telegraphen- und Telephonwesen; Maß-, Münz- und Gewichtswesen; Bankwesen) möglichst fördern, hat den durch die Elemente drohenden Gefahren durch die Elementarverwaltung wirksam zu begegnen und endlich darauf bedacht zu sein, daß der Schaden, der durch Elementarereignisse und andere Unfälle eingetreten ist, in seinen verderblichen Wirkungen von den Betroffenen durch Verteilung und Ausgleichung im Wege der Versicherung (Versicherungswesen) abgehalten wird.

VII. Mit dem Begriffe der Verwaltung steht der Begriff der Polizei in innigem Zusammenhang. Ursprünglich bedeutet Polizei, πολιτεία, die Gesamtheit aller staatlichen Tätigkeit überhaupt. Allmählich hat sich der Begriff durch Ausscheidung der auswärtigen Angelegenheiten, der Justiz-, Finanz- und Militärsachen und deren Überweisung an besondere Behörden auf das Gebiet der inneren Verwaltung beschränkt. Schon die Schriftsteller des achtzehnten Jahrhunderts bezeichnen mit dem Ausdruck „Polizei" die innere Verwaltung. Demgemäß waren Polizeibehörden nichts anderes wie die für die innere Verwaltung tätigen Behörden, Polizeirecht das für die innere Verwaltung maßgebende Recht. Da nun die innere Verwaltung eine zweifache Tätigkeit erfordert, einmal eine auf Abhaltung von Gefährdungen der einzelnen gerichtete, nötigenfalls durch Zwang sich durchsetzende negative Tätigkeit, und zweitens eine pflegende, die Entwicklung und Betätigung der einzelnen fördernde, positive Tätigkeit, so hat man zwischen Sicherheitspolizei und Wohlfahrtspolizei (Wohlfahrtspflege) unterschieden. Indessen hat eine, die fürsorgende Bevormundung durch den Polizeistaat scharf ablehnende, auf schranken-

Polizei.

losen Individualismus abzielende Theorie (sog. Manchestertheorie), welche seit Ende des 18. Jahrhunderts zur Herrschaft gelangt war, die ganze innere Verwaltung, somit die Polizei im Sinne jener Zeit, wesentlich auf die negative, Gefährdungen abhaltende Tätigkeit beschränkt, und so erklärt es sich, daß bei uns auch der Ausdruck Polizei diesen beschränkten Sinn angenommen hat. Neben die Polizei in diesem Sinne ist aber heutzutage als völlig ebenbürtige Tätigkeit in allen Zweigen der inneren Verwaltung die Wohlfahrtspflege getreten. Übrigens kommt der Ausdruck „Polizei" noch in einer engeren Bedeutung vor, in welcher er als Sicherheitspolizei einen eigenen selbständigen Zweig der inneren Verwaltung bildet, darauf gerichtet, den Rechtszustand und die öffentliche Ordnung gegen rechtswidrige Angriffe und gegen Störungen zu schützen. In diesem Sinne ist es vor allem Aufgabe der Polizei, die Begehung von Verbrechen durch Wachsamkeit und erforderlichenfalls durch tätiges Eingreifen zu verhüten, Störungen des Verkehrs auf Straßen und öffentlichen Plätzen durch Ansammlung von Menschen oder durch sonstige Hindernisse vorzubeugen.

Staatsrecht u. Verwaltungsrecht. Damit erscheint die staatliche Verwaltung in ihrer Mannigfaltigkeit und den verschiedenen Richtungen ihrer Betätigung gekennzeichnet. Die für dieselbe maßgebenden Normen bestimmen sich naturgemäß vorwiegend durch die Zwecke, denen die einzelnen Verwaltungszweige zu dienen bestimmt sind, und diese Erkenntnis hat, freilich erst in neuester Zeit, dahin geführt, das Verwaltungsrecht als besondere Disziplin aus dem Gebiete des Staatsrechts auszuscheiden. Demgemäß wird heutzutage der Ausdruck „Staatsrecht" gewöhnlich in einem engsten Sinne des Wortes gebraucht, in welchem er sich auf das Verfassungsrecht beschränkt und in dem er, in Literatur und Lehre, dem Verwaltungsrecht gegenübergestellt wird.

Verordnungen der Verwaltungsbehörden. VIII. Obgleich unter Verwaltung, im Gegensatz zur Gesetzgebung und der auf Aufrechterhaltung der Rechtsordnung gerichteten Justiz, die in konkreten Anordnungen sich äußernde Fürsorge für die Interessen des Staates und seiner Angehörigen zu verstehen ist (s. oben Ziff. III, 2), so haben doch die Verwaltungsorgane vielfach gesetzgeberische und richterliche Funktionen auszuüben. Insofern erscheinen diese Tätigkeiten — formell — als Verwaltungsakte. Freilich können allgemein verbindliche Vorschriften, d. h. Gebote und Verbote, welche das Verhalten der Staatsangehörigen bestimmen sollen, grundsätzlich nur von den gesetzgebenden Organen, in den neuen deutschen Republiken, also nur vom Volke und der Volksvertretung, erlassen werden; allein, wenn das Gesetz sie dazu ermächtigt, sind auch Verwaltungsorgane (die Ministerien) befugt, solche Vorschriften, die sog. Rechtsverordnungen zu erlassen, im Gegensatze zu den Verordnungen, welche nur die Verwaltung betreffen, wie die Zuständigkeit der Behörden, und die Dienstführung der Beamten, die sog. Verwaltungsverordnungen, welche die Ministerien selbstverständlich kraft ihres Amtes erlassen können. Zu den Rechtsverordnungen gehören auch die, die Ausführung der Gesetze regelnden Ausführungsverordnungen, insofern sie Rechtsvorschriften enthalten und insbesondere die sog. Notverordnungen, die an Stelle eigentlicher Gesetze vom Staatsministerium erlassen werden können, wenn die Aufrechterhaltung der öffentlichen Ordnung oder die Beseitigung eines ungewöhnlichen Notstandes es erfordert und der Landtag zurzeit nicht versammelt ist (s. bayer. Verfassung § 61 Ziff. 7, preuß. Verfassung Art. 51, 55). — Zu den Rechtsverordnungen sind auch die Polizeiverordnungen zu rechnen, welche auf Grund gesetzlicher Ermächtigung entsprechend den besonderen Bedürfnissen, gewisse Handlungen unter Androhung von Strafe gebieten oder verbieten, also ebenfalls — wenn auch nur für einen engeren Bezirk — allgemein verbindliche Vorschriften aufstellen.

Verwaltungsstreitverfahren.

Auf der anderen Seite aber sind auch die Organe der Verwaltung berufen, die Rechtsvorschriften auf die gegebenen Verhältnisse anzuwenden. Ja, in zahlreichen Fällen, wenn es sich um Entscheidung von Streitfragen des öffentlichen Rechts handelt (z. B. die Frage, ob jemand die Reichs- und Staatsangehörigkeit besitzt, ob er steuerpflichtig ist), haben sie gerade so wie die ordentlichen Gerichte lediglich nach den bestehenden Gesetzen zu entscheiden. Ihre Tätigkeit ist auch eine richterliche, und doch entbehrte sie früher jener Garantien des gesetzlich geordneten Verfahrens und der gesicherten Stellung der Richter, welche die Ausübung des Richteramtes umgeben. Diese Bedenken mußten sich mit der Ausbildung des konstitutionellen Staatswesens um so fühlbarer machen, als die Stellung der Minister sich parteimäßiger gestaltete und die Abhängigkeit der Verwaltungsbeamten von den vorgesetzten Behörden (namentlich auch durch Beseitigung der kollegialen durch die bureaumäßige Organisation) eine größere wurde. Dieser Gefahr parteimäßiger Ausübung der Verwaltungsfunktionen glaubten manche durch eine Unterordnung der Verwaltung unter die Justiz am wirksamsten begegnen zu können. Gegen jeden Akt der Verwaltung, durch welchen ein subjektives Recht verletzt wäre, sollte der Geschädigte Klage bei den ordentlichen Gerichten erheben können. Indessen haben gewichtige Bedenken gegen dieses Verlangen — insbesondere die mangelnde Vertrautheit der Richter mit den Fragen und Aufgaben der Verwaltung und die durch eine solche Abhängigkeit bedingte Lähmung der Verwaltungstätigkeit überhaupt — in den meisten Staaten dahin geführt, von besonderen Ausnahmen abgesehen (wie den Ansprüchen auf Entschädigung wegen widerrechtlicher Eingriffe in Vermögensrechte, den Ansprüchen der Staatsbeamten auf ihr Diensteinkommen), den Rechtsweg ganz auszuschließen. Dagegen hat man wie in anderen Ländern so auch in Deutschland, insbesondere in den größeren Bundesstaaten, in den letzten Jahrzehnten behufs zweckentsprechender Kontrolle der Verwaltungsbehörden besondere Organe, die Verwaltungsgerichte, geschaffen, welche zur Ausübung der ihnen zustehenden Verwaltungsgerichtsbarkeit (Verwaltungsrechtspflege, bayr. Verfassung § 71 vgl. Reichsverfassung von 1919 Art. 107) berufen sind, wenn Streitigkeiten über Ansprüche und Verbindlichkeiten auf dem Gebiete des öffentlichen Rechts zu entscheiden sind, sog. Verwaltungsstreitsachen; im Gegensatz zu den sonstigen, den reinen Verwaltungssachen, deren Erledigung den eigentlichen Verwaltungsbehörden verblieben ist. Diese Behörden sind zudem zur Ausübung der Verwaltungsgerichtsbarkeit im umfassenden Maße herangezogen. In der Mehrzahl der deutschen Staaten, die das Institut der Verwaltungsgerichtsbarkeit besitzen, sind es überhaupt die unteren und mittleren Verwaltungsbehörden, welche die Verwaltungsgerichte erster und zweiter Instanz bilden (zum Teil unter Zuziehung von Vertretern der Selbstverwaltung). Doch müssen sie, wenn sie als Verwaltungsgerichte fungieren, das gesetzlich dafür vorgeschriebene Verfahren beobachten, vor allem den Parteien volles rechtliches Gehör gewähren. Nur das oberste Verwaltungsgericht (Oberverwaltungsgericht, Verwaltungsgerichtshof), welches in letzter Instanz zu entscheiden hat, ist überhaupt nicht Verwaltungsbehörde, sondern bloß Gerichtshof und bildet dadurch, sowie durch die gesetzlich bestimmte Richterstellung seiner Mitglieder den sichernden Abschluß der ganzen Reform.

Kompetenzkonflikte.

Die Abgrenzung der Verwaltungsstreitsachen von den anderen Verwaltungssachen berührt die Scheidung der Verwaltungssachen überhaupt von den vor die Gerichte gehörenden Justizsachen in keiner Weise. Und doch gibt dieser Unterschied zu Zweifeln vielfach Anlaß. Wenn beispielsweise jemand einen Anspruch auf Bezug von Holz aus dem benachbarten Staatswalde geltend machen wollte, so könnte es sich dabei um eine Servitut, also ein ihm zustehendes Privatrecht handeln, möglicherweise aber auch um ein der Gemeinde zustehendes Nutzungsrecht, an welchem er nur als Gemeindemitglied beteiligt wäre, also um einen Anspruch öffentlich-rechtlicher Natur. Es könnte daher das Gericht sich ebensowohl für zuständig erachten wie die Verwaltungsbehörde (Verwaltungsgericht). Für Entscheidung solcher Kompetenzkonflikte ist seit den vierziger Jahren des vorigen Jahrhunderts in vielen deutschen Staaten (nach französischem Vorgang) ein besonderer Gerichtshof für Kompetenzkonflikte errichtet worden. Nach dem deutschen Gerichtsverfassungsgesetz (§ 17) ist solchen Konflikten durch Aufstellung der Regel vorgebeugt, daß die Gerichte über die Zulässigkeit des Rechtswegs entscheiden. Würde daher in unserem Falle der Holzbezugsberechtigte Klage erheben und das angegangene Gericht sich für zuständig erachtet haben, so hätte es dabei sein Bewenden. Doch ist nach Maßgabe der dafür geltenden landesrechtlichen Vorschriften die Verwaltungsbehörde befugt, dem angegangenen Gericht gegenüber den Kompetenzkonflikt zu erheben (z. B. durch die schriftliche Erklärung, daß der Rechtsweg für unzulässig erachtet werde) und dadurch die Frage der definitiven Entscheidung des Gerichtshofes für Kompetenzkonflikte zu unterwerfen.

Staatenverbindungen.

IX. Der dem Staatsrecht gewidmete Abschnitt kann nicht abgeschlossen werden, ohne der Staatenverbindungen zu gedenken. Solche Verbindungen können zu sehr verschiedenen Zwecken eingegangen werden, sowohl Zwecken bloß vorübergehender Natur (wie z. B. Abwehr eines drohenden Angriffes) als auch Zwecken, deren Verwirklichung die Staaten dauernd miteinander verbindet. Letzterenfalls kann dem Bunde bloß eine Macht über die Staaten selbst eingeräumt sein, welche dadurch verpflichtet sind, für die Zwecke des Bundes tätig zu werden; es kann aber dadurch auch eine Gewalt geschaffen sein, der die Angehörigen der verbündeten Staaten unmittelbar unterworfen sind. Eine solche Staatenverbindung, welche gewöhnlich als Bundesstaat bezeichnet wird, war insbesondere auch das 1871 begründete Deutsche Reich. Es beruhte auf der Vereinbarung der deutschen Regierungen. Daher erschienen als Träger der Reichsgewalt die verbündeten Regierungen, d. h. (neben den Senaten der freien Städte) die Monarchen der deutschen Einzelstaaten. Unter ihnen nahm der König von Preußen eine rechtlich besonders ausgezeichnete und wichtige Stellung ein, während andererseits dem deutschen Volke durch eine aus allgemeinen, gleichen, direkten und geheimen Wahlen der über 25 Jahre alten männlichen Reichsangehörigen hervorgegangene Vertretung ein wirksamer Anteil an der Reichsregierung gesichert war. Demgemäß hatte die Verfassung des Deutschen Reichs (Gesetz vom 16. April 1871) als Organe der Reichsgewalt bezeichnet:

Deutsches Reich und Organe der Reichsgewalt.

1. den Bundesrat, welcher, aus Bevollmächtigten aller einzelnen Regierungen bestehend, unter dem Vorsitz des vom Kaiser ernannten Reichskanzlers die Vertretung der verbündeten Regierungen bildete;

2. das Präsidium des Bundes, das dem König von Preußen zustand, welcher in dieser Eigenschaft den Namen Deutscher Kaiser führte;

3. den Reichstag, welchem im Reich wesentlich die Stellung zukam wie den Landtagen in den einzelnen (konstitutionellen) Bundesstaaten.

Gesetzgebung und Verwaltung des Reiches.

Was nun die staatlichen Funktionen anlangt, so wurde die Gesetzgebung durch den Bundesrat und Reichstag ausgeübt, deren übereinstimmende Mehrheitsbeschlüsse zum Zustandekommen eines Reichsgesetzes genügten. Der Kaiser hatte lediglich das Recht (und die Pflicht) der Ausfertigung und Verkündigung der Reichsgesetze. Die Verwaltung hingegen (mit Einschluß der Justizverwaltung) war zwischen Bundesrat und Kaiser geteilt, so zwar, daß zugunsten des Kaisers ganz bestimmte Befugnisse ausgeschieden waren; insbesondere stand ihm zu die Pflege der auswärtigen Angelegenheiten des Reiches, der Oberbefehl über Landheer und Kriegsmarine und ein wirksamer Einfluß auf die Reichsfinanzen — Befugnisse, welche ihm eine weitgehende Verfügung über die Machtmittel des Reichs einräumten. Zur Ausübung seiner Befugnisse bedurfte der Kaiser der Mitwirkung des Reichskanzlers, der durch seine Gegenzeichnung zugleich die Verantwortlichkeit für alle Anordnungen und Verfügungen übernahm, die der Kaiser im Namen des Reichs erließ. Demnach hat der Reichskanzler mit der schon erwähnten Stellung eines Vorsitzenden im Bundesrat zugleich die Stellung eines — und zwar nach der Reichsverfassung des einzigen — kaiserlichen Ministers verbunden. Als solchem waren dem Reichskanzler unmittelbar die höchsten Reichsbehörden unterstellt, jede unter Leitung eines Staatssekretärs, so insbesondere das Reichsamt des Innern, das Auswärtige Amt, das Reichsmarineamt*), das Reichsjustizamt, das Reichspostamt, das Reichsschatzamt und das in späterer Zeit (1907) errichtete Reichskolonialamt. Es liegt auf der Hand, daß diese Verschiedenheit der Reichsämter auf dem Unterschied der verschiedenen Zweige der Staatsverwaltung überhaupt (der inneren, äußeren, Justiz-, Kriegs- und Finanzverwaltung, vgl. oben Ziff. VI, S. 151 f.) beruht und insofern der Gliederung der Ministerien in den einzelnen Staaten entspricht. Auch im Reiche ist die innere Verwaltung Zentrum und Seele der Gesamtverwaltung (vgl. oben Ziff. VI, S. 152 f.); es ist jene Verwaltung, der vor allem die Pflege der Wohlfahrt des gesamten deutschen Volkes obliegt. Das ist hervorgetreten in dem ausgedehnten Wirkungskreis des Reichsamts des Innern, das überhaupt in allen Reichsangelegenheiten zuständig war, für welche eine besondere Reichsbehörde nicht bestand, und dem überdies eine Reihe besonders wichtiger Behörden unterstellt war, so das Statistische Amt, das Reichsgesundheitsamt, das Patentamt (vgl. oben § 2 II Ziff. 4, S. 76), das Reichsaufsichtsamt

---

*) Daß die Reichskriegsverwaltung auf die Marine beschränkt war, erklärt sich daraus, daß die Verwaltung des Landheeres grundsätzlich den Einzelstaaten zustand, obgleich vertragsmäßig die Verwaltung der Kontingente aller Bundesstaaten mit Ausnahme jener der früheren Königreiche Bayern, Sachsen und Württemberg dem preußischen Kriegsministerium überlassen war.

für Privatversicherung (vgl. § 2 Zusatz 1 Ziff. 1, S. 102 unten) sowie das zur Durchführung der gesamten Arbeiterversicherung berufene Reichsversicherungsamt (vgl. oben § 2 Zusatz 1 Ziff. 2, S. 110). Sie sind nunmehr den verschiedenen Reichsministerien untergeordnet.

Landesstaatsrecht und Reichsstaatsrecht. So weitreichend auch die gesetzgeberischen und verwaltenden Befugnisse der Reichsorgane und der für sie tätigen Behörden sind, so müssen sich dieselben doch innerhalb der von der Reichsverfassung gezogenen Schranken bewegen. Darüber hinaus können die Einzelstaaten ihre gesetzgeberischen, verwaltenden und richterlichen Funktionen durch die dazu verfassungsmäßig berufenen Organe und Behörden frei und ungehindert betätigen. Sie sind dabei an die Bestimmungen ihres **Landesstaatsrechts** gebunden, im Gegensatz zu dem für Verfassung und Verwaltung des Reiches maßgebenden **Reichsstaatsrecht**. Dieser Gegensatz, der auf der deutschen Reichsverfassung von 1871 beruht, wird noch jetzt als maßgebende Scheidung für das deutsche Staatsrecht anerkannt. Indessen ist durch die Reichsverfassung von 1919 die Zuständigkeit und Bewegungsfreiheit der Einzelstaaten sehr erheblich eingeengt worden (vgl. Art. 4 der Reichsverfassung von 1871 mit Art. 6—11, sowie Art. 12 Abs. 1 der Reichsverfassung von 1919).

Reichsverfassung vom 11. 8. 1919. Entstehung und Inhalt. X. Die treibenden Ideen der Revolution im November 1918 haben zugleich mit der Neugestaltung der einzelnen Bundesstaaten zu einem Neubau der Reichsverfassung geführt, welcher durch die „Verfassung des Deutschen Reiches vom 11. August 1919" eingehend geregelt worden ist. Hervorgerufen durch dieselben Ursachen, stimmen die Reichsverfassung und die Landesverfassungen inhaltlich großenteils überein (s. die neue Reichsverfassung — RV. — Art. 17, 12 Abs. 1). Vor allem erscheint auch in der Reichsverfassung das Volk als Träger der Staatsgewalt. „Das Deutsche Reich ist eine Republik", sagt Art. 1, Abs. 1 und Abs. 2 betont: „Die Staatsgewalt geht vom Volke aus". Dem entspricht, daß das deutsche Volk, das ist die Gesamtheit der über 20 Jahre alten Reichsangehörigen (Art. 110) unmittelbar zu den wichtigsten staatlichen Funktionen berufen ist. Durch **Volksbegehren** kann das Volk den Erlaß eines Gesetzes bestimmten Inhalts herbeiführen und, wenn der Reichstag den Antrag nicht annimmt, durch eigene Abstimmung, den

Volksentscheid (Referendum), das Gesetz zustande bringen (Art. 73 Abs. 3); durch Volksentscheid kann auch ein vom Reichstag schon beschlossenes, aber noch nicht verkündetes Gesetz außer Kraft gesetzt werden (Art. 73 Abs. 1, Abs. 2 vgl. mit Art. 72 Satz 1, Art. 75). Zu dieser überragenden Stellung auf dem Gebiet der Gesetzgebung tritt das Wahlrecht, kraft dessen das ganze Volk unmittelbar zu entscheiden hat über die Bildung und Zusammensetzung des Reichstags (Art. 20 und 22 Abs. 1), wie über die Person des Reichspräsidenten) (Art. 41). Außerdem übt das deutsche Volk die Staatsgewalt mittelbar aus durch die in der Verfassung eingesetzten Organe: den Reichstag, den Reichspräsidenten, die Reichsregierung (Reichsministerium) und den Reichsrat. Organe:

1. Der Reichstag, bestehend aus den Abgeordneten des deutschen Volkes, welche durch allgemeine, gleiche, unmittelbare und geheime Verhältniswahlen der über 20 Jahre alten Reichsangehörigen erwählt werden, nimmt als gesetzgebende Körperschaft eine ähnliche, wenn auch viel wichtigere Stellung ein, wie der Reichstag von 1871 (Art. 20—23). 1. Der Reichstag,

2. Der Reichspräsident, dem, wenn auch mit erheblichen Beschränkungen, die Befugnisse zustehen, die früher dem deutschen Kaiser zustanden, wird als Reichshaupt vom ganzen deutschen Volke erwählt (Art. 41). 2. Der Reichspräsident,

3. Die Reichsregierung (Reichsministerium) ist ein zur Leitung der gesamten Reichsverwaltung berufenes Ministerkollegium, welches aus dem, vom Reichspräsidenten ernannten Reichskanzler und den, gleichfalls von ihm, aber auf Vorschlag des Reichskanzlers ernannten Reichsministern besteht. Die Reichsregierung nimmt somit die Stellung ein, die in der Reichsverfassung von 1871 dem Reichskanzler als dem einzigen (kaiserlichen) Reichsminister zukam (Art. 52—58). 3. Die Reichsregierung,

4. Der Reichsrat, der die deutschen Länder bei der Gesetzgebung und Verwaltung des Reichs zu vertreten hat und durch Mitglieder der Regierungen der Einzelstaaten gebildet wird (Art. 60, 61 und 63), hat eine ähnliche Stellung wie der vormalige Bundesrat, wenn sie auch in ihren Funktionen erheblich beschränkt ist. 4. Der Reichsrat.

Was die staatlichen Funktionen anlangt, so wird die Gesetzgebung, wenn wir von dem Volksentscheid ab- Gesetzgebung des Reichstags. sehen, nur durch den Reichstag ausgeübt. Er ist die gesetzgebende Körperschaft. Die Reichsgesetze, welche, wie nach der Reichsverfassung von 1871 (s. S. 21 und S. 22 oben) absolute, entgegenstehendes Landesrecht ausschließende Geltung haben, „Reichsrecht bricht Landrecht" (Art. 13 Abs. 1), werden, wie Art. 68 Abs. 2 sagt, vom Reichstag beschlossen. Die dazu erforderlichen Gesetzesvorlagen werden meistens in dem zuständigen Reichsministerium ausgearbeitet und demgemäß hat die Reichsregierung das Recht, Gesetzesvorlagen beim Reichstag einzubringen, obgleich eine Gesetzesvorlage auch aus der Mitte des Reichstags von Reichstagsabgeordneten eingebracht werden kann (Art. 68 Abs. 1). Doch bedarf die Reichsregierung zur Einbringung der Gesetzesvorlagen beim Reichstag (wie Art. 69 Abs. 1 sagt) der Zustimmung des Reichsrats; wenn dieser aber die Zustimmung versagt, so kann die Reichsregierung die Vorlage doch einbringen, wenn auch unter Darlegung der abweichenden Auffassung des Reichsrats, und das Gesetz kommt zustande, wenn es auch nur der Reichstag beschließt. Nur in einem Falle, bei Festlegung des Haushaltsplans ist eine wirkliche Zustimmung des Reichsrats erforderlich, insofern der Reichstag ohne diese Zustimmung Ausgaben weder erhöhen noch einsetzen kann (Art. 85 Abs. 4). Außer der Reichsregierung und den Reichstagsabgeordneten haben der Reichsrat (Art. 69 Abs. 2), der Reichswirtschaftsrat (Art. 165 Abs. 4) und das Volk (durch Volksbegehren Art. 73 Abs. 3) das Recht, den Erlaß eines Gesetzes zu beantragen; doch muß die Reichsregierung deren Gesetzesvorlagen beim Reichstag einbringen. — Die in der einen oder anderen Weise eingebrachten Vorlagen unterliegen der Beratung und Beschlußfassung des Reichstags. Ist eine Vorlage vom Reichstag angenommen — und dafür genügt regelmäßig einfache Stimmenmehrheit (Art. 68 Abs. 2; 32 Abs. 1; vgl. aber Art. 76 Abs. 1) — so ist sie damit Gesetz geworden. Das so zustande gebrachte Reichsgesetz muß der Reichspräsident ausfertigen und binnen Monatsfrist im Reichsgesetzblatt verkündigen; erst dann tritt das Gesetz in Kraft und zwar mit dem vierzehnten Tage nach Ausgabe des Gesetzblattes, soweit nichts anderes bestimmt ist (Art. 70 f.). Doch kann vor der Verkündung das Inkrafttreten des Gesetzes noch gehindert werden durch Volksentscheid, sei es, daß der Reichspräsident es anordnet

(Art. 73 Abs. 1), oder die Stimmberechtigten es verlangen (mindestens ein Zwanzigstel unter der besonderen Voraussetzung der Art. 73 Abs. 2 vgl. mit Art. 72). Zudem steht dem Reichsrat gegen ein vom Reichstag beschlossenes Gesetz der Einspruch mit der Wirkung zu, daß dem Reichstag das Gesetz zur nochmaligen Beschlußfassung vorgelegt wird. Kommt auch dabei eine Übereinstimmung zwischen Reichsrat und Reichstag nicht zustande, so kann über die Meinungsverschiedenheit Volksentscheid angeordnet werden (Art. 74).

Leitung der Verwaltung durch die Reichsregierung.

Im Gegensatz zur Gesetzgebung steht die Leitung der gesamten Verwaltung im wesentlichen der Reichsregierung, also dem Reichskanzler und dem Reichsministerium zu, und zwar unter Mitwirkung und Mitaufsicht des Reichsrats. Das Reichsministerium umfaßt: das Auswärtige Amt, das Reichsministerium des Innern, das Reichswirtschaftsministerium, das Reichsministerium für Ernährung und Landwirtschaft, das Reichsarbeitsministerium, das Reichswehrministerium, das Reichsjustizministerium, das Reichsfinanzministerium, das Reichsschatzministerium, das Reichsverkehrsministerium, das Reichspostministerium, das Reichsministerium für Wiederaufbau.

Verantwortlichkeit.

Für ihre Amtsführung sind die Mitglieder der Reichsregierung dem Reichstag verantwortlich: der Reichskanzler für die von ihm bestimmten Richtlinien der Politik, jeder einzelne Reichsminister für den ihm anvertrauten Geschäftszweig (Art. 56).

Befugnisse des Reichspräsidenten.

Lediglich einzelne Verwaltungsbefugnisse stehen dem Reichspräsidenten zu, so insbesondere die völkerrechtliche Vertretung des Reichs, die Ernennung und Entlassung der Reichsbeamten und Offiziere, der Oberbefehl über die Wehrmacht des Reiches (Art. 45—47, 50).

Berufsständische Vertretung.

Neben den demokratischen, in der Reichsverfassung durchgeführten Bestrebungen haben sich im Beginn der Revolution Bestrebungen geltend gemacht, die den Arbeitern Anteil an der Gestaltung und Ordnung der Produktion gewähren sollten und folgeweise zu dem Verlangen führten, allen wirtschaftlichen Kräften der Nation in berufsständischen Vertretungen Einfluß auf die Reichsgesetzgebung zu verschaffen. Diese Bestrebungen sind grundsätzlich im Art. 165 anerkannt. Demnach erhalten die Arbeiter und Angestellten zur Wahrung ihrer sozialen und wirtschaftlichen Interessen gesetzliche Vertretungen in Betriebsarbeiterräten, sowie in Bezirksarbeiterräten und

Arbeiterräte und Wirtschaftsräte. Reichswirtschaftsrat.

in einem Reichsarbeiterrat. Die Bezirksarbeiterräte treten zur Erfüllung der gesamten sozialwirtschaftlichen Aufgaben mit den Vertretungen der Unternehmer zu Bezirkswirtschaftsräten und einem Reichswirtschaftsrat zusammen. — Als Vertretung der gesamten sozialwirtschaftlichen Interessen des deutschen Volkes hat der Reichswirtschaftsrat das Recht, Gesetzesvorlagen zu beantragen, welche die Reichsregierung beim Reichstag einbringen muß, und die von einem Mitgliede des Reichswirtschaftsrates im Reichstag vertreten werden können (s. oben S. 162). Außer der Einwirkung auf die Gesetzgebung können den Arbeiter- und Wirtschaftsräten auch auf den ihnen überlassenen Gebieten Kontroll- und Verwaltungsbefugnisse eingeräumt werden (s. auch bayr. Verfassung § 24). Mit der Schaffung einer gesetzlichen Vertretung im Sinne des Art. 165 ist das Prinzip berufsständischer Gliederung auf genossenschaftlicher Grundlage, welches das ganze Mittelalter beherrscht hat, in die moderne Rechtsordnung eingeführt worden (vgl. S. 19). Die Verbindung der damit begründeten sozialwirtschaftlichen Organisation der produktiven Kräfte der Nation mit der demokratischen repräsentativen Verfassung des Gesamtvolkes ist ein einzigartiger Vorgang in der deutschen Geschichte, der voraussichtlich ebenso vorbildlich für die anderen Kulturstaaten wird, wie seinerzeit die deutsche Arbeiterversicherung.

Die neuen Grundrechte.

Dieser Stellungnahme gegenüber der sozialwirtschaftlichen Organisation des Volkskörpers entspricht die Behandlung der Grundrechte in der deutschen Verfassungsurkunde. Sie beschränkt sich nicht darauf, wie die bisherigen Verfassungen, nur die rein negativen Freiheitsrechte, wie Unverletzlichkeit der Person (Art. 114 Abs. 1 Satz 1), Glaubens- und Gewissensfreiheit (Art. 135 Satz 1), das Recht der freien Meinungsäußerung (Art. 118 Abs. 1) sowie die Gewährleistung (Unverletzlichkeit) des Eigentums (Art. 153 Abs. 1 Satz 1) aufzunehmen, bietet vielmehr eine Art von Gesamtlebensordnung dar, die an den überlieferten Grundlagen unserer Rechtsordnung festhaltend, zugleich positiv auf tunlichste Förderung aller Glieder der Volksgemeinschaft gerichtet sind (s. Art. 109—165 über Grundrechte und Grundpflichten der Deutschen). Das tritt insbesondere in den nachfolgenden besonders wichtigen Grundsätzen hervor: Erstens will Art. 151 die wirtschaftliche Freiheit des Einzelnen gesichert wissen, aber innerhalb einer Ordnung des Wirtschaftslebens, welche der Gerechtigkeit entsprechend für alle ein menschenwürdiges Dasein gewährleistet. Wesentlich innerhalb dieser Schranken werden die Grundlagen der gegebenen Rechtsordnung: die Vertragsfreiheit (Art. 152), das Eigentum (Art. 153) und das Erbrecht (Art. 154) gewährleistet. Zweitens wird im Art. 156 Abs. 1 Satz 1 anerkannt, daß das Reich durch Gesetz bei überwiegend öffentlichem Interesse „zum Wohle der Allgemeinheit" (Art. 153 Abs. 2) für die Vergesellschaftung (Sozialisierung) geeignete private Unternehmungen in Gemeineigentum überführen kann. Die Verfassung betont aber zugleich, daß den Anforderungen des Gemeinwohles auch durch Beteiligung des Staates und der Gemeinden an der Verwaltung wirtschaftlicher Unternehmungen oder in anderer Weise, wie. Zulässigkeit des Einspruches gegen sozialwidrige Maßnahmen, z. B. übermäßige Preissteigerung, entsprochen werden kann (Art. 156 vgl. mit Art. 155). Drittens erklärt die Verfassung (Art. 157) den Schutz der Arbeitskraft als besondere Aufgabe des Reichs und verheißt daher Fortführung und Ausbau aller diesem Schutz bisher gewidmeten Bestrebungen auch durch Förderung internationaler Vereinbarung (Art. 157, 161, 162. Vgl. oben über Arbeitsrecht S. 86 ff.). Dagegen ist völlig neu und von größter Tragweite der in Art. 163 (wie in dem Sozialisierungsgesetz vom 23. März 1919 § 1) zum ersten Male anerkannte Grundsatz, daß jeder Deutsche die sittliche Pflicht zu arbeiten habe, daß jedem Deutschen ermöglicht werden soll, durch wirtschaftliche Arbeit seinen Unterhalt zu erwerben und jeder Deutsche, soweit das nicht der Fall ist, Anspruch auf den notwendigen Unterhalt hat.

Subjektive Grundrechte.

Von den Grundrechten stellen manche unmittelbar ein wirkliches Recht im subjektiven Sinne auf. So gewährt Art. 114, wonach die Freiheit der Person unverletzlich ist, jedem einzelnen einen Anspruch, der zivilrechtlich und strafrechtlich gegen Beeinträchtigung geschützt ist (s. BGB. § 823 Abs. 1 sowie das StGB. § 240 Abs. 1, abgedruckt in Anm. 34 S. 60). Andere Grundrechte erwarten als bloße Grundsätze ihre Verwirklichung erst von der Gesetzgebung der Zukunft, wie die Artikel über die Notwendigkeit einer gerechten Ordnung des Wirtschaftslebens (Art. 151), über die Überführung von privaten Unternehmungen in Gemeineigentum (Art. 156) über Beschaffung von Arbeits-

Bloße Grundsätze.

gelegenheit und Unterhalt (Art. 163 Abs. 2). Allen Grundrechten aber ist gemein, daß sie schon als solche Richtschnur und Schranke für die gesamte staatliche Tätigkeit in Gesetzgebung, Verwaltung und Rechtspflege bilden und zudem als Inbegriff oberster Rechtsgrundsätze im ganzen ein unvergleichliches Hilfsmittel für staatsbürgerliche Erziehung und Schulung darbieten.

Kolonien und Kolonialrecht.

XI. Eine eigenartige Rechtsstellung nehmen die überseeischen Gebietserwerbungen der modernen Kulturstaaten ein, welche wir herkömmlich als Kolonien bezeichnen. In der deutschen Amtssprache werden die Kolonien Schutzgebiete genannt, weil das Reich sich anfangs in der Hauptsache auf den Schutz der Reichsangehörigen und anderer Europäer beschränken wollte, die Kolonialregierung aber wesentlich den Kreisen der Interessenten überlassen sein sollte. Demgemäß sind die Kolonialgesellschaften, namentlich die Deutsch-Ostafrikanische Gesellschaft und die Neu-Guinea-Kompagnie, mit weitgehenden staatlichen Hoheitsrechten ausgestattet worden. Diese Auffassung ist aber später aufgegeben worden. Die Kolonialgesellschaften haben sich auf die Wahrnehmung ihrer eigenen Interessen beschränkt, und das Deutsche Reich hat unter dem Namen Schutzgewalt die volle Staatsgewalt über alle Schutzgebiete erlangt. Diese Schutzgebiete gehörten insofern dem Deutschen Reiche, sie waren dem Deutschen Reiche untertan, aber sie bildeten nicht wie die Bundesstaaten selbst das Deutsche Reich, sie waren nicht Bestandteil, sondern Zubehörung, nicht Reichsland, sondern Nebenland des Reichs. Nach dem Schutzgebietsgesetz vom 10. September 1900 hatte der Kaiser die Schutzgewalt im Namen des Reiches auszuüben, selbstverständlich mit Gegenzeichnung des Reichskanzlers. Die Verwaltung dagegen, die in den einzelnen Kolonien ein Gouverneur zu führen hatte, unterlag gesetzlich der Leitung des Reichskolonialamts in Berlin sowie der Kontrolle des Reichstags, der für jede Kolonie den Etat in Ausgabe und Einnahme zu genehmigen hatte. Soweit scheinen die Kolonien lediglich Gegenstand der Beherrschung durch die Reichsgewalt gewesen zu sein; aber sie schließen Keime einer selbständigen Entwicklung in sich. Obwohl der Kolonist, wie man sagt, das Recht seines Mutterlandes mit sich führt und es auf sich angewendet wissen will, und andererseits die Eingeborenen in ihren angestammten Rechtsüberzeugungen nicht gestört werden sollen, so läßt sich doch eine strenge

Scheidung des hochentwickelten Rechts des Mutterlandes und des meist primitiven Rechts der Eingeborenen nicht durchführen; beide — Europäer und Eingeborene — treten in zahlreiche Beziehungen zueinander, die rechtlicher Normierung bedürfen; so muß, um nur zwei Punkte hervorzuheben, und zwar im Interesse beider Teile der Arbeitsvertrag, und ebenso müssen in gleichem Interesse die Rechtsverhältnisse an Grund und Boden normiert werden. So entsteht eine Rechtsordnung für die gemeinsamen Lebensverhältnisse, die jedoch mit Notwendigkeit auf das Recht der Europäer wie auf das Recht der Eingeborenen modifizierend zurückwirkt, mit anderen Worten, es entsteht ein Inbegriff von Rechtssätzen, die, für die Kolonie und die Angehörigen der Kolonie geltend, das öffentliche und das Privatrecht der Kolonie umfassen, das „Kolonialrecht" bilden. Die Erkenntnis desselben erfordert die Durchdringung primitiver (und primitivster) Rechtsordnungen bis zu dem hochentwickelten Recht unserer modernen Kulturstaaten, ist aber die unumgängliche Voraussetzung für die erfolgreiche Lösung der die Kolonialpolitik bewegenden Probleme. Das Deutsche Reich ist daran unmittelbar nicht beteiligt. Es hat im Frieden zu Versailles (Art. 119) auf seine Kolonien zugunsten der feindlichen Hauptmächte verzichtet. Gleichwohl wird die Kenntnis des Kolonialrechts nicht selten für den deutschen Juristen von Bedeutung sein, so, wenn Beziehungen Deutscher zu den früheren deutschen Kolonien richterlich zu beurteilen sind; zudem ist die Möglichkeit neuer kolonialer Erwerbungen nicht ausgeschlossen, und jedenfalls bezeichnet die Reichsverfassung (Art. 6 Ziff. 2 und Art. 80) das Kolonialwesen und die Kolonialgesetzgebung als ausschließliche Angelegenheiten des Reichs.

§ 5. 2. Das Zivilprozeßrecht und das Konkursrecht*).

I. Wenn ein Privatrecht von seiten des Verpflichteten nicht anerkannt, bestritten oder doch tatsächlich verletzt wird, so darf der Berechtigte, wie an früherer Stelle (S. 60 f. Ziff. V) dargelegt worden ist, nicht im Wege der Eigenmacht den Zustand *Zivilprozeßrecht.*

*) Vgl. in Birkmeyers Enz. die Abhandlungen von Hellmann und von Stein, S. 923—1017; Arndts, §§ 76—83; Gareis, §§ 49 f.; Kohler, Einführung, S. 153—173 u. 179; Hedemann, §§ 32 f.; Fischer, S. 125—138; Radbruch, S. 135—139; Schmidt, §§ 38 f.; J. W. Planck, Lehrbuch des

verwirklichen, der seinem Rechte entspricht, sondern muß sich behufs Abhilfe mit einer sog. Klage, actio, an bestimmte Organe, die Gerichte, wenden. Dadurch wird ein Verfahren gegen den Verpflichteten veranlaßt (sog. Zivilprozeß), das auf Klarstellung des bestrittenen Rechts und erforderlichenfalls auf zwangsweise Verwirklichung des ihm entsprechenden Zustandes gerichtet ist. Die darauf bezüglichen Vorschriften bilden in ihrer Gesamtheit das Zivilprozeßrecht. Insofern es Privatrechte zu seinem Gegenstand hat, könnte man geneigt sein, das Zivilprozeßrecht als einen Teil des Privatrechts zu betrachten, eine Art formellen Privatrechts, das die Form für die Durchsetzung der durch das materielle Privatrecht gewährten Rechtsansprüche bestimmt. Indessen wird doch dieser Schutz vom Staate durch bestimmte, dafür ausgebildete Organe und in bestimmter Form erteilt, und deshalb ist das Zivilprozeßrecht, wie schon oben (S. 135 f.) betont, ein Teil des öffentlichen Rechts. Eben darum müssen seine Bestimmungen unbedingt angewendet werden, sie unterliegen nicht einer abändernden Vereinbarung durch die beim Prozeß beteiligten Parteien.

Freiwillige Gerichtsbarkeit.

Sind es nach dem Gesagten streitige Privatrechte, welche im Zivilprozesse durch die Gerichte geschützt werden, so werden andererseits die Gerichte (und andere Behörden) auch bei nicht streitigen Privatrechtsverhältnissen, sog. Angelegenheiten der freiwilligen Gerichtsbarkeit, tätig. So bedarf — um ein paar Beispiele aus dem Bürgerlichen Gesetzbuch hier zu nennen — der Vertrag, wodurch sich jemand zur Übertragung von Grundeigentum verpflichtet, der Beurkundung durch das Gericht oder einen Notar; so muß die auf Übertragung des Eigentums

deutschen Zivilprozeßrechts, 2 Bde., 1887—1896; Wach, Handbuch des deutschen Zivilprozeßrechts, Bd. I, Leipzig 1885; Fitting, Der Reichszivilprozeß, 12./13. Aufl., Berlin 1907—1909; Hellwig, System des deutschen Zivilprozeßrechts, 1. Teil, Leipzig 1912; G. Kleinfeller, Lehrbuch des deutschen Zivilprozeßrechts, 3. Aufl., Berlin 1925; J. Kohler, Zivilprozeß- und Konkursrecht, in Holtzendorff-Kohlers Enz., 3. Bd., S. 251—403, und ebendort E. Dorner, Verfahren der freiwilligen Gerichtsbarkeit, S. 207—233; L. v. Seuffert, Zivilprozeßrecht in der Systematischen Rechtswissenschaft, S. 202—232; Fr. Hellmann, Lehrbuch des deutschen Konkursrechts, Berlin 1907; W. Kisch, Deutsches Zivilprozeßrecht, 3. Aufl., Berlin 1922; Derselbe, Grundriß des deutschen Konkursrechts, 3. Aufl. Mannheim 1925.

selbst gerichtete Willenseinigung von den Parteien vor dem Grundbuchamt erklärt, die Erklärung der Brautleute, eine Ehe miteinander einzugehen, vor dem Standesbeamten abgegeben werden; so erfordert der Abschluß eines Rechtsgeschäfts durch den Vormund nicht selten die Genehmigung des Vormundschaftsgerichts. Die in diesen, wie in vielen anderen Fällen zum Zweck der Begründung und Sicherung der Privatrechtsverhältnisse gesetzlich eintretende Mitwirkung der Gerichte und anderen Behörden wird — im Gegensatz zur Tätigkeit der Gerichte im Zivilprozesse, der streitigen Gerichtsbarkeit — als freiwillige Gerichtsbarkeit bezeichnet. Die Ausübung derselben setzt selbstverständlich Regeln darüber voraus, wer im Einzelfalle zur Mitwirkung berufen sei, und wie diese erfolgen soll, also Vorschriften über Zuständigkeit und Verfahren in den Angelegenheiten der freiwilligen Gerichtsbarkeit. Dieselben wurden früher nur durch die Landesgesetzgebung erlassen. Das ist durch das mit dem Bürgerlichen Gesetzbuch zugleich in Geltung getretene Reichsgesetz über die Angelegenheiten der freiwilligen Gerichtsbarkeit vom 17. Mai 1898 geändert worden. Dasselbe regelt aber nur diejenigen Angelegenheiten, welche durch Reichsgesetz den Gerichten übertragen sind, und zudem die Beurkundung von Rechtsgeschäften, sowie die Beglaubigung von Unterschriften und Handzeichen.

Gerichte und Gerichtsverfassung.

II. Die Entscheidung, auf welche der Zivilprozeß zunächst abzielt, setzt vor allem voraus, daß Personen oder Mehrheiten von Personen, Gerichte, vorhanden sind, welche als Träger der „Gerichtsbarkeit" zu solcher Entscheidung berufen sind. Die Bestimmungen, welche sich auf die Organisationen der Gerichte beziehen, die sog. Gerichtsverfassung, bilden daher den ersten Hauptteil des Zivilprozeßrechts; damit hängt innig zusammen die Beantwortung der Frage, welches unter den verschiedenen Gerichten eines Staates, die einander zum Teil neben-, zum Teil über- bzw. untergeordnet sind, im einzelnen Falle zur Entscheidung eines streitigen Rechtsverhältnisses berufen oder „zuständig" ist. Die Feststellung bestimmt sich nach den Regeln über die sachliche und die örtliche Zuständigkeit der Gerichte. Während die ersteren den verschiedenen Gerichten verschiedene Arten von Streitigkeiten zuweisen, dieselben also sachlich nach ihrer Gerichtsbarkeit scheiden, treffen die letzteren Entscheidung darüber, unter welchen Voraussetzungen die Rechtsverhältnisse bestimmter Art örtlich in die den einzelnen Gerichten zugewiesenen Sprengel fallen. Zur Veranschaulichung diene die in Deutschland bestehende Gerichtsverfassung. Nach dem Gerichtsverfassungsgesetz — GVG. — vom 27. Januar 1877 (in der gegenwärtigen Fassung seit 1. April 1924 in Geltung, s. RGBl. I S. 299) sind zur Entscheidung von Privatrechtsstreitigkeiten berufen die Amtsgerichte und die Landgerichte, die Oberlandesgerichte und als höchstes Gericht das Reichsgericht in Leipzig, als sogenannte ordentliche Gerichte (GVG. §§ 12 und 13; §§ 22 Abs. 1 und 4; 59 Abs. 1 Satz 1, 60; 115, 116; 123, 124 und 130 Satz 1). Während aber die Landgerichte und die Oberlandesgerichte wie das Reichsgericht behufs erneuter Prüfung schon entschiedener Rechtsstreitigkeiten anzugehen sind, sind die Amtsgerichte immer und die Landgerichte meistens zunächst in erster Instanz zur Entscheidung jedes Rechtsstreites berufen, so zwar, daß den ersteren die Sachen, deren Wert 500 Reichsmark nicht übersteigt, und außerdem bestimmte andere Sachen ohne Rücksicht auf den Wert des Streitgegenstandes, den letzteren hingegen alle anderen Sachen überwiesen sind (GVG. § 23 — §§ 71 Abs. 1 und 72 — § 119 Ziffer 1 — § 133 Ziffer 1). Würde daher mein in W. wohnender Schuldner die Rückzahlung der ihm geliehenen 100 Mk. verweigern, so würde die Sache jedenfalls vor ein Amtsgericht gehören (nach den Regeln über die sachliche Zuständigkeit); sie würde aber zugleich auch vor das Amtsgericht W. gehören, da nach allgemeiner Regel (über die örtliche Zuständigkeit) das Gericht des Wohnsitzes einer Person für alle Klagen gegen dieselbe zuständig ist (vgl. Zivilprozeßordnung — ZPO. — §§ 12 und 13).

Arbeits-Gerichte. Eine ebenfalls das ganze Deutsche Reich umfassende Gerichtsorganisation ist die auf Grund des Reichsarbeitsgerichtsgesetzes (RAGG.) (siehe oben S. 88) seit dem 1. Juli 1927 bestehende Arbeitsgerichtsorganisation. Die dadurch geschaffenen Arbeitsgerichte, sog. Arbeitsgerichtsbehörden, sind wie die Amts-, Land- und Oberlandesgerichte und das Reichsgericht, die sog. ordentlichen Zivilgerichte (siehe oben), auch zur Entscheidung privatrechtlicher Streitigkeiten berufen, aber als Sondergerichte nur zur Entscheidung der Streitigkeiten aus Arbeitssachen; dazu gehören alle Streitigkeiten aus Dienst- und Arbeitsverhältnissen und aus damit zusammenhängenden Tatbeständen wie unerlaubten Handlungen und Miet- und Pachtverhältnissen zwischen den Streitsteilen; darüber hinausgehend auch die Streitigkeiten, die aus der Durchführung der Betriebsverfassung erwachsen, wie über Errichtung, Zusammensetzung, Tätigkeit der Betriebsvertretungen (vgl. oben S. 163f. über berufständische Vertretung). Die zur Entscheidung dieser Arbeitssachen berufenen Arbeitsgerichtsbehörden, die insgesamt aus rechtsgelehrten Richtern und Vertretern der Arbeitgeber und Arbeitnehmer bestehen, sind (1) die Arbeitsgerichte, deren Bezirke sich regelmäßig mit den Bezirken der Amtsgerichte decken; sie haben ausnahmslos alle Arbeitssachen ohne Rücksicht auf den Wert des Streitgegenstandes zu entscheiden; (2) die Landesarbeitsgerichte, welche Berufungen gegen die Urteile der Arbeitsgerichte entscheiden und (3) das Reichsarbeitsgericht, das beim Reichsgericht in einer seinen Aufgaben entsprechenden Zusammensetzung errichtet ist und für Entscheidung von Revisionen gegen die von den Landesarbeitsgerichten als Berufungsinstanzen erlassenen Urteile zuständig ist (vgl. über Berufung und Revision S. 173f. Ziff. 5; — siehe zum vorstehenden Texte RAGG. § 1 Abs. 1; § 2 Abs. 1 Ziff. 1—4, § 3; § 2 Abs. 1 Ziff. 5; — § 1 Abs. 2 mit § 6 Abs. 1).

III. An die Gerichtsverfassung schließt sich das gerichtliche Verfahren als zweiter Hauptteil des Zivilprozeßrechts an. Für die das Verfahren bestimmenden Regeln ist vor allem der Grundsatz maßgebend, daß beide bei dem Prozesse beteiligten Parteien, nicht nur der Kläger, sondern auch der Beklagte, vollständig zu Worte kommen. „Audiatur et altera pars" und „Man soll sie hören alle beide", so heißen die Rechtssprichwörter, in welche sich diese Forderung elementarster Billigkeit kleidet. Doch müssen sich die Parteien bei ihrem Vorbringen an die dafür festgesetzten Regeln halten, sonst erleiden sie prozessuale Nachteile und können selbst den Prozeß gänzlich verlieren. Dagegen ist es ihnen grundsätzlich überlassen, ob und wie weit sie ihre Rechte geltend machen wollen, also der Kläger seinen Anspruch, der Beklagte seine Verteidigung. Wenn der Berechtigte Klage zur Geltendmachung seiner Forderung nicht erhebt, so

Gerichtliches Verfahren.

Leitende Grundsätze.

kommt es überhaupt nicht zu einem Prozesse, und wenn er weniger mit seiner Klage verlangt (etwa 70 Mk. statt der ihm geschuldeten 100 Mk.), so ist das ebenso maßgebend, wie wenn umgekehrt der Beklagte die ganze Forderung des Klägers zugestehen würde, während er in Wahrheit nichts oder doch weniger als den geforderten Betrag schuldet, und zwar selbst dann, wenn dem Richter der wahre Sachverhalt vollständig bekannt wäre. Mit einem Worte: für die richterliche Entscheidung sind lediglich die Verhandlungen der Parteien maßgebend; es gilt grundsätzlich die Verhandlungsmaxime, nicht die Untersuchungsmaxime, d. h. der Richter hat von Amts wegen weder in der Sache vorzugehen noch die Sachlage selbst zu untersuchen. Dabei können die Parteien mündlich oder schriftlich tätig werden; auch kann das Verfahren öffentlich (so daß jedermann Zutritt hat) oder nicht öffentlich, geheim sein. Nach den neueren Prozeßordnungen und insbesondere nach der Zivilprozeßordnung für das Deutsche Reich — ZPO. — vom 30. Januar 1877 (in der gegenwärtigen Fassung geltend seit 1. Juni 1924) ist das Verfahren mündlich und öffentlich (ZPO. § 128 und GVG. § 169). Sonach sind Verhandlungsmaxime, Mündlichkeit und Öffentlichkeit die Grundprinzipien unseres Prozesses.

Gang des Verfahrens. Was nun den Gang des auf diesen Grundlagen verlaufenden Verfahrens selbst anlangt, so muß dadurch

Vorträge der Parteien. 1. festgestellt werden, was zwischen den Parteien eigentlich streitig ist. Das geschieht durch ihre Vorträge. In seinem Klagevortrag, durch welchen der (wirklich oder angeblich) Berechtigte seinen Anspruch erhebt und demgemäß die Verurteilung des Beklagten verlangt, muß er die zur Begründung desselben dienenden Tatsachen, die „Klagetatsachen", anführen. Wenn er sonach in unserem Falle die Verurteilung des Beklagten auf den Betrag von 100 Mk. fordert, so hat er das durch die Behauptung, er habe dem Beklagten 100 Mk. gegeben, und zwar mit der Verabredung der Rückzahlung, zu begründen. Die durch die Klage veranlaßte Erwiderung des Beklagten, sog. „Einlassung", kann möglicherweise diese Tatsache bestreiten — der Beklagte leugnet überhaupt, das Geld erhalten zu haben, oder behauptet, es sei ihm geschenkt worden —, oder er kann Einreden entgegnen, welche, obwohl sie die Wahrheit der Klagetatsachen nicht berühren, doch (im Falle der Begründung) die Verurteilung ausschließen müssen; so, wenn er behauptet, er sei als Minderjähriger durch den Empfang des Darlehens nicht verpflichtet worden, oder er habe dasselbe schon zurückgezahlt, oder es stehe ihm eine Gegenforderung gegen den Kläger aus einem anderen Geschäfte zu. Die Einlassung ihrerseits kann wiederum eine „Replik" von seiten des Klägers, diese eine „Duplik" von seiten des Beklagten hervorrufen. (ZPO. § 137 Abs. 1 und 2, § 138 Abs. 1).

2. Die Tatsachen, welche sich auf Grund dieser Vorträge als streitig herausgestellt haben, müssen, soweit sie überhaupt für die Feststellung des klägerischen Anspruches erheblich sind, von den Parteien bewiesen werden. Dabei obliegt die **Beweispflicht** demjenigen, der eine Tatsache zu seinen Gunsten behauptet; also muß der Kläger die Klagetatsachen beweisen (actori incumbit probatio), der Beklagte hingegen nur die Tatsachen, auf welche sich seine Einreden stützen (reus in exceptione actor est). Gelingt dem Kläger der Beweis der Klagetatsachen nicht, so muß der Beklagte freigesprochen werden, auch wenn er seinerseits nichts bewiesen hat. (ZPO. § 282 Abs. 1). Beweis.

3. Auf dieser Grundlage, dem Ergebnis der Beweisführung, muß der Richter das Urteil (Endurteil) fällen, das entweder den Beklagten verurteilt, wenn der Anspruch des Klägers erwiesen ist, oder ihn freispricht (indem die Klage abgewiesen wird), wenn das nicht der Fall ist. Seiner Aufgabe entsprechend, den Streit zwischen den Parteien definitiv zu beendigen, gilt der Inhalt des Urteils (wenn es einmal rechtskräftig geworden ist) unbedingt als wahr für die Parteien, auch wenn es der Sachlage tatsächlich nicht entspricht (res iudicata pro veritate accipitur). (ZPO. § 300 Abs. 1). Urteil.

4. Das Urteil, welches den Beklagten zu einer Leistung verurteilt, muß, wenn er dasselbe nicht freiwillig erfüllt, zwangsweise durch die Obrigkeit (den Gerichtsvollzieher) vollzogen werden (**Zwangsvollstreckungsverfahren**). (ZPO. § 704 Abs. 1 und § 753 Abs. 1). Vollstreckung.

5. Der hiermit gekennzeichnete Verlauf des Prozesses kann eine Abänderung durch die **Einlegung von Rechtsmitteln** erfahren, d. h. den Gebrauch solcher prozessualer Mittel, welche auf erneute Prüfung einer getroffenen richterlichen Entscheidung Rechtsmittel.

behufs Aufhebung oder Abänderung derselben abzielen. Insbesondere kann jede Partei, welche sich durch ein in erster Instanz (von einem Amtsgerichte oder Landgerichte) gefälltes Endurteil beschwert fühlt, dagegen „Berufung" an das übergeordnete Gericht ergreifen, und außerdem ist gegen die Endurteile, welche die Oberlandesgerichte auf erfolgte Berufung hin abgegeben haben, noch eine „Revision" an das Reichsgericht zulässig (ZPO. § 511, § 545 Abs. 1; § 549 Abs. 1). Beide, Berufung und Revision, haben miteinander gemeinsam, daß sie, rechtzeitig eingelegt, den Eintritt der Rechtskraft und damit die Zwangsvollstreckung des angefochtenen Urteils hindern, unterscheiden sich aber wesentlich dadurch, daß die Revision nur auf einen Mangel in der juristischen Behandlung der Streitsache — die Nichtanwendung oder fehlerhafte Anwendung eines Rechtssatzes — gestützt werden kann (revisio in iure), die Berufung dagegen auch durch falsche Auffassung des dem Urteile zugrunde liegenden Tatbestandes gerechtfertigt ist. (ZPO. § 549 Abs. 1 und § 550, § 525 und § 529 Abs. 1). —

Güteverfahren. IV. Gerichtliche Streitigkeiten haben häufig sehr üble Nachwirkungen: Ärger und Enttäuschungen, Zeitverlust und Kosten für die Parteien, Haß und Feindseligkeiten, die auch weitere Kreise ergreifen. Da nun alle diese Nachteile vermieden werden können, wenn die Streitsteile zu einer Verständigung, einem Ausgleich gelangen, so bestimmt die Zivilprozeßordnung in ihrer derzeitigen Fassung für das Verfahren vor den Amtsgerichten, in dem durch Amtsrichter als Einzelrichter weit überwiegend die große Mehrzahl aller privatrechtlichen Streitigkeiten erledigt werden, daß der Erhebung der Klage ein Güteantrag vorausgehen muß. Darin muß der Antragsteller seinen Anspruch, die ihn stützenden Tatsachen und Beweismittel bezeichnen und auch die Gründe, wenn er sie kennt, anführen, aus denen der Gegner den Anspruch bestreitet. — Sodann muß das Amtsgericht unverzüglich Termin zur Güteverhandlung anberaumen und zur Vorbereitung dienende Maßnahmen treffen, z. B. Urkunden und Auskünfte beschaffen. — In der Güteverhandlung selbst hat das Gericht das ganze Streitverhältnis mit den Parteien in freier Würdigung aller Umstände zu erörtern und nach Möglichkeit einen gütlichen Ausgleich herbeizuführen. Gelingt dies, einigen sich die Parteien, so wird der von ihnen geschlossene Vergleich zu Protokoll genommen und wird dadurch vollstreckbar, geradeso wie ein Urteil, das rechtskräftig geworden ist (vgl. S. 173 f. Ziff. 3, 4 und 5). — Einigen sich die Parteien in der Güteverhandlung nicht, so geht das Güteverfahren auf Antrag der einen oder anderen Partei von selbst in das „Streitverfahren" (vor dem Amtsgericht) über, für welches nunmehr der Güteantrag als Klageschrift gilt. (Zu den vorstehenden Gedanken des Güteverfahrens in ihrer Reihenfolge siehe ZPO. §§ 495a Satz 1, 499a—499b Abs. 1, 2 und 3 Satz 1, 499c Satz 1, 499g Ziff 1, 499e Abs. 1.)

Auch das Verfahren vor den Landgerichten und den Oberlandesgerichten, das grundsätzlich vor einem Richterkollegium von drei Mitgliedern stattfindet, sucht den Zweck des Güteverfahrens zu erreichen, aber dadurch, daß nach Erhebung der Klage, also nach Prozeßbeginn, die Streitsache zunächst vor einem dazu bestimmten Mitglied des Prozeßgerichts als Einzelrichter zu verhandeln ist und dieser (Einzelrichter) vor allem die gütliche Beilegung des Streites herbeizuführen hat. Gelingt das, wird ein Vergleich von den Parteien geschlossen, so ist er ebenso vollstreckbar wie der im Güteverfahren geschlossene Vergleich. Kommt der Vergleich aber nicht zustande, so hat der Einzelrichter nunmehr für eine allseitige und erschöpfende Erörterung des Streitverhältnisses zu sorgen und die Sache so weit zu fördern, daß sie tunlichst durch eine einzige Verhandlung vor dem Prozeßgericht erledigt werden kann (ZPO. §§ 348 Satz 1, 349 Abs. 1 Satz 1 und 2, Abs. 2 Satz 1).

Schiedsurteil.

Außer der Verpflichtung friedliche Beilegung des Rechtsstreits durch die Parteien zu fördern, hat das in erster oder zweiter Instanz zustehende Gericht, also das Amts- oder Land- oder Oberlandesgericht, wenn beide Parteien es (übereinstimmend) beantragen, den Streit durch Schiedsurteil zu entscheiden. In diesem Antrag können die Parteien überdies verlangen, daß das Gericht in jedem Falle auch im Verfahren vor dem Amtsgericht mit einem Richter als Vorsitzenden und zwei Beisitzern besetzt wird; von diesen Beisitzern ernennt jede Partei einen, während eine übereinstimmende Benennung eines geeigneten Vorsitzenden tunlichst zu berücksichtigen ist. Das mit dem Antrag eintretende Schiedsurteilsverfahren bestimmt sich nach freiem Ermessen des Gerichts und ist an die Förmlichkeiten der Zivilprozeßordnung nicht gebunden, das Schiedsurteil, dem sich die Parteien von vorneherein unterworfen haben, ist demgemäß sofort rechtskräftig und kann daher nicht durch Berufung oder Revision angefochten werden. Diese Grundsätze, die das schiedsrichterliche Verfahren bestimmen: Formfreiheit und sofortige Rechtskraft des Urteils finden von rechtswegen auch im Verfahren vor dem Amtsrichter — jedoch ohne Mitwirken von Beisitzern — Anwendung auf vermögensrechtliche Streitigkeiten, deren Gegenstand den Wert von 50 Reichsmark nicht übersteigt. In allen anderen Fällen, auch vor den Amtsgerichten, tritt das Schiedsurteilsverfahren nur auf Antrag der Parteien ein, die dadurch zugleich einen Einfluß auf die Besetzung des Gerichts ausüben können. (Bekanntmachung zur Entlastung der Gerichte, in der gegenwärtigen Fassung seit 1. Juni 1924 in Geltung, RGBl. I S. 552, §§ 18 Abs. 1 Satz 1; Abs. 2 Satz 1 und 2; § 19 Abs. 1; § 20 Abs. 1.)

Konkursrecht.

V. Ein Teil des Zivilprozesses ist streng genommen auch das Konkursverfahren, d. h. jenes Verfahren, das dadurch veranlaßt wird, daß eine Person nicht die Mittel besitzt, den Anforderungen ihrer Gläubiger — dem concursus creditorum — zu genügen. Dadurch ist einerseits eine rechtliche Beschränkung der Gläubiger in der Ausübung ihrer Rechte, andererseits aber auch eine Beschränkung ihres Schuldners — des Gemeinschuldners — bedingt, dem es verwehrt sein muß, durch seine Verfügung Vermögensstücke der Befriedigung seiner Gläubiger zu entziehen. Die sonach gebotenen Modifikationen des materiellen Rechts stehen jedoch in innigem Zusammenhang mit dem hier eintretenden prozessualen Verfahren, das auf Beischaffung der zum Vermögen des Schuldners gehörigen Gegenstände und verhältnismäßige Befriedigung der Gläubiger aus deren Erlöse abzielt. Dieser Umstand hat dazu geführt, die materiellrechtlichen und prozessualen Bestimmungen über den Konkurs miteinander zu verbinden. Das ist insbesondere in der Konkursordnung für das Deutsche Reich (vom 10. Februar 1877, hinfort in der Fassung des Gesetzes vom 17. Mai 1898 in Geltung) geschehen. In Übereinstimmung damit wird das Konkursrecht heutzutage in Literatur und Unterricht als gesonderter Gegenstand behandelt, der gleichmäßig materielles und formelles Recht umfaßt.

§ 6. 3. Das Strafrecht*).

I. Das Strafrecht hat zu seiner Aufgabe, die von der gegebenen Rechtsordnung anerkannten Interessen, soweit sie dessen bedürfen, in wirksamer Weise gegen rechtswidrige Angriffe zu schützen. Dabei handelt es sich um Rechtsverhältnisse der verschiedensten Art, Verhältnisse, welche dem Privatrecht, und Verhältnisse, welche dem öffentlichen Recht angehören. Vielfach werden die ihnen zugrunde liegenden Interessen schon durch die Normen jenes Gebietes (Privat- oder Staatsrecht) geschützt, dem sie angehören. Insbesondere ist zum Schutze verletzter Privatrechte dem Berechtigten regelmäßig Klage gewährt. Mit Klage kann der Eigentümer von demjenigen, der ihm seine Sachen vorenthält, Herausgabe derselben verlangen, von dem, der sie schuldhaft beschädigt, Schadensersatz erwirken. Ebenso kann jeder Mensch, der durch einen anderen eine widerrechtliche körperliche Beschädigung erleidet, auf Ersatz des dadurch herbeigeführten Schadens klagen. Indessen leuchtet ein, daß dem Eigentümer die Klage auf Herausgabe dem Diebe gegenüber, der die gestohlene Sache schon veräußert oder verbraucht hat, nichts hilft, und daß jeder Anspruch auf Schadensersatz gegenüber dem Mittellosen gegenstandslos ist, gegenüber dem Vermögenden aber insofern seinen Zweck verfehlt, als dieser dadurch in einer ihm fühlbaren Weise nicht getroffen wird und somit eine genügende Gegenwirkung gegen den Anreiz zur Begehung rechtswidriger Angriffe nicht geschaffen wird. Soll das kostbare Gut des menschlichen Lebens wirksam geschützt werden, so muß jede Körperverletzung, nicht nur die vorsätzliche, sondern auch die fahrlässige, mit der Verhängung von Übeln bedroht sein, die für den Täter sehr

Wesen u. Aufgabe des Strafrechts.

*) Siehe Birkmeyer, Strafrecht, in dessen Enzyklopädie, S. 1095—1202; außerdem Arndts, §§ 85 f.; Gareis, § 51; Kohler, Einführung, S. 179—188; Hedemann, § 29; Fischer, S. 139—146; Radbruch, S. 89—104; Schmidt, §§ 35—37; v. Liszt, Lehrbuch des deutschen Strafrechts, 24. Aufl., herausgegeben von E. Schmidt, Berlin 1922; F. Wachenfeld, Strafrecht in Holtzendorff-Kohlers Enz., 5. Bd., S. 3—74; Fr. v. Liszt, Strafrecht u. Strafprozeßrecht, in der Systematischen Rechtswissenschaft, S. 233 bis 260; Fr. van Calker, Grundriß des Strafrechts, 3. Aufl., München 1927; E. Beling, Grundzüge des Strafrechts 8./9. Aufl., Tübingen 1925.

empfindlich sind, und deren Vorstellung deshalb geeignet erscheint, einerseits den Anreiz zur Begehung solcher Delikte zu überwinden, andererseits aber eine genügende Warnung bietet, die Umsicht im Verkehr zu betätigen, welche zur Vermeidung (fahrlässiger) Verletzungen anderer erforderlich ist. — In gleicher Weise verlangt der wirksame Schutz des Eigentums an einer Sache, daß derjenige, der die Sache entwendet oder dieselbe vorsätzlich beschädigt, von einem ihm empfindlichen Übel getroffen wird. Was aber für Leben und Eigentum gilt, findet auch auf die verschiedensten anderen Interessen seine Anwendung. Demgemäß enthält das Recht jedes Staates zahlreiche Bestimmungen, welche die Begehung gewisser rechtsverletzender Handlungen, der Verbrechen, mit Verhängung eines Übels, einer sog. Strafe, bedrohen. Die Gesamtheit der darauf bezüglichen Vorschriften, welche sonach in einem bestimmten staatlichen Gemeinwesen an den Tatbestand der Verbrechen eine Strafe als Rechtsfolge anknüpfen, bildet zusammen das Strafrecht dieses Staates.

Strafrecht im subjektiven Sinne. Nach Maßgabe seiner Bestimmungen steht dem Staate durch die dazu berufenen Strafgerichte das Recht zu, im einzelnen Falle Strafe zu verhängen (das sog. ius puniendi oder Strafrecht im subjektiven Sinne des Wortes).

Deutsches Strafrecht. In Deutschland ist das Strafrecht zum Teil durch die Reichsgesetzgebung, zum Teil durch die Landesgesetzgebung normiert. Hauptquelle desselben bildet das Strafgesetzbuch für das Deutsche Reich — StGB. — (vom 31. Mai 1870 bzw. 15. Mai 1871), welches seit dem 1. Januar 1872 in ganz Deutschland gilt, daneben bestehen zahlreiche Reichs- und Landesgesetze zum Schutze mannigfacher, besonders gearteter Interessen.

Verbrechen. II. Dem Gesagten zufolge beziehen sich die Bestimmungen des Strafrechts auf Verbrechen und Strafe. Was zunächst die Verbrechen (delicta publica) anlangt, so sind sie, wie die „unerlaubten Handlungen“ unseres bürgerlichen Rechts (die Privatdelikte), Rechtsverletzungen (s. S. 53 f. Ziff. IV), haben also geradeso wie diese eine rechtswidrige (einer Rechtsvorschrift widerstreitende), verschuldete (dem Täter zurechenbare [siehe S. 53 f.], auf Vorsatz oder Fahrlässigkeit desselben beruhende) Handlung (oder Unterlassung) zu ihrer Voraussetzung. Sie unterscheiden sich von denselben lediglich durch die ihnen eigentümliche Rechtsfolge, die Strafe, d. h. das vom Staate angedrohte Übel, welches im gegebenen Falle den Verbrecher wirklich zu treffen bestimmt ist, während die Rechtsfolge des Privatdelikts nur Schadloshaltung des Verletzten bezweckt.

Strafen. Je nach der Verschiedenheit der durch die Strafe bedrohten Interessen und Güter unterscheidet man Lebensstrafen (die Todesstrafe), Freiheitsstrafen (in den Formen der Zuchthaus-, Festungs-, Gefängnis- und Haftstrafe bei uns anerkannt), Vermögensstrafen (Geldstrafe) und Ehrenstrafen (so die Aberkennung der bürgerlichen Ehrenrechte, auf die aber nur als Nebenstrafe neben anderen Strafen erkannt werden kann).

Unterschied von Verbrechen, Vergehen u. Übertretungen. Wie nun die Androhung irgendeiner Strafe, also eines der genannten Übel, die bedrohte Rechtsverletzung als Verbrechen überhaupt qualifiziert, so entscheidet die Schwere der mit einzelnen Verbrechen verknüpften Strafe über die Einteilung der strafbaren Handlungen; je nachdem eine Handlung entweder mit dem Tode, mit Zuchthaus oder mit Festungshaft über 5 Jahre bedroht ist oder zweitens mit Festungshaft bis zu 5 Jahren, mit Gefängnis oder Geldstrafe über 150 Reichsmark oder endlich mit Haft oder Geldstrafe bis zu 150 Reichsmark, werden die strafbaren Handlungen (oder Verbrechen im weitesten Sinne des Wortes) als **Verbrechen**, **Vergehen** und **Übertretungen** unterschieden (StGB. § 1).

Verbrechen gegen einzelne und gegen die Gesamtheit. III. Ihrem Inhalt nach unterscheiden sich die strafbaren Handlungen nach Verschiedenheit der Interessen, gegen welche sie gerichtet sind. Von diesem Gesichtspunkt aus kann man zunächst Verbrechen, welche sich gegen einzelne, und Verbrechen, welche sich gegen die Gesamtheit richten, unterscheiden. Die Interessen des einzelnen werden gefährdet durch die auf sein Leben, seine körperliche und geistige Unversehrtheit, seine Freiheit, sein Vermögen und seine Familie gerichteten Verbrechen, wie Mord und Totschlag — Körperverletzung und Beleidigung — Freiheitsberaubung — Diebstahl, Raub und Sachbeschädigung — Ehebruch, Unterschiebung und Verwechslung von Kindern (vgl. S. 62 f. Ziff. II). Zu den Verbrechen gegen die Gesamtheit gehören vor allem die gegen den Bestand und die Sicherheit des Staates, sowie die Organe der Staatsgewalt und deren Betätigung gerichteten Angriffe, wie Hoch- und Landesverrat, Widerstand gegen die Organe der Staatsgewalt und Bestechung von Beamten; es gehören dahin aber auch viele Verbrechen, die einer bestimmten Beziehung zu staatlichen Einrichtungen und Interessen entbehren: so Unzucht und Blutschande, Gotteslästerung, Urkundenfälschung, Brandstiftung, Herbeiführung von Überschwemmungen u. a. (s. S. 37 f.).

Allgemeine u. besondere Merkmale der Verbrechen.

IV. Soll wegen irgendeines von der Gesetzgebung normierten Verbrechens Verurteilung stattfinden, so muß selbstverständlich der Tatbestand desselben vollständig gegeben sein. Das erfordert aber nicht nur, daß die besonderen Merkmale des verübten Verbrechens vorliegen, sondern auch die Merkmale jedes Verbrechens überhaupt. So wird der Mord im § 211 des Strafgesetzbuchs als die vorsätzliche mit Überlegung ausgeführte Tötung eines Menschen definiert; gleichwohl wird wegen einer so ausgeführten Tötung Verurteilung nicht erfolgen können, wenn dieselbe im Zustande der Notwehr (s. S. 60 f. Ziff. V) oder von einer Person, die das vierzehnte Lebensjahr noch nicht vollendet hat, verübt worden ist; sie ist im ersten Falle nicht rechtswidrig, im zweiten nicht zurechenbar, da Kinder unter vierzehn Jahren strafrechtlich schlechterdings nicht zur Verantwortung gezogen werden können (s. S. 44 a. E.). Wie die Bestimmungen über die Begriffsmerkmale des Verbrechens überhaupt, so sind auch jene Bestimmungen, welche die verschiedenen Erscheinungsformen desselben behandeln — den Versuch (StGB. § 43 Abs. 1 vgl. § 44 Abs. 1) im Gegensatz zu dem vollendeten Verbrechen, die Teilnahme mehrerer Personen als Mittäter, Anstifter und Gehilfen (StGB. §§ 47, 48 und 49) bei Verübung eines Verbrechens oder umgekehrt das Zusammentreffen mehrerer Verbrechen in einer Person —, den verschiedensten Arten der strafbaren Handlungen gemeinsam, geradeso wie die Vorschriften, welche sich auf die Arten der Strafen und die Anwendung derselben beziehen, allgemeine Geltung für die verbrecherischen Handlungen beanspruchen. Diese Tatsachen haben den Gesetzgeber bestimmt, den Regeln, welche den Tatbestand der einzelnen Verbrechen und die darauf gesetzte Strafe fixieren, jene Regeln vorauszuschicken, die sich auf Verbrechen und Strafe überhaupt beziehen. Dementsprechend handelt unser Reichsstrafgesetzbuch in seinem ersten Teile „Von der Bestrafung der Verbrechen, Vergehen und Übertretungen im allgemeinen“, im zweiten Teile hingegen „von den einzelnen Verbrechen, Vergehen und Übertretungen und deren Bestrafung", — eine Scheidung, welche auch in der Einteilung unserer Strafrechtslehrbücher in einen allgemeinen und einen besonderen Teil zum Ausdruck gelangt ist.

§ 7. 4. Das Strafprozeßrecht*).

I. Die Ausübung des dem Staate zustehenden Strafrechts erfordert ein Verfahren (Strafprozeß), das einmal die Voraussetzungen desselben, d. h. die Verübung eines Verbrechens durch eine bestimmte Person, festzustellen, sodann bejahenden Falles den Verbrecher zu einer bestimmten Strafe zu verurteilen und endlich für Vollstreckung dieser Strafe Sorge zu tragen hat. Auch dieses Verfahren ist wie der Zivilprozeß durch zahlreiche Regeln gesetzlich normiert, welche in ihrer Gesamtheit das Strafprozeßrecht bilden. Hauptquelle des Strafprozeßrechts ist für uns neben dem Gerichtsverfassungsgesetz (siehe oben S. 169 f.) die Strafprozeßordnung für das Deutsche Reich — StPO. — vom 1. Februar 1877 (in der gegenwärtigen Fassung seit 1. April 1924 in Geltung, s. RGBl. I S. 322). Daneben kommen ergänzend zahlreiche Bestimmungen einzelner Reichsgesetze sowie die Landesgesetzgebung in Betracht. Strafprozeß u. Strafprozeßrecht.

II. Wie der Zivilprozeß, so bedarf auch der Strafprozeß bestimmter Organe, der Gerichte, welche mit Wahrnehmung der Strafgerichtsbarkeit betraut sind. Das sind dieselben ordentlichen Gerichte, welche auch die bürgerlichen Rechtsstreitigkeiten zu entscheiden haben, also die Amts- und Landgerichte, die Oberlandesgerichte und das Reichsgericht. Indessen sind sie zum Zwecke der Ausübung der Strafgerichtsbarkeit besonders ausgestaltet. Beim Amtsgericht entscheidet der Amtsrichter als Einzelrichter über alle Übertre- Gerichtsorganisation u. Zuständigkeit.

*) Vgl. v. Lilienthal, in Birkmeyers Enz., S. 1233 bis 1344; E. Beling, Strafprozeßrecht, in Holtzendorff-Kohlers Enz., 5. Bd., S. 115—205; Arndts, §§ 84, 87 f.; Gareis, § 52; Kohler, Einführung, S. 188—201; Hedemann, § 34; Fischer, S. 146—154; Radbruch, S. 128—135; Schmidt, § 40; Ullmann, Lehrbuch des deutschen Strafprozeßrechts, Berlin 1893; Birkmeyer, Deutsches Strafprozeßrecht, Berlin 1898; Fr. v. Liszt, Strafrecht und Strafprozeßrecht, in der Systematischen Rechtswissenschaft, S. 261—272; Graf zu Dohna, Das Strafprozeßrecht, 2. Aufl., Berlin 1925.

tungen und leichteren Vergehen, die mit Gefängnis von höchstens 6 Monaten bedroht sind (ganz vereinzelt auch über Verbrechen, wie über schweren Diebstahl und Hehlerei); zudem sind an den Amtsgerichten sog. Schöffengerichte gebildet, die in der Regel aus einem Richter und zwei Laien, den Schöffen, bestehen und berufen sind in gemeinsamer Beratung des Richters und der Schöffen über alle anderen Vergehen und die übergroße Mehrzahl aller Verbrechen zu erkennen, wie über alle Verbrechen die höchstens mit 10 Jahren Zuchthaus bedroht sind, sowie über gewisse andere Verbrechen, z. B. Falschmünzerei, Notzucht, Raub, auch wenn sie mit längerer Zuchthausstrafe bedroht sind (StPO. § 1; GVG. §§ 12, 13; § 22 Abs. 1; § 24 mit 25 Abs. 1 Ziff. 1 und Ziff. 2b und § 26 Abs. 1; — § 28, § 29 Abs. 1 Satz 1, § 30 Abs. 1 und § 24). — Bei den Landgerichten sind sog. Strafkammern ständig eingerichtet, die auch aus Richtern und Schöffen bestehen, aber lediglich zur Entscheidung von Berufungen tätig werden, somit als Gerichte 1. Instanz nicht in Frage kommen. Dagegen sind die bei einzelnen Landgerichten nach Bedarf, von Zeit zu Zeit zusammentretenden Schwurgerichte, die aus drei Richtern und sechs sog. Geschworenen gebildet werden, zur Aburteilung der allerschwersten Verbrechen berufen, so namentlich der Verbrechen, die gegen das Leben der Menschen gerichtet sind, wie Mord, Totschlag, vorsätzliche Körperverletzung mit nachgefolgtem Tode, vorsätzliche Brandstiftung mit Gefährdung von Menschenleben. Wenn auch die zur Verhandlung und Entscheidung zugezogenen Laien in Festhaltung eines eingewurzelten Sprachgebrauchs als Geschworene bezeichnet werden, so sind sie doch nicht Geschworene (und die Gerichte sind nicht Schwurgerichte), weil sie nicht wie Geschworene über die Schuldfrage allein entscheiden, sondern sie sind Schöffen, die mit den Richtern zusammen ein einheitliches Gericht bilden und mit ihnen zusammen über die Schuld- und Straffrage zu erkennen haben, ebenso wie die Schöffen im Schöffengerichte des Amtsgerichts (GVG. §§ 79, 81, 82 Abs. 1; — § 80). — In erster Instanz unterliegen nach Vorstehendem alle Strafsachen: Übertretungen, Vergehen und Verbrechen, der Entscheidung durch die Amtsgerichte (Einzelrichter, Schöffengerichte) und durch die Schwurgerichte. Im Gegensatz zu den Amtsgerichten und Schwurgerichten sind die bei den Landgerichten gebildeten Strafkammern nur als Berufungsinstanzen tätig. Sie entscheiden als kleine Strafkammern, in der Besetzung von einem Richter und zwei Schöffen, über Berufungen gegen die Urteile der Einzelrichter, als große Strafkammern, in der Besetzung von drei Richtern und zwei Schöffen, über Berufungen gegen die Urteile der Schöffengerichte (GVG. §§ 60, 74, 76 Abs. 2; StPO. § 312). Dagegen unterliegen die Urteile der Schwurgerichte der Berufung nicht. — Die Oberlandesgerichte, in den dazu bestellten Strafsenaten — meist in der Besetzung von drei Richtern —, fungieren regelmäßig als Revisionsinstanzen. Als solche haben sie zu entscheiden über die Revision gegen die Berufungsurteile der kleinen Strafkammern und in minderschweren Fällen auch gegen Berufungsurteile der großen Strafkammern (GVG. §§ 116, 122 Abs. 1; § 121 Ziff. 1b und c; StPO. § 333). — Das Reichsgericht entscheidet, gleichfalls in Strafsenaten, die aus fünf Mitgliedern bestehen, in der Regel über Revisionen gegen das Urteil der Schwurgerichte sowie gegen die Urteile der großen Strafkammern, soweit sie nicht der Revision der Oberlandesgerichte unterliegen (GVG. §§ 130 Satz 1, 139 Satz 1; 135; StPO. § 333). Ausnahmsweise entscheidet das Reichsgericht in erster und zugleich einziger Instanz, so über das Verbrechen des Hoch- und Landesverrats gegen das Deutsche Reich (GVG. § 134 Abs. 1). Von den verschiedenen Gerichten gleicher Art, welche nach dem Gesagten an sich zur Aburteilung einer begangenen strafbaren Handlung geeignet sind, ist gegebenenfalls — nach den Bestimmungen über die örtliche Zuständigkeit — dasjenige Gericht dazu berufen, in dessen Sprengel die Tat verübt worden ist, sowie nach besonderer Bestimmung der Deutschen Strafprozeßordnung auch das Gericht, in dessen Sprengel der Angeschuldigte seinen Wohnsitz hat (StPO. § 7 Abs. 1 und § 8 Abs. 1).

Offizial-Anklage- und Inquisitionsverfahren.

III. Was das Verfahren anbetrifft, so kommt in Betracht, daß es sich dabei um einen Anspruch des Staates handelt, dessen Durchführung im öffentlichen Interesse, behufs Aufrechterhaltung und Sicherung der bestehenden Rechtsordnung, geboten ist. Damit ist zugleich gesagt, daß der Staat für Verfolgung und Bestrafung der Verbrecher sorgen muß; er kann daher auf die Geltendmachung dieses Anspruchs nicht verzichten, wie man auf Geltendmachung von Privatrechten im Zivilprozeß verzichten kann; für den Strafprozeß gilt, wie man sagt, das Prinzip des Offizialverfahrens. Aber selbstverständlich soll Verfahren und Verurteilung nur gegenüber dem Platz greifen, der sich eines Verbrechens schuldig gemacht hat. Es muß daher nach Menschenmöglichkeit die volle und ganze Wahrheit über das wirklich oder vermeintlich begangene Verbrechen ermittelt werden. Es gilt das Prinzip der Erforschung der materiellen Wahrheit, welches eine solche Gestaltung des Strafverfahrens verlangt, daß der Schuldige, aber auch nur der Schuldige, der von ihm verwirkten Strafe unterworfen wird. Der Verurteilung Unschuldiger muß um so mehr vorgebeugt werden, als sie nicht nur das Ansehen der Gerichte schwer beeinträchtigt, sondern zugleich eine Unsicherheit der Gesamtheit hervorruft, die weit bedenklicher ist als jene, die sich infolge unterbliebener Verurteilung eines Schuldigen einstellt. Wenn hiernach von Amts wegen ein Verfahren wegen begangener Verbrechen stattfinden und in demselben die volle Wahrheit ermittelt werden soll, so ist doch damit nicht gesagt, wie dieses Verfahren zu gestalten ist. Möglicherweise kann es ähnlich wie der Zivilprozeß organisiert sein; das ist der Fall beim sog. Anklageverfahren (Akkusationsprozeß). Das Wesen desselben besteht darin, daß eine Person, der Ankläger, vor Gericht gegenüber einer anderen, dem Angeklagten, wegen eines von diesem angeblich begangenen Verbrechens Anklage erhebt, dieselbe durch Anführung der entsprechenden Tatsachen zu begründen und den Beweis dafür zu erbringen sucht. Der Angeklagte dagegen ist seinerseits bestrebt, die erhobenen Anschuldigungen abzuwehren und die Beweisführung des Anklägers nach Möglichkeit zu entkräften. Auf diese Weise wird der gesamte Stoff, der für Schuld und Unschuld des Angeklagten spricht, von seiten der Parteien dem Gerichte unterbreitet, das seinerseits selbst ganz unparteiisch das Urteil zu fällen in der Lage ist. Von diesem Verfahren wesentlich verschieden ist das sog. Inquisitionsverfahren. Dabei ist von Parteien, Ankläger und Angeklagten, eigentlich nicht die Rede, vielmehr eröffnet der Richter selbst (nicht etwa ein zur Erhebung der Anklage berufenes Organ, wie der Staatsanwalt) von Amts wegen die Untersuchung gegen denjenigen, der sich der Begehung eines Verbrechens verdächtig gemacht hat, sucht sich durch Beischaffung und Prüfung der Beweismittel selbst die Überzeugung von dessen Schuld zu verschaffen, wobei als Hauptmittel zur Aufdeckung der Wahrheit die Inquisition oder Vernehmung des Angeschuldigten dient, welche naturgemäß die Tendenz hat, ein Geständnis desselben zu erwirken.

Während in der älteren Zeit das Verfahren in Deutschland wie im alten Rom ein (mündliches und öffentliches) Anklageverfahren (vor Volksgerichten) war, ist der Inquisitionsprozeß, zugleich als schriftliches und geheimes Verfahren vor gelehrten Richtern, in Italien seit dem zwölften Jahrhundert zur Ausbildung gelangt und hat dann infolge der Rezeption der fremden Rechte auch bei uns in Deutschland allgemeine Aufnahme gefunden. Infolge der Reformbewegung des Jahres 1848 aber ist dieser gemeinrechtliche Inquisitionsprozeß allenthalben durch ein Verfahren verdrängt worden, welches — nach dem Vorbild des französischen Kriminalprozesses — auf dem Grundsatz der Öffentlichkeit und Mündlichkeit beruht und zudem dem Laienelement eine Anteilnahme an der Strafrechtspflege sichert (so in allen Strafgerichten, in denen Schöffen zugezogen werden), dennoch aber dem Inquisitionsprinzip nicht, wie vielfach angenommen, entsagt hat; denn, wenn sich dieses Verfahren auch in der Form der Anklage bewegt, so ist es doch, wie im alten Inquisitionsprozeß, Aufgabe des Gerichts und nicht Aufgabe der Parteien, das Material für die Schuld des Angeklagten beizuschaffen. Auf diesen Grundlagen beruht auch die Strafprozeßordnung, welche seit dem 1. Oktober 1879, nunmehr in Neufassung seit dem 1. April 1924, für das Deutsche Reich in Geltung steht. Deutsches Strafprozeßrecht.

§ 8. Das Völkerrecht*).

I. Das Völkerrecht ist nicht, wie das bisher betrachtete staatliche Recht, Recht eines Staates, das die in dessen Bereich fallenden Verhältnisse regelt, sondern ein Recht der (zivilisierten) Staaten überhaupt, welches für dieselben in ihren Beziehungen zueinander Geltung hat. Es beruht seinem innersten Wesen nach darauf, daß die Staaten zur Erreichung ihrer Zwecke eine Ge- Begriff und Wesen des Völkerrechts.

*) Arndts, §§ 91, 92; Gareis, §§ 54f.; Kohler, Einführung, S. 201—216; Hedemann, § 31; Fischer, S. 171 bis 185; Radbruch, S. 174—193; Schmidt, §§ 46—50; Ullmann, Völkerrecht, 2. Aufl., Tübingen 1908; v. Liszt, Das

meinschaft bilden, welche wie jede andere Zweckgemeinschaft rechtlicher Normierung bedarf. Die Erkenntnis der gemeinsamen Interessen führt auch hier zu der Überzeugung, daß ein bestimmtes, zweckentsprechendes Verhalten der Staaten als Mitglieder dieser Gemeinschaft und damit auch bestimmte Regeln für dieses Verhalten geboten sind, sei es nun, daß diese Regeln in der Übung, dem Verkehr der Staaten untereinander, tatsächlich (als Gewohnheitsrecht) anerkannt werden, sei es, daß sie in den zwischen den Staaten abgeschlossenen Verträgen bewußten Ausdruck erhalten. Läßt sich sonach nicht zweifeln, daß die Vorschriften des Völkerrechts ebenso wie jene des staatlichen Rechts wirkliche Rechtssätze sind, so sind es doch Rechtssätze mangelhafterer Art; es fehlt an einer den einzelnen Staaten übergeordneten Organisation, welche, wie die Organe des Staates, in der Lage wäre, das Völkerrecht auf dem Wege der Gesetzgebung weiterzubilden, entstandene Streitfragen autoritativ zu entscheiden und die Entscheidungen erforderlichen Falles auch zum Vollzug zu bringen. Und dennoch ist die gesetzgebende, richtende und vollziehende Gewalt vorhanden; nur steht sie der Gesamtheit der Staaten selbst zu. Diese Staatengesamtheit ist es, welche auf den Staatenkongressen und -konferenzen die Rechtssätze feststellen kann, die in Zukunft auf ihre Verhältnisse Anwendung finden sollen, die ebendaselbst in gemeinsamer Beratung Streitigkeiten zwischen den Staaten entscheiden, sowie zu diesem Zwecke die Bestellung von Schiedsgerichten vereinbaren kann; die Staatengemeinschaft endlich ist es, die durch ihr Eingreifen ihren Anordnungen und Entscheidungen Nachdruck zu verleihen, namentlich auch durch sog. Kollektivintervention einer beabsichtigten Rechtsverletzung vorzubeugen in der Lage ist.

Die Staaten als Subjekte des Völkerrechts. II. Aus dem Begriff des Völkerrechts ergibt sich unmittelbar, daß nur Staaten und grundsätzlich nur die souveränen Staaten Subjekte des Völkerrechts sind; also jene Volksgemeinschaften, die sich auf einem bestimmten Gebiete (dem Staatsge-

---

Völkerrecht, systematisch dargestellt, 12. Aufl., bearbeitet von M. Fleischmann, Berlin 1925; P. Heilborn, Völkerrecht, in Holtzendorff-Kohlers Enz., 5. Bd., S. 481—578; F. v. Martitz, Völkerrecht, in der Systematischen Rechtswissenschaft, S. 470—550; Hatschek, Völkerrecht im Grundriß, Leipzig 1926; Niemeyer, Völkerrecht, Berlin 1923.

biete) angesiedelt haben und derart organisiert sind, daß sie, nach außen von jeder anderen Gewalt rechtlich unabhängig, im Inneren in ihrer Organisation die höchste Gewalt über Land und Leute ausüben (s. S. 134 f. Ziff. I). Als Glieder der völkerrechtlichen Gemeinschaft sind die Staaten vor allem verpflichtet, sich gegenseitig in ihrer äußeren und inneren Integrität anzuerkennen. Daraus folgt einmal, daß jeder Staat ein Recht darauf hat, daß jeder andere Staat sich jeglichen Angriffes auf seinen äußeren Bestand enthalte, insbesondere die Vorbereitungen zu einem solchen Angriffe auf seinem Gebiet nach Möglichkeit verhindere, sowie zweitens, daß kein Staat sich unbefugt in die Angelegenheiten eines anderen einmischen darf.

Organe des völkerrechtlichen Verkehrs.

Mit der Fähigkeit, Subjekt oder Träger der völkerrechtlichen Rechte und Pflichten zu sein, verbindet der souveräne Staat zugleich die Fähigkeit, Handlungen und Rechtsgeschäfte mit völkerrechtlicher Wirkung vorzunehmen, mit einem Worte: der souveräne Staat ist nach Völkerrecht wie rechtsfähig so auch handlungs- und geschäftsfähig (s. S. 46 f.). Organ für Betätigung dieser Handlungsfähigkeit ist vor allem das Staatsoberhaupt — somit in Monarchien der Monarch, in Republiken der Präsident —, dem als Verkörperung der Staatsgewalt auch die gesamte völkerrechtliche Vertretung zusteht. Zur Leitung dieser Angelegenheiten dient dem Staatsoberhaupte das Ministerium des Äußern (das Auswärtige Amt) mit dem Minister (Staatssekretär) des Äußeren an seiner Spitze. Den wirklichen Verkehr mit den auswärtigen Staaten unterhalten kraft der ihnen erteilten Vollmacht die dorthin geschickten Gesandten, welche zur Vertretung der Interessen ihres Staates und dessen Angehörigen überhaupt berufen sind. Nach ihrem Range zerfallen sie in vier Klassen, die Botschafter, die Gesandten, im engeren Sinne (sog. bevollmächtigte Minister), die Ministerresidenten und die Geschäftsträger. Im Gegensatz zu diesen sind die Konsuln (Berufs- und Wahlkonsuln) ausdrücklich mit der Wahrnehmung privatrechtlicher (insbesondere kommerzieller) Interessen betraut. So verschieden auch die Stellung und die Funktionen dieser Organe (Staatsoberhaupt, Minister des Äußeren, Gesandte und Konsuln) sind, ist ihnen allen doch gemeinsam, daß sie nur den Staat, dem sie angehören, in seinen völkerrechtlichen Beziehungen vertreten. Sie sind, wie treffend gesagt worden ist, „durchaus nationale Organe für den internationalen Verkehr". Wenn es sich aber darum handelt, Angelegenheiten zu ordnen, die mehreren oder allen Staaten gemeinsam sind, so müssen zum Zweck der Beratung und Beschlußfassung über dieselben Kongresse oder Konferenzen berufen werden, welche aus den Vertretern der beteiligten Staaten zusammengesetzt sind. Diese Versammlungen sind die eigentlichen Organe für die internationale Gesetzgebung und können selbstverständlich auch benutzt werden, um Streitigkeiten zwischen den einzelnen Staaten zu schlichten. Dagegen können sie dort nicht genügen, wo zur Verwirklichung der gemeinsamen Interessen eine einheitliche verwaltende Tätigkeit nicht zu entbehren ist. Diese Erkenntnis hat dahin geführt, freilich erst seit Mitte des 19. Jahrhunderts, in solchen Fällen internationale Organisationen zu schaffen, die zur selbständigen Verwaltung der betreffenden Angelegenheiten berufen sind. So konnte der Gefahr der Ausbreitung von ansteckenden Krankheiten, welche das Abendland vom Orient her beständig bedroht, wirksam nur durch die Einrichtung internationaler Sanitätskommissionen und -anstalten begegnet werden, welche Cholera und Pest in ihren Ursprungsgebieten nach Möglichkeit zu bekämpfen haben. Ein noch auffälligeres Beispiel solcher internationalen Verwaltungstätigkeit bilden die internationalen Flußkommissionen, die für die Freiheit der Schiffahrt auf den großen, dem Verkehr aller Nationen offenstehenden Strömen zu sorgen haben; vor allem die europäische Donaukommission, die mit Hilfe des ihr unterstellten technischen und administrativen Personals und der dazu gehörigen Anstalten in voller Unabhängigkeit von der Staatsgewalt der Uferstaaten ihres Amtes waltet: als ein internationaler Verwaltungskörper neben den nationalen Verwaltungsorganismen der einzelnen Staaten. In allen Fällen hingegen, in denen es nicht so sehr auf eine einheitliche Verwaltung als vielmehr auf eine übereinstimmende Verwaltung innerhalb des gesamten Gebietes der Vertragsstaaten ankommt, wie bei den sog. Unionen, dem Weltpostverein, dem internanationalen Telegraphenverein u. a., wird die Verwaltung, natürlich nach Maßgabe der vereinbarten Grundsätze und Regeln, von den einzelnen Staaten selbst geführt, während einem hierzu bestellten internationalen Bureau in der Hauptsache die Aufgabe obliegt, den Verkehr zwischen den Vertragsstaaten zu vermitteln und so eine stete Harmonie der Verwaltungstätigkeit aller zu ermöglichen, sowie die periodisch stattfindenden Konferenzen vorzubereiten.

III. Der gegenseitigen Anerkennung der zivilisierten Staaten als Träger der völkerrechtlichen Rechtsverhältnisse entspricht die Pflicht des einzelnen Staates, die Angehörigen der anderen Staaten in seinem Gebiet zum Aufenthalt, zur Niederlassung, zum Betrieb von Handel und Gewerbe zuzulassen (sog. Erschließung des Landes), wenn es auch dem Staate freisteht, kraft seiner Gebietshoheit, aus staatspolizeilichen Gründen, so namentlich wegen Gefährdung der Sicherheit, Staatsfremde von seinen Grenzen zurückzuweisen, wie innerhalb derselben wohnende Staatsfremde auszuweisen. Durchaus verschieden ist die rechtliche Behandlung des Meeres. Das Meer, genauer das Meer mit Ausschluß der gleichfalls der Gebietshoheit, und zwar derjenigen der Uferstaaten unterliegenden Küstengewässer, ist jeder staatlichen Herrschaft entzogen; es gilt heutzutage der Grundsatz der Meeresfreiheit, kraft dessen es der freien Benutzung (Schiffahrt und Fischerei) aller Nationen offensteht. Eine solche Benutzung ist aber nicht denkbar ohne Beobachtung bestimmter Regeln. So hat sich naturgemäß schon frühzeitig in der Übung der seefahrenden Nationen ein Seestraßenrecht entwickelt, das in neuerer Zeit in der Seegesetzgebung der verschiedenen Staaten (nach englischem Vorgang) übereinstimmenden Ausdruck erlangt hat. Grundsätze des Völkerrechts.

Die beiden im Wege der Gewohnheit zur Anerkennung gelangten Grundsätze, die Erschließung des Landes und die Meeresfreiheit, sind die rechtlichen Grundlagen unseres heutigen, so enorm ausgedehnten internationalen Verkehrs. Die dadurch hervorgerufenen Verhältnisse sind vielfach durch Vereinbarung der beteiligten Staaten geregelt worden, so Anlage und Benutzung der Verkehrsmittel (Eisenbahnen, Flüsse, Kanäle usw.) wie die internationale Beförderung von Telegrammen, Postsendungen und Frachtgütern, die zugleich zur Einrichtung der schon genannten völkerrechtlichen Verwaltungsgemeinschaften oder Unionen, des internationalen Telegraphenvereins, des Weltpostvereins und des Verbandes für den Eisenbahnfrachtverkehr, geführt hat. Der durch den gesteigerten Verkehr gesteigerten Gefahr ansteckender Krankheiten (Cholera, Pest) zu begegnen, sind die internationalen Internationale Vereinbarungen.

Sanitätskommissionen (zu Konstantinopel, Alexandrien und Bukarest) und die ihnen untergeordneten Sanitätsanstalten bestimmt. Auch Interessen vermögensrechtlicher Natur sind hier zu nennen: dem Schutze des Urheberrechts dienen besondere Unionen, die Unionen zum Schutz des gewerblichen Eigentums und jene zum Schutz der Werke der Literatur und Kunst (mit einem gemeinsamen internationalen Bureau in Bern). Dem Bestreben, den Verheerungen der Weinpflanzungen durch die Reblaus Einhalt zu tun, verdanken die Maßregeln ihren Ursprung, welche durch die sog. Reblauskonferenz im Jahre 1881 zwischen den beteiligten Staaten vereinbart worden sind. Endlich sind es mannigfache Interessen ideeller Natur, die einen internationalen Schutz gefunden haben; um nur eines anzuführen: das Bestreben, Sklavenraub und Sklavenhandel zu unterdrücken, hat, und zwar erst in jüngster Zeit, zur Begründung einer völkerrechtlichen Union geführt, welche nahezu alle zivilisierten Staaten umfaßt. Ebenso haben die Bestrebungen, das schändlichste aller Gewerbe, das in unserer Zeit international betriebene Verbrechen des Mädchenhandels, durch internationale Maßnahmen wirksam zu unterdrücken, in jüngster Zeit zu internationaler Vereinbarung zweckentsprechender Verwaltungsmaßregeln zwischen nahezu allen europäischen Staaten geführt. Dagegen harrt die für das Wohl unserer Kulturstaaten so überaus wichtige Frage der Arbeiterschutzgesetzgebung noch immer umfassender internationaler Regelung.

Beilegung von Streitigkeiten. Schiedsgerichte.

IV. Der eigentliche Zweck aller jener Bestimmungen, die in ihrer Gesamtheit das Völkerrecht bilden, ist es, das friedliche Nebeneinanderbestehen der Staaten zu ermöglichen und die Erreichung der ihnen (mehr oder minder) gemeinsamen Zwecke zu sichern. Dieser Zweck wird gefährdet durch rechtswidrige Eingriffe, die sich ein Staat in die völkerrechtliche Rechtssphäre des anderen Staates erlaubt. Wird eine solche Rechtsverletzung (mag sie begründet sein oder nicht) behauptet, so kann der dadurch entstandene Streit des Verletzten und Verletzenden zunächst durch Verständigung unter denselben (Anerkennung, Verzicht, Vergleich) ausgetragen werden. Sie können die Entscheidung aber auch einem Schiedsgericht überlassen, sei es, daß sie sich erst über die Wahl eines Schiedsrichters einigen, sei es, daß sie, wie das vereinzelt für gewisse Arten von Streitigkeiten durch Staatsvertrag bestimmt ist (z. B. für Streitigkeiten aus Handelsverträgen), von vornherein einem bestimmten, durch Vertrag vereinbarten Schiedsgericht unterworfen sind. Ein ständiger, zur Entscheidung aller möglichen Streitigkeiten zwischen Staaten zuständiger Gerichtshof hat bisher nicht existiert; erst durch die Beschlüsse der Friedenskonferenz von 1899 ist die Einrichtung eines solchen Schiedsgerichts mit dem Sitz im Haag vorgesehen worden. Indessen sind die streitenden Teile nicht gebunden, dasselbe anzugehen.

Kriegsrecht.

Wenn eine gütliche Beilegung des Streites weder in der einen noch in der anderen Weise zu erzielen ist, so muß der verletzte Staat zur Selbsthilfe schreiten. Dazu bieten sich ihm zunächst Gewaltmittel nicht-kriegerischer Art dar, wie namentlich die Repressalien, deren Wesen darin besteht, dem verletzenden Staat das von ihm geübte Unrecht durch Zufügung einer anderen Rechtsverletzung (z. B. Beschlagnahme von Staatsgut, Besetzung von Staatsgebiet) zum Bewußtsein zu bringen. Als äußerstes Mittel bleibt dem verletzten Staat nichts übrig, als die Frage nach dem Recht oder Unrecht durch den Krieg entscheiden zu lassen. Der Krieg aber ist selbst wieder zahlreichen Rechtsvorschriften unterworfen, welche in ihrer Gesamtheit das Kriegsrecht bilden. Leitender Grundgedanke desselben ist, daß der Krieg in seinen Folgen auf die kriegführenden Staaten, und zwar nach Möglichkeit auf die kämpfenden Armeen zu beschränken ist. Daher ist auch im Krieg das Leben der feindlichen Untertanen, die nicht am Kampfe teilnehmen, geschützt. Und ebenso ist das Privateigentum des Feindes grundsätzlich unverletzlich. Zudem unterliegt die Art der Kriegführung erheblichen Beschränkungen. Wenn auch im allgemeinen die Anwendung aller Mittel erlaubt ist, welche geeignet sind, den feindlichen Widerstand zu brechen, so sollen doch Grausamkeiten vermieden werden. Daher ist der Gebrauch von Explosivgeschossen sehr beschränkt und insbesondere die Verwendung von solchen Geschossen, die im Körper des Getroffenen explodieren, ganz verboten. Vor allem soll das Los der Soldaten, die durch Verwundung oder Krankheit kampfunfähig geworden sind, nach Möglichkeit gemildert werden. Davon ausgehend, hat die Genfer Konvention von 1864, der zurzeit fast alle Staaten des Erdballes angehören, bestimmt, daß die Verwundeten und Kranken, gleichviel, ob sie der einen oder

der anderen Streitmacht angehören, unverletzlich sein sollen, und diese Unverletzlichkeit kommt zugleich den Anstalten (Hospitälern und Ambulanzen) zu, in denen jene Aufnahme gefunden haben, sowie dem gesamten Personal, das sich ihrer Pflege widmet.

Seekriegsrecht. So segensreich diese Bestimmungen auch gewirkt haben, so sind sie doch erst in unseren Tagen durch die Beschlüsse der Friedenskonferenz im Haag auf den Seekrieg ausgedehnt worden. Wie in dieser Beziehung bis jetzt, so unterscheidet sich auch sonst das für den Seekrieg geltende Recht (Seekriegsrecht) in wichtigen Punkten von den für den Landkrieg geltenden Vorschriften, vor allem dadurch, daß der Grundsatz der Unverletzlichkeit des Privateigentums im Seekrieg nur in sehr beschränkter Weise anerkannt ist. Feindliches Gut, Schiffe und Waren, die im Eigentum der Staatsangehörigen des Feindes stehen, unterliegen noch immer der Beschlagnahme von seiten der Kriegsschiffe und fallen, wenn diese Beschlagnahmen durch Urteil der sog. Prisengerichte als gerechtfertigt erklärt werden, in das Eigentum des gegnerischen Staates. Nur feindliches Gut auf neutralen Schiffen ist solcher Beschlagnahme und Aneignung entzogen.

Rechte der Neutralen. Dem Grundsatz, daß die Übel des Krieges nach Möglichkeit auf die Streitsteile zu beschränken sind, entspricht auch die Ausbildung des Rechtes der Neutralität, das dahin geht, daß die am Kriege nicht beteiligten (neutralen) Mächte auch von den Wirkungen desselben verschont bleiben. Daher bleibt der Handel derselben grundsätzlich unberührt; es ist ihnen nach wie vor unverwehrt, sowohl miteinander wie mit den Angehörigen der kriegführenden Staaten Handel zu treiben, nur unterliegt die Zufuhr von Kriegskonterbande (d. h. jener Sachen, die den Zwecken des Krieges zu dienen bestimmt sind, wie namentlich Waffen und Kriegsmunition) der Beschlagnahme von seiten des Feindes in wesentlich gleicher Weise wie das feindliche Gut auf feindlichem Schiffe im Seekrieg. Diesem Rechte der „Neutralen" entspricht aber zugleich auch die Pflicht, neutral zu sein und zu bleiben, mit anderen Worten: der neutrale Staat darf in keiner Weise für die eine oder andere der kriegführenden Mächte Partei nehmen (z. B. durch Stellung von Hilfstruppen). Namentlich darf er nicht dulden, daß sein Gebiet irgendwie zum Stützpunkt für kriegerische Unternehmungen gegen die eine oder die andere benutzt werde.

V. Obgleich die Friedensbewahrung der eigentliche Zweck des Völkerrechts ist (s. oben Ziff. IV S. 190 f.), so fehlt doch der völkerrechtlichen Gemeinschaft nicht selten die erforderliche Zwangsgewalt. Die großen Staaten waren bisher nicht gehindert ihre Sonderzwecke rücksichtslos, mit Ausschaltung aller ethischen Bedenken, zu verfolgen und Koalitionen zu bilden, die, statt den Krieg zu verhüten, ihn geradezu vorbereitet haben. Der entsetzliche Weltkrieg, der Millionen getötet, zu Krüppeln und zu Waisen gemacht, der Milliardenwerte und unersetzliche Kulturerrungenschaften zerstört, der eine weitgreifende sittliche Verwilderung herbeigeführt hat, war die Folge. — Soll der Frieden in Zukunft erhalten werden, so bedarf die Gesamtheit der Staaten einer **Organisation**, die es möglich macht **ihren Willen** in einer die einzelnen Staaten verpflichtenden Weise **auszusprechen und** ihn erforderlichenfalls auch **durchzusetzen**. Eine solche Organisation würde

Völkerbund. Koalitionen. Organisation der Staatengesamtheit ist erfordert für

1. die **Einrichtung eines Schiedsgerichtes** gestatten, das nicht nur für alle Streitigkeiten der Staaten untereinander zuständig wäre wie der Haager Schiedsgerichtshof (S. 191), sondern auch **in jedem Falle** von den streitenden Teilen **angegangen** werden **müßte** und dessen **Entscheidungen** durch die überlegenen Machtmittel der Staatengesamtheit friedlich und doch **wirksam zum Vollzug gebracht** würden, wie z. B. die Ausschließung des widerstrebenden Staates von jedem Verkehr mit allen anderen Staaten der Völkergemeinschaft. Das obligatorische Schiedsgericht würde somit jeden Staat in seiner politischen, wirtschaftlichen und territorialen Unabhängigkeit (mit Einschluß des Kolonialbesitzes) schützen und der grundlegende Satz des Völkerrechts, daß alle souveränen Staaten, die kleinen so gut wie die großen, gleichberechtigte Träger des Völkerrechts sind, wäre auch tatsächlich zur Geltung gebracht.

1. obligatorisches Schiedsgericht,

2. **Die Verhütung der Kriege** durch das Schiedsgericht macht die großen Heere überflüssig und **ermöglicht die Abrüstung**, die zugleich durch den Wiederaufbau des wirtschaftlichen Lebens, der jede irgendwie verfügbare Kraft in Anspruch nimmt, gebieterisch verlangt wird. Die Abrüstung verlangt zur Durchführung gleichfalls die Mitwirkung der organisierten Staatengemeinschaft, **weil sie gleichmäßig in allen Staaten** und zudem **allgemein, zu Land, zu Wasser** und **in der**

2. Abrüstung,

Luft erfolgen muß; zur See insbesondere deshalb, um die Meeresfreiheit vor Gefährdung durch die großen Seemächte zu sichern.

3. Regelung des Arbeiterrechts. 3. Die Organisation der Staatengesamtheit und deren Eingreifen sind endlich in allen jenen Fällen nicht zu entbehren, in denen eine, in den verschiedenen Staaten übereinstimmende Regelung geboten ist, wie namentlich für das so überaus wichtige Arbeiterrecht mit Einschluß der Arbeiterversicherung und der Arbeiterschutzgesetzgebung. Unbedingt ist dafür anzustreben: die Feststellung angemessener Lohn- und Arbeitsbedingungen (die Aufgabe des Lohnamtes im neuen Reichsarbeitsministerium; s. oben S. 163), eine den Bedürfnissen der Arbeiter allseitig entsprechende Versicherung (darüber Ziff. 2 S. 103 ff., sowie Ziff. 4 S. 112 ff. und Ziff. 5 S. 114 ff.), sowie ein wirksamer Arbeitsschutz, der die Männer vor Überanstrengung bewahrt (durch Anordnung eines Maximalarbeitstages), Frauen und Kindern die nötige Schonung gewährt (vgl. den letzten Satz der Ziffer III auf S. 190). Würde man diese Maßnahmen nur in einzelnen Ländern durchführen, so könnten infolge der gesteigerten Produktionskosten die geschützten Industrien mit den Industrien, welchen der gleiche Schutz versagt ist, nicht konkurrieren.

Wilsons Völkerbund. Den dargelegten Gesichtspunkten entspricht der Völkerbund*), dessen Bildung der Präsident der Vereinigten Staaten von Nordamerika Woodrow Wilson in einem der 14 Grundsätze vorgesehen hat, welche nach seiner am 8. Januar 1918 an den Kongreß gerichteten Botschaft für die Vereinbarung der Friedensbedingungen maßgebend sein sollen. Diese Grundsätze sind auch als Basis der Friedensunterhandlungen von der deutschen Regierung (am 5. Oktober 1918) vorgeschlagen und von den alliierten Mächten (nach Mitteilung vom 5. November 1918) angenommen worden**). Dennoch weicht der bei der Eröffnung der Friedenskonferenz den deutschen Friedensdelegierten vorgelegte Entwurf und nunmehr der Inhalt des am 28. Juli 1919 in Ver-

*) Siehe M. Erzberger, Der Völkerbund, der Weg zum Frieden, Berlin 1918, und die daselbst S. 195 f., genannte Literatur, namentlich die Schriften des deutschen Friedensdelegierten Professor W. Schücking.

**) Nur die Vereinbarung über Freiheit der Meere ist der Friedenskonferenz ganz vorbehalten worden.

failles abgeschlossenen Friedens in wesentlichen Punkten von den vereinbarten Grundlagen ab; namentlich verletzt die vorgeschlagene Gestaltung des Völkerbundes (durch Bildung eines Patronates der Großmächte über die Kleinstaaten) das völkerrechtliche Grundprinzip der Gleichberechtigung der Staaten, versagt die gleichmäßige und allgemeine Abrüstung und läßt die gebotene internationale Fürsorge für die arbeitenden Klassen vermissen.

Völkerbund als Abschluß des Völkerrechts.

Zum Aufbau eines Völkerbundes, der den Bedürfnissen aller Völker entspricht (s. S. 193 f.), sind auch alle Nationen der Welt ohne Ausnahme berufen. Das deutsche Volk muß einen *solchen Völkerbund zugleich* im Sinne des ihm feierlich verheißenen Rechtsfriedens erstreben. Es tritt damit ein für die Verwirklichung des erhabenen Ideals eines *Kant*, des größten deutschen Denkers, der in wunderbarer Voraussicht des Weltkrieges und des ihm folgenden politischen und wirtschaftlichen Zusammenbruchs schon vor mehr als 130 Jahren *den Völkerbund* als *den Weg zum ewigen Frieden gefordert hat*. Die Schaffung eines solchen Völkerbundes würde den Abschluß des Völkerrechts bedeuten. *Das Völkerrecht* wird damit werden, was es sein soll: *eine* das Leben aller Völker und damit *das Leben der ganzen Menschheit regelnde und schützende Macht*.

§ 9. Das Kirchenrecht*).

Kirche.

I. Der Ausdruck „Kirche" wird herkömmlich nur mit Bezug auf das Christentum gebraucht. Man kann darunter die Gesamtheit derjenigen verstehen, welche durch denselben Glauben, den Glauben an Christus, miteinander verbunden sind; dann spricht man von Kirche im Lehrsinn. Man kann aber auch dabei eine Gesamtheit

*) S. die Darstellung von *Hinschius-Seckel* in Birkmeyers Enz., S. 1417 f.; außerdem *Arndts*, §§ 93—98; *Gareis*, § 57; *Kohler*, Einführung, S. 145—153; *Hedemann*, § 30; *Fischer*, S. 185—196; *Radbruch*, S. 159—173; *Schmidt*, §§ 42—45; A. *Frantz*, Lehrbuch des Kirchenrechts, 3. Aufl., Göttingen 1899; U. *Stutz*, *Kirchenrecht*, in Holtzendorff-Kohlers Enz., 5. Bd., S. 275—479; W. *Kahl*, Kirchenrecht, in der Systematischen Rechtswissenschaft, S. 273—328; E. *Friedberg*, Lehrbuch des katholischen und evangelischen Kirchenrechts, 6. Aufl., Leipzig 1909; J. B. *Sägmüller*, Lehrbuch des katholischen Kirchenrechts, 4. Aufl., Freiburg i. B. 1927 ff.; K. *Schwarzlose*, Grundzüge des deutsch-evangelischen Kirchenrechts, Bonn 1925.

im Auge haben, die, durch eine Organisation miteinander verbunden, eine wirkliche Gemeinschaft, einen Gemeinkörper bildet, und diese Gemeinschaft ist es, die im Rechte in Betracht kommt. In diesem Sinne kann man wohl von einer katholischen Kirche sprechen, weil diese in einheitlicher Organisation alle Bekenner des katholischen Glaubens auf der ganzen Erde umfaßt, nicht aber von einer evangelischen Kirche, weil die Bekenner dieser Lehre in den einzelnen Ländern organisierte Kirchengemeinschaften, sog. Landeskirchen, bilden. So unterscheidet man eine preußische, bayerische, sächsische usw. Landeskirche.

Kirchenrecht. Dieser Verschiedenheit der Kirche entspricht eine Verschiedenheit des Kirchenrechts. Jede Kirche, die katholische und jede der verschiedenen evangelischen Kirchen, erzeugt naturgemäß ihr eigenes Kirchenrecht, d. h. ein Recht, das für das kirchliche Leben derselben Geltung hat, indem es einerseits die Verhältnisse der kirchlichen Gemeinschaft zu ihren Gliedern regelt und andererseits die Rechtsverhältnisse der letzteren selbst bestimmt. Für die katholische Kirche hat dieses Recht, das katholische Kirchenrecht, hauptsächlich in der Gestalt von Konzilsschlüssen und päpstlichen Dekretalen Ausdruck gefunden. Daher ist auch das Corpus iuris canonici, das die Konzilsschlüsse und Dekretalen in autoritativer Weise zusammengefaßt hat, die Hauptquelle und zugleich die einheitliche Grundlage des bisherigen gemeinen katholischen Kirchenrechts geworden. Die große Zahl der in den folgenden Jahrhunderten neu erlassenen, der veralteten und in ihrer Geltung angezweifelten Vorschriften haben der praktischen Anwendung große Schwierigkeiten bereitet und das Verlangen nach einer Kodifikation rege gemacht. Diesem Verlangen hat aber erst entsprochen der auf Geheiß des Papstes Pius X. in den Jahren 1904—1916 von einer päpstlichen Kardinalskommission mit Beiziehung aller berufenen Kreise ausgearbeitete, zu Pfingsten (27. Mai) 1917 vom Papst Benedikt XV. veröffentlichte und mit Gesetzeskraft von Pfingsten (19. Mai) 1918 ab bekleidete Codex iuris canonici. Dieses kirchliche Gesetzbuch bietet auf Grund der Ausscheidung der aufgehobenen und veralteten Gesetze und der Anpassung an die Bedürfnisse unserer Zeit das, was es nach Absicht seines Urhebers bieten soll, eine einheitliche, übersichtliche und klare Zusammenfassung des gesamten nunmehr geltenden gemeinen katholischen Kirchenrechts*). Für die verschiedenen evangelischen Kirchen in Deutschland aber ist infolge ihres Anschlusses an die landesherrliche Gewalt Hauptquelle die landesherrliche Gesetzgebung in den einzelnen Territorien. Indessen zeigen doch die dadurch geschaffenen Kirchenordnungen, weil auf wesentlich gleicher Grundlage — den in den evangelischen Bekenntnisschriften niedergelegten Auffassungen — beruhend, eine Übereinstimmung, die eine einheitlich zusammenfassende Darstellung des evangelischen Kirchenrechts ermöglicht. Dazu kommt, daß auch dieses Recht eine gemeinsame Grundlage in dem Corpus iuris canonici hat, daß dessen Bestimmungen, soweit dieselben nicht Ausfluß eines spezifisch katholischen Dogmas oder Instituts sind, auch von der evangelischen Kirche als verbindlich anerkannt werden. Diese Tatsache erklärt es vornehmlich, daß neben dem gemeinen katholischen Kirchenrecht Theorie und Praxis auch die Existenz eines gemeinen protestantischen Kirchenrechts für Deutschland behaupten.

Gegensatz zum staatlichen Recht.

II. Es leuchtet ein, daß an sich staatliches Recht und Kirchenrecht grundverschieden sind. Entsprechend der Verschiedenheit der von diesen Gemeinschaften verfolgten Zwecke — Wohlfahrt und Sicherheit der Staatsuntertanen einerseits, Förderung und Pflege der Religion andererseits — normiert das auf Anerkennung der Staatsangehörigen beruhende staatliche Recht das staatliche Leben, das auf Anerkennung der Kirchenmitglieder beruhende Kirchenrecht das Leben in der kirchlichen Gemeinschaft. Es liegt ja auf der Hand, daß die Vorschriften der Kirche, den Gottesdienst zu besuchen, an den Sakramenten teilzunehmen, ebensowenig mit dem staatlichen Recht gemein haben wie die spezifisch kirchlichen Zucht- und Strafmittel des Ausschlusses vom Gottesdienst und den Sa-

*) Der „Codex iuris canonici, Pii X. pontificis maximi iussu digestus, Benedicti papae XV. auctoritate promulgatus“ ist erschienen 1917 in Rom (typis polyglottis Vaticanis), 1918 in Freiburg i. Br. und Regensburg, mit einer geschichtlichen Einleitung (Praefatio) von Kardinal Gasparri, dem Leiter der Kodifikationsarbeit und Vorsitzenden der Kardinalskommission. Siehe A. Knecht, Das neue kirchliche Gesetzbuch. Codex iuris canonici. Seine Geschichte und Eigenart. Straßburg 1918; A. Scharnagl, Das neue kirchliche Gesetzbuch. Eine Einführung mit besonderer Berücksichtigung des bayerischen Rechtes. München und Regensburg 1918; U. Stutz, Der Geist des Codex iuris canonici, Stuttgart 1918.

kramenten, sowie der Versagung des kirchlichen Begräbnisses. Freilich können über das, was als geistliche (religiöse) Angelegenheit Gegenstand der kirchlichen Normierung sein soll, Verschiedenheiten der Meinung bestehen. Bekanntlich hat die Kirche im Mittelalter auf Grund der Auffassung, daß die Ehe ein Sakrament ist, die ausschließliche Gesetzgebung und Gerichtsbarkeit in Ehesachen in Anspruch genommen, und infolge davon hat sich das Eherecht (als katholisches bzw. evangelisches Eherecht) bis auf die Gegenwart einen konfessionellen Charakter erhalten. Dagegen war der moderne Staat seit dem 18. Jahrhundert bemüht, die Ehe als eine weltlich-bürgerliche Einrichtung seiner Regelung zu unterwerfen. Die darauf gerichteten Bestrebungen haben aber ihren Abschluß erst durch den Erlaß des Bürgerlichen Gesetzbuches für das Deutsche Reich gefunden, in dem das ganze Eherecht staatlich normiert worden ist. Dadurch ist freilich die Verbindlichkeit des kirchlichen Eherechtes für die Mitglieder der Kirchengemeinschaft nicht beseitigt worden, wenn auch in Zukunft die staatlichen Organe nicht mehr in der Lage sind, die Anerkennung und Durchführung des ihm entsprechenden Zustandes zu sichern. Daß ein solcher Zuwachs von Macht durch das Verhalten des Staates aber nicht das Wesen der verbindlichen Kraft der Rechtsnormen begründet, ist schon an früherer Stelle dargelegt worden (s. S. 28 f., Ziff. 3). Dennoch hat dieser Gesichtspunkt mehrfach dazu geführt, das Kirchenrecht überhaupt als Teil des Rechtes des einzelnen Staates, und zwar des öffentlichen Rechtes desselben, aufzufassen*).

Kirchen-staats-recht. III. So verschieden Staat und Kirche sind, so tritt doch die Kirche im Staat in äußere Erscheinung. Dadurch ergeben sich Beziehungen zwischen beiden, die geregelt werden müssen, und deren Regelung im allgemeinen der moderne Staat als sein Recht betrachtet. Die Gesamtheit der diesbezüglichen Vorschriften bildet, insofern sie die Rechtsverhältnisse des Staates zur Kirche normieren, einen Teil des staatlichen Rechts desselben, das **Kirchen-Staatsrecht**. Auf Grund desselben hat die Kirche, deren Mitwirkung der Staat vielfach zur Unterstützung seiner Tätigkeit in Anspruch nimmt (so namentlich im Gebiete des Unterrichts und Bildungswesens), in mehrfacher Richtung eine bevorrechtete und

*) S. die angeführte Darstellung von **Hinschius-Seckel** in Birkmeyers Enz., § 1.

rechtlich besonders geschützte Stellung in unserem Staatswesen; dagegen muß sie sich auch in ihrer äußeren Betätigung eine gewisse Aufsicht und Beschränkung von seiten der Staatsgewalt gefallen lassen. In dieser ihrer Bevorrechtung aber auch Beschränkung scheint die Kirche eine Art staatliche Einrichtung zu sein, ist, wie man sagt, Staatskirche geworden. Dagegen hat die deutsche Reichsverfassung grundsätzlich das Prinzip der Trennung von Staat und Kirche aufgestellt: „es besteht keine Staatskirche" sagt Art. 137 Abs. 1; indessen sind die Kirchen Körperschaften des öffentlichen Rechts geblieben (s. oben auf S. 45, Anm. 14, S. 48, Anm. 17), ihr Recht der Besteuerung der Mitglieder ist verfassungsmäßig (Art. 137 Abs. 6) gewährleistet, ihre Vermögensrechte sind nach Art. 138 gewahrt. So hat die Kirche kraft der Ausnahmen vom Trennungsprinzip im wesentlichen doch ihre bisherige Stellung behalten*).

Katholisches Kirchenrecht.

IV. Nach katholischer Auffassung ist die Kirche die Gemeinschaft derjenigen, die durch denselben christlichen Glauben und dieselben Sakramente in Unterordnung unter die Bischöfe und den Papst miteinander verbunden sind. Danach ist für die katholische Kirche, und zwar nach göttlicher Anordnung, eine ganz bestimmte Verfassung gegeben, kraft deren die Kirchengewalt (potestas iurisdictionis) den Bischöfen in Unterordnung unter den Papst als höchste kirchliche Autorität zusteht. Diese Gewalt umfaßt das Recht der Gesetzgebung und die Gerichtsbarkeit, das Aufsichtsrecht und die Disziplinargewalt über die Kirchenmitglieder, sowie das Recht der Besteuerung derselben und der Verwaltung des Kirchenvermögens. Die mit der Wahrnehmung derselben betrauten Organe — vor allem die Bischöfe und der Papst mit den Zwischenstufen der Erzbischöfe, Patriarchen u. a. — bilden in ihrer Abstufung die sog. hierarchia iurisdictionis. Verschieden von der potestas iurisdictionis ist die potestas ordinis, d. h. die Vollmacht, die rechte Lehre zu verkündigen und die denselben entsprechenden gottesdienstlichen Handlungen, namentlich die Spendung der Sakramente, vorzunehmen. Diese Vollmacht ist kraft göttlicher Anordnung einem bestimmten Stande, dem Klerus, erteilt, der die hierzu erforderliche spirituelle Befähigung durch

*) Über die Stellung der Religionsgesellschaften, welche nicht Körperschaften des öffentlichen Rechts sind, siehe Art. 137 Abs. 2, 3, 4 und oben S. 47, Anm. 15, 1. Satz.

die Priesterweihe erhält. Nach Verschiedenheit der erteilten Weihegrade (der Diakonats-, der Priester-, der Bischofsweihe und einer Reihe anderer untergeordneter Weihen) bildet die Gesamtheit des Klerus in ihrer Abstufung die sog. hierarchia ordinis. Da nun die Erlangung der Weihe oder Ordination die Voraussetzung für die Teilnahme an der Kirchengewalt oder der Kirchenregierung bildet, so umfaßt die hierarchia ordinis zugleich alle Träger der hierarchia iurisdictionis.

Evangelisches Kirchenrecht.

V. Im Gegensatz zur katholischen Auffassung besteht nach evangelischer Lehre keinerlei göttliche Anordnung über die Träger der Kirchengewalt. Sie konnte sich in den verschiedenen Territorien die Kirchenverfassung verschieden gestalten. In den Ländern der lutherischen Reformation hat der Anschluß an die territoriale Gewalt die Folge gehabt, daß die Kirchengewalt oder das Kirchenregiment auf den Landesherrn übertragen wurde, der sich zur Ausübung derselben besonderer, aus Geistlichen und Laien zusammengesetzter Konsistorien bediente, wonach diese Verfassung als Konsistorialverfassung bezeichnet wird. Die reformierte Kirche hingegen betrachtete die kirchliche Gemeinde als Träger der Kirchengewalt, und dieser Auffassung entsprechend sind — zunächst in den kalvinistischen Gemeinden der Schweiz — Ausschüsse von Gemeindemitgliedern, von sog. Ältesten oder Presbytern, mit der Handhabung der Kirchenzucht betraut worden. Mit dieser Presbyterialverfassung hat sich sodann, zuerst in Frankreich, die Synodalverfassung verknüpft, indem den Gemeinden periodisch zusammentretende, aus Vertretern derselben gebildete Versammlungen, die Provinzialsynoden, übergeordnet wurden, die ihrerseits wieder der Generalsynode als höchstem leitenden und gesetzgeberischen Organ der Kirche unterstellt waren. Nach dem Vorbild dieser Verfassung haben sich die reformierten Gemeinden organisiert, die sich in der zweiten Hälfte des 16. Jahrhunderts in den Rheinlanden aus holländischen, französischen und englischen Flüchtlingen gebildet hatten. Während ihnen gegenüber später das landesherrliche Kirchenregiment geltend gemacht wurde, hat umgekehrt nahezu in allen Ländern der landesherrlich-konsistorialen Verfassung diese durch Aufnahme presbyterialer und synodaler Elemente eine Modifikation erlitten, so zwar, daß neben den landesherrlichen Behördenorganismus — also die Konsistorien, die ihnen untergeordneten Superintendenten (bzw. Generalsuperintendenten) und die von diesen überwachten Pfarrämter in unterster Instanz — die Presbyterien (innerhalb der Pfarreien), ihnen übergeordnet die Kreis- und Bezirkssynoden (bzw. Provinzialsynoden) und in höchster Instanz die General- und Landessynode getreten sind. — In den früheren monarchischen deutschen Bundesstaaten haben die evangelischen Landeskirchen durch die Abschaffung der Monarchie im Landesherrn zugleich den Träger der Kirchengewalt verloren und damit auch die Grundlage der Konsistorialverfassung, während nach der Reichsverfassung (Art. 137 Abs. 1 und 2) und den entsprechenden Bestimmungen aller deutschen Landesverfassungen die Kirche vom Staate getrennt und die Kirche zugleich zur selbständigen Regelung ihrer Angelegenheiten berufen ist. So waren denn die deutschen Länder ausnahmslos — auch in den drei freien Städten Hamburg, Bremen und Lübeck — veranlaßt, die Verfassung ihrer Landeskirchen in Anpassung an die durch die Reichsverfassung und durch die Landesverfassungen geänderten Verhältnisse neu zu regeln. Die seitdem in den deutschen Ländern erlassenen Verfassungen der deutschen Landeskirchen beruhen daher alle auf dem Prinzip der *Synodalverfassung*, wonach die kirchlichen Gemeinden und Gemeindeverbände Träger der Kirchengewalt sind. Darnach ist das wichtigste Organ der Landeskirche die *Landessynode* (Generalsynode) — vielfach auch *Landeskirchentag* genannt, — welche als Vertretung aller kirchlichen Gemeinden des Landes, hervorgegangen ist (ganz oder großenteils) aus allgemeinen, gleichen geheimen und unmittelbaren Verhältniswahlen aller männlichen und weiblichen meist über 25 Jahre alten Kirchenmitglieder. Die Landessynode ist deshalb auch berufen zur Ausübung der wichtigsten Rechte der Landeskirche, namentlich der kirchlichen Gesetzgebung. — Im Gegensatze zum Kirchentag als der gesetzgebenden Körperschaft steht der aus Geistlichen und Laien gebildete *Kirchenrat*, als die oberste verwaltende kirchliche Behörde; ihm steht die Aufsicht über die unteren kirchlichen Behörden und über das gesamte kirchliche Leben in der Landeskirche zu, sowie die Verwaltung und Vertretung des Kirchenvermögens. Insoferne diese Behörde an die Stelle des früheren Konsistoriums getreten ist, führt sie mitunter noch den Namen *Konsistorium* oder *Landeskonsistorium*. — In mehreren Ländern ist an die Spitze der Landeskirche ein *Kirchenprä-*

sident gestellt, der, von der Landessynode auf Lebenszeit erwählt, regelmäßig den Vorsitz der Landeskirchenbehörde (Kirchenregierung) führt und die Landeskirche nach außen zu vertreten hat.

Die Bestrebungen auf Ausarbeitung neuer Verfassungen für die evangelischen Landeskirchen mußten angesichts der großen Verschiedenheit der bisherigen Kirchenverfassungen, die sich in den einzelnen Territorien völlig selbständig entwickelt hatten, mit Notwendigkeit zu einem Zusammenschluß aller deutschen evangelischen Landeskirchen führen. So ist es zur Begründung eines Deutschen Evangelischen Kirchenbundes gekommen, welcher sich bereits am 15. September 1921 eine Verfassung gegeben hatte, deren ausgesprochener Zweck die „Wahrung und Vertretung der gemeinsamen Interessen der Deutschen Evangelischen Landeskirchen" ist. Nach dieser Verfassung sind Organe des Bundes: 1. der Deutsche Evangelische Kirchentag, der, aus Abgeordneten der obersten Synoden der Landeskirchen gebildet, eine Vertretung des gesamten evangelischen Kirchenvolkes ist; er hat das Recht über alle dem Zwecke des Bundes entsprechenden Angelegenheiten zu verhandeln und insbesondere Gesetze für den Bund zu beschließen; 2. der Deutsche Evangelische Kirchenbundesrat, der aus Vertretern der Kirchenregierungen aller Landeskirchen zusammengesetzt ist; er hat vor allem die Landeskirchen in Behandlung wichtiger kirchlicher Fragen durch seinen Rat zu unterstützen und zudem bedarf der Erlaß von Bundesgesetzen seiner Zustimmung; 3. der Deutsche Evangelische Kirchenausschuß, der aus Mitgliedern des Kirchenbundesrates und aus Vertretern des Kirchenbundestages besteht; er ist das vollziehende und geschäftsführende Organ des Kirchenbundes, der den Bund zugleich nach außen vertritt; namentlich hat er die Bundesgesetze auszuführen und für die Wahrnehmung der Interessen des Bundes allseitig, auch gegenüber den Volksvertretungen und den Reichs- und Landesbehörden einzutreten. —

Ebensowenig wie eine durch das Dogma bestimmte kirchliche Verfassung, kennt die evangelische Kirche einen zur Verkündigung der Lehre und zur Spendung der Sakramente besonders qualifizierten Priesterstand. Die Ordination ist daher nach Auffassung der evangelischen Lehre die feierliche Bezeugung, daß der Ordinierte zu einem besonderen kirchlichen Amte berufen und zu diesem Amte auch befähigt ist.

Drittes Kapitel.

Die Rechtserkenntnis und die einzelnen Disziplinen des akademischen Unterrichts.*)

§ 1. Überblick über die Entwicklung der deutschen Rechtswissenschaft und die Arten der Rechtserkenntnis.

I. Die Entwicklung der deutschen Rechtswissenschaft steht in innigem Zusammenhang mit dem Studium des römischen Rechtes im Abendland. Wenn auch die justinianischen Rechtsbücher nach Wiedereroberung des Landes — durch Belisar 554 — in Italien eingeführt sind und dort seit jener Zeit immer eine gewisse Geltung behielten, so ist doch das römische Recht erst seit dem 12. Jahrhundert, hauptsächlich an der Rechtsschule zu Bologna, Gegenstand Glossatoren.

*) Arndts, §§ 30—45; Gareis, §§ 3—4, 59—61; Kohler, S. 220—240; Hedemann, §§ 20 u. 39; Salkowski, Institutionen, 9. Aufl., Leipzig 1907, §§ 5, 18—22; Sohm, Institutionen, 17. Aufl. von Mitteis, herausgegeben von Wenger, München, 1926, §§ 8, 24—28; Dernburg, Pandekten, Bd. I, §§ 16—18; Enneccerus, Lehrbuch des bürgerlichen Rechts, Bd. I, § 21 Anm. 8, § 54 Anm. 5; v. Thur, Allgemeiner Teil des Bürgerlichen Gesetzbuchs, Leipzig 1910, pag. IX—XII; Kohler, Rechtsphilosophie und Universalrechtsgeschichte in Holtzendorff-Kohlers Enz., S. 1—62; Rehm, Allgemeine Staatslehre, Freiburg 1899; Jellinek, Das Recht des modernen Staates, Bd. I, Allgemeine Staatslehre, 3. Aufl., Berlin 1914; Georg v. Mayr, Begriff und Gliederung der Staatswissenschaften, 3. Aufl., Tübingen 1910; E. v. Philippovich, Grundriß der Politischen Ökonomie, herausgegeben von E. v. Somary und F. Somary, Bd. I. Allgemeine Volkswirtschaftslehre, 19. Aufl., Tübingen 1926; Bd. II, Volkswirtschaftspolitik, 2 Teile, 15. bezw. 11. Aufl., Tübingen 1923; Schäffle, Abriß der Soziologie, herausgeg. von Karl Bücher, Tübingen 1906; Daude und Wolff, Die Ordnung des Rechtsstudiums und der ersten juristischen Prüfung in den deutschen Bundesstaaten, Halle a. S. 1903.

eingehender wissenschaftlicher Bearbeitung geworden. Ausgehend von dem dem ganzen Mittelalter gemeinsamen Glauben an die verbindende Kraft des Corpus iuris civilis als eines Kaiserrechts haben die Rechtslehrer jener Zeit, die sog. Glossatoren, es sich zur Aufgabe gemacht, die einzelnen Bestimmungen der Digesten, des Kodex, der Institutionen und der Novellen Stelle für Stelle durch erläuternde Anmerkungen zu einzelnen Worten und Wortverbindungen zu erklären. Durch diese ihre Erklärungen ist der abendländischen Welt das Verständnis des justinianischen Rechts zum erstenmal erschlossen worden. Da aber die von den verschiedenen Glossatoren herrührenden Glossen trotz aller Übereinstimmung vielfach voneinander abwichen, so übernahm es um die Mitte des 13. Jahrhunderts der Glossator Accursius, das gesamte Material zu einem einheitlichen Kommentar zu verarbeiten, welche Verarbeitung, die sog. Glossa ordinaria oder Glosse schlechthin, zugleich den Abschluß der Glossatorenzeit bezeichnet.

Postglossatoren. II. Die den Glossatoren folgenden Postglossatoren oder Kommentatoren machen zum Gegenstand ihrer Bearbeitung hauptsächlich die Glosse und führen auf Grund zahlreicher Distinktionen und Divisionen einen ungeheuer komplizierten dialektischen Überbau über derselben auf, der naturgemäß die Aufmerksamkeit vom eigentlichen Gegenstand der Erklärung, dem Text der Quellen selbst, abzieht. So haben denn die Postglossatoren nur wenig zum Verständnis des römischen Rechts beigetragen; dagegen kommt ihnen als praktischen Juristen, die in Fühlung mit den Rechtsanschauungen ihrer Zeit standen, das große Verdienst zu, die Bestimmungen der justinianischen Sammlungen, freilich nicht selten auf dem Wege einer gekünstelten und mitunter selbst gewaltsamen Interpretation, den damaligen Zuständen und Bedürfnissen angepaßt zu haben. Durch diese Anpassung oder Modernisierung des römischen Rechts ist allein die Rezeption desselben in Deutschland ermöglicht worden. Sie wäre undenkbar gewesen, wenn man das römische Recht in seiner Reinheit erkannt hätte und sich des Gegensatzes bewußt geworden wäre, welcher die antike Rechtsanschauung von jener des germanischen Mittelalters in der Tat getrennt hat. Außerdem haben sich die Kommentatoren das weitere Verdienst erworben, durch ihre dialektischen Untersuchungen aus den einzelnen Rechtsvorschriften die denselben zugrunde liegenden Rechtsbegriffe herausgearbeitet zu haben, wodurch zugleich die Grundlagen für die systematische Erkenntnis unserer neueren Zeit geschaffen worden sind.

III. Die gewaltige geistige Bewegung, die den Abschluß des Mittelalters kennzeichnet, konnte nicht verfehlen, auf die wissenschaftliche Behandlung des Rechts zurückzuwirken. Das Streben der Renaissance im 15. Jahrhundert, das klassische Altertum in seiner Reinheit zu erkennen, führt im 16. Jahrhundert dahin, auch die römischen Rechtsquellen als Teile des römischen Altertums zu erkennen und sie demgemäß nach Tunlichkeit in ihrer ursprünglichen Gestalt wiederherzustellen und den ursprünglichen damit verknüpften Sinn zu ermitteln. Mit dieser antiquarischen Richtung aber verbindet sich eine andere, die synthetisch auf die Ergründung des inneren Zusammenhanges der Rechtsbestimmungen abzielt und daher den Inhalt derselben auf Grundlage der gewonnenen Rechtsbegriffe zu einem einheitlichen Ganzen, einem System von neben- und untergeordneten Lehrsätzen (dogmata) zusammenzustellen sucht. Durch diese, dogmatisch-systematische Erkenntnis erstrebende Forschung trat die neue Richtung, die ihre glänzendsten Vertreter in Frankreich gefunden hat, die sog. französische Schule des 16. Jahrhunderts, in scharfen Gegensatz zu der von den Glossatoren und Postglossatoren in Italien gehandhabten Methode und sicherte der ersteren (dem „mos Gallicus") das Übergewicht über die letztere (den „mos Italicus"). Während die letztere mehr analysierende Methode mit Naturnotwendigkeit zu einer Zersplitterung der Rechtswissenschaft in eine unendliche Anzahl unübersehbarer Einzelheiten geführt hatte, war die neue, von den Franzosen vorzugsweise gepflegte Richtung von vornherein auf Überblick und Beherrschung des Stoffes angelegt. Es begreift sich daher, daß gerade diese Methode es ist, unter deren Einwirkung sich die Scheidung und Ausbildung der verschiedenen Disziplinen unseres akademischen Unterrichts vollzieht. Indem dieselbe Zusammengehöriges zu verbinden, Nichtzusammengehöriges zu trennen sucht, wird sie sich der Verschiedenheit der einzelnen Rechtsgebiete bewußt, die bisher in Anlehnung an die entsprechenden Teile des Corpus iuris ununterschieden dargestellt worden waren. So werden im Laufe des 16. und 17. Jahrhunderts der Zivilprozeß, das Strafrecht, der Strafprozeß, das Staatsrecht und schließlich auch das Völkerrecht als besondere Disziplinen im akademischen Unter-

Die französische Schule.

richt und in der Literatur anerkannt und damit zugleich das Studium des römischen Rechts auf das Gebiet des eigentlichen Privatrechts eingeschränkt.

Die deutschen Praktiker.

IV. So groß die Fortschritte waren, die durch die neue Schule im Betrieb des juristischen Studiums herbeigeführt wurden, so konnte den Anforderungen der Praxis doch durch Bestrebungen nicht entsprochen werden, deren eigentlicher Zweck die Darstellung des römischen Rechts in seiner Reinheit war, also eines Rechtes, das sicherlich nicht so in Geltung stand. Diese Erkenntnis führt gegen Ende des 16. Jahrhunderts zu einer Gegenströmung, welche, wie in anderen Ländern, insbesondere in Deutschland bestrebt ist, das wirklich geltende von den Gerichten angewendete Recht zu ermitteln (Schule der deutschen Praktiker). Die Ergebnisse dieser Arbeiten sind in den gegen Ende des 17. Jahrhunderts veröffentlichten Werken über den „usus modernus pandectarum" niedergelegt. Charakteristisch für diese Werke ist, daß sie im Anschluß an die Titelfolge der Pandekten unter den einzelnen Überschriften der Titel das gesamte Material zu einer einheitlichen Darstellung verarbeiten, somit ebensowohl die Bestimmungen der Pandekten wie die des Kodex, der Institutionen und der Novellen berücksichtigen, und zweitens, daß das römische Recht nicht rein, sondern in jenen Modifikationen dargestellt wird, in welchen es in Deutschland zur Aufnahme gelangt ist, sowie daß neben den Instituten des römischen Rechts auch diejenigen Institute des Privatrechts, welche im deutschen Rechte ihren Ursprung haben, so zum Beispiel neben dem römischen Dotalrecht die verschiedenen Formen des deutschen ehelichen Güterrechts, dargestellt werden. Gerade diese Verbindung mußte zur Erkenntnis der Verschiedenheit der Grundlagen der deutschrechtlichen Institute führen und diese Erkenntnis wiederum zu einer gesonderten wissenschaftlichen Behandlung derselben. So kommt es, daß seit Anfang des 18. Jahrhunderts die deutschrechtlichen Institute unseres Privatrechts in Literatur und Unterricht unter dem Namen des deutschen Privatrechts eine gesonderte Darstellung erfahren. Durch diese Ausscheidung hat sich der Begriff des Pandektenrechtes auf den Umfang beschränkt, in dem er bis auf die allerjüngste Zeit in Geltung geblieben ist, d. h. das Privatrecht römischen Ursprungs, in jenen Modifikationen — durch kanonisches Recht und deutsches Recht —, in denen es bei uns in Deutschland als gemeines Recht Aufnahme gefunden hat.

V. Der Zustand des in Deutschland geltenden Rechtes, den die Riesenarbeit der deutschen Praktiker klargelegt hatte, war ein wenig erfreulicher. Danach waren es buchstäblich hunderttausende, vielfach miteinander in Widerspruch stehende Bestimmungen fremden Rechtes — des Corpus iuris civilis, des Corpus iuris canonici und der Libri feudorum —, die neben den auf anderen Anschauungen beruhenden Bestimmungen der in Geltung gebliebenen heimischen Lokalrechte für die deutsche Rechtsprechung in Betracht zu ziehen waren. Dieser grenzenlos verworrene und komplizierte Rechtszustand in Verbindung mit den überaus traurigen wirtschaftlichen Verhältnissen jener Zeiten, den Folgen und Nachwirkungen des 30 jährigen Krieges, machte es begreiflich, daß man allgemein Erlösung hoffte von einer Rückkehr zur Natur und ihrem (vermeintlichen) Rechte. Der Gedanke des natürlichen Rechtes sollte einen bestimmenden Einfluß auf die Rechtsbildung ausüben. Die diesem Streben dienstbare Richtung der Rechtswissenschaft, die sog. naturrechtliche oder philosophische Schule, übt schon im 17. Jahrhundert einen großen Einfluß aus namentlich auf die Behandlung des öffentlichen Rechts und des Völkerrechtes, um im 18. Jahrhundert auch auf dem Gebiete des Privatrechtes zur vollen Herrschaft zu gelangen. Mit Hilfe der natürlichen Vernunft allein will diese Richtung — das ist ihr eigentliches Ziel — ein Gesetzbuch natürlichen Rechtes schaffen, das durch einfache, gemeinverständliche Regeln in durchsichtig klarer Anordnung Wohlfahrt und Glück der Bürger gewährleistet und zugleich als vollständige und ausschließliche Regelung der Rechtsverhältnisse für den einzelnen wie die Gesamtheit volle Rechtssicherheit verbürgt.

Die naturrechtliche Schule.

Indem die Juristen sich in Vorbereitung dieser Aufgabe der Ausarbeitung von Systemen des Naturrechts zuwenden, lassen sie sich dennoch von den überlieferten Rechtsanschauungen und Begriffen leiten, wenn sie auch im einzelnen mit größerer Freiheit verfahren und namentlich nicht selten, unter Einwirkung der ihnen näher liegenden deutschrechtlichen Anschauungen, positive Vorschriften des römischen Rechtes, weil gegen das Naturrecht verstoßend, als unverbindlich erklären und umgekehrt angebliche Satzungen des Naturrechts an deren Stelle setzen. Daraus erklärt es sich, daß die Gesetzgebungen, die als die bedeutendsten Ergebnisse der naturrechtlichen Schule anzusehen sind, wie insbesondere das Allgemeine preußische Landrecht und das österreichische Bürgerliche Gesetzbuch, in sehr beträchtlichem Maße deutsches Recht erhalten haben. Zudem kommt der spekulativen Richtung jener Zeit das unbestreitbare Verdienst zu, den gesamten Rechtsstoff in einer freien, den Anforderungen der Zeit entsprechenden Systematik zur Darstellung gebracht zu haben; namentlich ist ihren Bemühungen für das Privatrecht die bekannte Einteilung in den allgemeinen Teil, das Sachen-, Obligationen-, Familien- und Erbrecht (s. S. 63—66) zu verdanken, die im 19. Jahrhundert in der Literatur und der Gesetzgebung allgemein in Aufnahme gekommen ist, im Gegensatz zu der bis dahin befolgten Anordnung der justinianischen Pandekten.

Die historische Schule.

VI. Die ganze spekulative Richtung der naturrechtlichen Schule mit der damit zusammenhängenden Neigung für die Gesetzgebung wurde im Anfang des 19. Jahrhunderts von einer der Erkenntnis des positiven Rechtes und seiner geschichtlichen Entwicklung zugewandten Richtung aufs schärfste bekämpft. Diesem Widerspruch hat das anerkannte Haupt dieser sog. historischen Schule, Friedrich Karl von Savigny, in seiner Schrift über den Beruf unserer Zeit zur Gesetzgebung (1814) maßgebenden Ausdruck verliehen. Ausgehend von dem Gedanken, daß die Gegenwart untrennbar mit der Vergangenheit zusammenhängt, betont er den nationalen Charakter jedes Rechtes und seine Abhängigkeit von dem jeweiligen kulturellen Entwicklungsstande der Volksgemeinschaft. Er folgert daraus, daß das Recht der Gegenwart nur aus einem Studium seiner Geschichte verstanden werden kann, verwirft den Begriff des Naturrechts schlechthin und spricht, wie er sagt, seiner Zeit, im Grunde genommen aber jeder Zeit, den Beruf zur Gesetzgebung ab, indem die Weiterbildung des Rechts der von der Rechtswissenschaft beeinflußten Gewohnheit überlassen sein soll (vgl. S. 21 oben). Zweifellos hat seine geschichtliche Auffassung des Rechtsbegriffes grundlegend auf die Ausbildung der modernen Rechtsgeschichte eingewirkt, und ebenso gewiß ist es, daß die damit eingeleitete positive Richtung eine sehr intensive dogmatisch-systematische Durcharbeitung des gegebenen Rechtsstoffes zur Folge gehabt hat. Andererseits darf aber als ebenso gewiß gelten, daß Savigny in Bekämpfung des Naturrechts zu weit gegangen ist. Indessen hat doch die von ihm inaugurierte rechtsgeschichtliche Forschung den Keim der Korrektur seiner eigenen Irrtümer in sich getragen. Freilich haben die von Savigny und seinen Nachfolgern betriebenen Forschungen Jahrzehnte hindurch wesentlich sich darauf beschränkt, die Rechtsänderungen durch Gesetze und Gewohnheitsrecht in ihrer zeitlichen Aufeinanderfolge nachzuweisen, mit anderen Worten: einen chronologischen Überblick über die juristisch bedeutsamen Daten zu bieten. Indessen mußten doch die in die zweite Hälfte des Jahrhunderts fallende Ausbildung der Völkerkunde (Ethnologie) und die gleichzeitige Entwicklung der Kulturgeschichte mehr und mehr dazu führen, das Recht — in Übereinstimmung mit den Forderungen von Savigny — in seinem Zusammenhang mit der Eigenart der Volksgemeinschaft und deren kultureller Entwicklung aufzufassen. Dazu kommt, daß das Studium der Sozialwissenschaften und namentlich der Volkswirtschaft auch den Zusammenhang der Rechtsordnung mit der ganzen wirtschaftlichen und sozialen Lage des Volkes dargelegt hat. Jede bestehende Rechtsordnung erscheint nicht nur als Ausdruck bestimmter wirtschaftlicher und sozialer Machtverhältnisse, sondern wirkt selbst wiederum auf die wirtschaftlichen und sozialen Verhältnisse der Bevölkerung zurück. Insofern hat der Gesetzgeber es in seiner Macht, durch den Erlaß von Gesetzen, welche den gegebenen Verhältnissen allseitig Rechnung tragen, somit „der Natur der Sache" entsprechen, fördernd auf die Wohlfahrt der Gesamtheit einzuwirken. Diese durch die sozialpolitische Betrachtung gewonnene Einsicht findet eine starke Stütze in der rechtsvergleichenden Forschung unserer Tage, indem diese nicht selten zeigt, daß bei wesentlich gleichgearteten Verhältnissen zweier Länder die Verschiedenheit der Gesetzgebung allein in dem einen Lande gemeinnützige, in dem anderen gemeinschädliche Wirkungen erzeugt. — So erklärt es sich, daß die durch die naturrechtliche Schule begründete Überzeugung, daß die Kodifikation ebenso nützlich wie notwendig sei, neue Nahrung erhalten hat. Es begreift sich daher, daß das neue Deutsche Reich alsbald nach seiner Begründung es unternommen hat, das Gebiet des staatlichen Rechts in umfassenden Gesetzbüchern zu normieren; Strafrecht, Prozeßrecht und zuletzt bürgerliches Recht sind einheitlich für das Deutsche Reich kodifiziert worden (vgl. S. 21 ff.).

VII. Der Erlaß des Bürgerlichen Gesetzbuchs, des umfassendsten Versuchs, die Privatrechtsverhältnisse durch ein System Die Freirechtsbewegung.

abstrakter Vorschriften zu regeln, bedeutet zugleich den Beginn einer neuen Bewegung auf dem Gebiet der Rechtswissenschaft. Der Nachweis, daß dieses Gesetzbuch, wie jedes andere, Lücken enthält, welche auf Grundlage seines Inhalts nicht ausgefüllt werden können, hat den Anstoß zur Entstehung der Freirechtsbewegung gegeben. Die Lücken des Gesetzbuchs sollen durch freies Recht ausgefüllt werden, das heißt durch ein Recht, das nach sorgfältiger Wertung der zu beurteilenden Rechtsverhältnisse und Abwägung der ihnen zugrunde liegenden Interessen festzustellen ist. Strebt die Freirechtsbewegung sonach eine Ergänzung der Rechtsordnung an, so ist sie doch in ihrem Wesen auf Schaffung und Anwendung eines Rechts gerichtet, welches den gegebenen Lebensverhältnissen entspricht, und sucht demgemäß das ihnen entsprechende Recht zu erkennen. Während die Jurisprudenz des Mittelalters den Inhalt der einzelnen Vorschriften festzustellen, die Jurisprudenz der neueren Zeit dagegen die Gesamtheit der Rechtssätze in ihrem inneren Zusammenhang zu erkennen bestrebt war, ist für die Bewegung unseres Jahrhunderts die Betrachtung der Lebensverhältnisse der Ausgangspunkt. Die Freirechtsbewegung sucht das den sozialen Bedürfnissen unserer Zeit gemäße Recht zu erkennen und festzustellen. In diesem Sinn ist sie mit Recht als eine Art von Wiedergeburt des Naturrechts bezeichnet worden.

Die Arten der Rechtserkenntnis.

VIII. Auf Grund vorstehenden geschichtlichen Überblicks lassen sich in der Hauptsache vier Arten oder Methoden der Rechtserkenntnis unterscheiden, die wir als exegetische, systematische, philosophische und historische bezeichnen können.

1. Grundlage aller Rechtsforschung ist die Exegese oder Interpretation der einzelnen Rechtsvorschriften, die den Sinn derselben sowohl nach den Regeln des Sprachgebrauchs und der Grammatik (als sog. grammatische Interpretation) als auch mit Hilfe aller anderen Umstände, so der Entstehung, des Zusammenhanges und insbesondere des Zweckes des Gesetzes (als sog. logische Interpretation) festzustellen hat. Die Exegese ist es, die unmittelbar der Rechtsanwendung dient, die Rechtsvorschrift zur Anwendung bereitstellt, indem sie sowohl den Tatbestand derselben wie die daran geknüpften Rechtsfolgen, ihren begrifflichen Merkmalen nach klarstellt — eine Tätigkeit, die aus

der bunten Mannigfaltigkeit der wechselnden Lebensverhältnisse beständig neue Nahrung schöpft.

2. Auf der Exegese beruht die dogmatisch-systematische Forschung, die sich zur Aufgabe macht, den Inhalt der einzelnen Vorschriften einer gegebenen Rechtsordnung auf Grundlage der gewonnenen Rechtsbegriffe zu einem einheitlichen Ganzen — einem System von einander neben- und untergeordneten Lehrsätzen — zu verarbeiten. Es ist dies die Richtung, auf deren Grundlage die verschiedenen Rechtsgebiete zu besonderen Disziplinen des akademischen Unterrichts ausgebildet worden sind, und die in ihrer vollen Durchführung zur Feststellung der ihnen gemeinsamen Grundbegriffe, mit anderen Worten zur Entwicklung der allgemeinen Rechtslehre als einer Art allgemeinen Teiles für alle Rechtsdisziplinen hinführt. Da aber diese auf Erfassung der Grundbegriffe gerichtete Tätigkeit die Erkenntnis der wesentlichen Beziehungen der einzelnen Rechtsgebiete zueinander voraussetzt, so sucht die dogmatisch-systematische Forschung auch einen zusammenfassenden Überblick über den Gesamtinhalt der Rechtsordnung zu gewinnen, führt also insofern zugleich zur Rechtsenzyklopädie.

3. Das Recht wird philosophisch aufgefaßt, wenn man dasselbe in seinen Grundbedingungen und seiner Bedeutung für die Menschheit zu erkennen sucht als Ausfluß der vernünftig-sittlichen Natur des Menschen und in seiner Einwirkung auf die menschliche Gesellschaft überhaupt, sowie in seinem Zusammenhang mit der gesamten kulturellen, sozialen und wirtschaftlichen Lage der Volksgemeinschaft. Eine solche Einsicht ist ohne Verständnis der verwandten Wissensgebiete (Ethik, Volkswirtschaft) nicht möglich und verlangt in letzter Linie einen klaren Einblick in die Stellung der Rechtswissenschaft im System der Wissenschaften überhaupt. Unentbehrliche Voraussetzung für diese Einsicht aber ist die Feststellung der Grundbegriffe der Rechtswissenschaft, von der jede rechtsphilosophische Betrachtung ausgehen muß.

4. Die historische Forschung hat den Werdeprozeß des Rechtes aufzudecken, also die Rechtsänderungen in ihrer zeitlichen Aufeinanderfolge als Ergebnis der darauf einwirkenden Kräfte des Volkslebens darzulegen. Insofern sie die Wirksamkeit dieser beständig über die positive Satzung hinausstrebenden Kräfte verstehen lehrt, fördert sie das Verständnis des geltenden Rech-

tes und befähigt zu sachgemäßer Weiterbildung desselben. Sie fördert aber zugleich die philosophische Erkenntnis des Rechtes überhaupt, indem sie die Abhängigkeit jeder Rechtsordnung von der jeweiligen gesamten Entwicklungsstufe deutlich erkennen läßt, eine Abhängigkeit, die durch die vergleichende Erforschung der Geschichte des Rechts verschiedener Volksgemeinschaften zu noch klarerem Bewußtsein gebracht wird.

§ 2. Die Disziplinen des akademischen Unterrichts.

Die Hauptdisziplinen.

I. Als Hauptdisziplinen unseres akademischen Unterrichts kommen diejenigen in Betracht, die durch die Gliederung des Rechtes selbst bestimmt werden (s. oben zweites Kapitel), also:

1. Das Privatrecht. Der Darstellung desselben waren früher gewidmet die Vorlesungen über das Pandektenrecht, d. h. das Privatrecht römischen Ursprungs, das in Deutschland als gemeines Recht Aufnahme gefunden hat, und über das deutsche Privatrecht, d. h. die Gesamtheit der deutschrechtlichen Institute des geltenden Privatrechts in systematischer Zusammenfassung. Diese beiden Vorlesungen, vor allem die Pandekten bildeten die eigentliche Grundlage des privatrechtlichen Unterrichts sogar für jene Länder, welche durch ihre Gesetzgebung die Geltung des gemeinen Rechts ausgeschlossen hatten. Das preußische, französische, badische und sächsische Recht sind geradeso wie die sonstigen nicht kodifizierten Partikularrechte nur in untergeordneten Vorlesungen in Gestalt gedrängter Übersichten in Anlehnung an die Theorie des gemeinen Rechts zur Darstellung gebracht worden. Da nun durch das Bürgerliche Gesetzbuch die große Masse des Privatrechts einheitlich normiert ist, also ein neues gemeines, und zwar ausschließlich geltendes Privatrecht für das ganze Deutsche Reich geschaffen ist, andererseits aber durch dasselbe Gesetzbuch für zahlreiche Materien Vorbehalte zugunsten des in den einzelnen Ländern geltenden Rechts gemacht sind, so erfordert die Erkenntnis des hinfort in Deutschland geltenden Rechts das Studium des durch das Bürgerliche Gesetzbuch und die anderweitigen Reichsgesetze einheitlich geregelten Privatrechts, sowie des in den einzelnen Gebieten durch Landesgesetzgebung und Gewohnheit sehr verschieden gestalteten vorbehaltenen Rechts — eine Scheidung, die augenscheinlich das Bedürfnis nach besonderen Vorlesungen über das Reichszivilrecht (das deutsche bür-

gerliche Recht) und Landeszivilrecht (preußisches, bayerisches, sächsisches, württembergisches Privatrecht) rechtfertigt. In der Tat werden an den Universitäten in Sachsen, Württemberg, Baden und Mecklenburg neben den Vorlesungen über das bürgerliche Recht eigene Vorlesungen über Landesprivatrecht gehalten, während die Studienordnungen der meisten Universitäten, so in Preußen und Bayern, das Landesrecht lediglich in Verbindung mit den Vorlesungen über deutsches bürgerliches Recht berücksichtigt wissen wollen, eine Verbindung, der in jeder Form sehr erhebliche Bedenken und Schwierigkeiten entgegenstehen.

1*. Das Handels-, Wechsel- und Seerecht (lediglich als ein Sonderprivatrecht).

2. Das Staatsrecht, welches das Verfassungs- oder Staatsrecht im engeren Sinne und das Verwaltungsrecht in sich begreift; infolge der besonderen Gestaltung des Deutschen Reiches haben wir zwischen Reichs- und Landesstaatsrecht, und zwar ebensowohl Verfassungs- wie Verwaltungsrecht zu scheiden.

3. Das Zivilprozeßrecht.

3*. Das Konkursrecht (als Inbegriff der zivilprozessualen und privatrechtlichen Vorschriften, die den Konkurs der Gläubiger regeln).

4. Das Strafrecht.

5. Das Strafprozeßrecht.

6. Das Völkerrecht.

7. Das Kirchenrecht.

II. Diese sieben bzw. neun Disziplinen sind es, die in systematischer Zusammenfassung dem Studierenden das Wissen darbieten, dessen er in Ausübung seines Berufes bedarf. Daneben treten eine Reihe anderer Disziplinen, die zum Teil für die Aufnahme der Hauptdisziplinen vorbereiten, zum Teil die Rechtskenntnis überhaupt vertiefen, zum Teil endlich das dem Juristen unentbehrliche Wissen aus anderen Gebieten vermitteln sollen. Propädeutische, philosophische u. ergänzende Disziplinen.

1. Zu den Vorlesungen vorbereitender (propädeutischer) Natur gehört:

a) Die juristische Enzyklopädie, welche den Hörer mit den Grundbegriffen des Rechts vertraut zu machen, ihm einen Überblick über das ganze Rechtsgebiet zu gewähren hat und damit meist eine Anweisung über Studium und Studiengang (Methodologie) zu verbinden pflegt. Ihr kommt daher eine allgemein propädeutische Bedeutung für alle Rechtsdisziplinen zu.

b) Die römische Rechtsgeschichte; dieselbe würde, insofern sie sich zur Aufgabe macht, den Werdeprozeß des gesamten römischen Rechts in allen seinen Teilen darzulegen, der Vorbereitung für alle Disziplinen dienen, soweit sie auf römischer Grundlage beruhen; gewöhnlich aber beschränkt sie sich (abgesehen von der Verfassungs- und Quellengeschichte) auf Darstellung der Entwicklung des Privatrechts oder sieht selbst davon ab, indem sie als sog. äußere Rechtsgeschichte nur die Geschichte der Rechtsquellen (Leges, Senatuskonsulte, Edikte usw.) und der rechtssetzenden Faktoren, mit anderen Worten Verfassungs- und Quellengeschichte behandelt. In diesen Beschränkungen dient sie — neben den Institutionen — vorwiegend der Vorbereitung für die Pandekten.

c) Die Institutionen des römischen Rechts bringen die Grundzüge des reinen römischen (justinianischen) Rechts in systematischem Zusammenhang zur Darstellung und ermöglichen durch den so gebotenen Überblick die Aneignung und Beherrschung des Details des Pandektenrechts.

d) Die deutsche Rechtsgeschichte; dieselbe bietet als Darstellung der geschichtlichen Entwicklung des deutschen Rechts eine propädeutische Vorbereitung für alle Disziplinen, soweit sie auf deutsch-rechtlicher Grundlage beruhen, insbesondere aber für die Vorlesungen über deutsches Privatrecht.

Die durch die Einführung des Bürgerlichen Gesetzbuches für das Deutsche Reich bedingte Neuordnung des Studiums hat in allen Bundesstaaten übereinstimmend die Vorlesungen im deutschen bürgerlichen Recht zum Mittelpunkt des Rechtsstudiums gemacht und denselben jene Stelle im juristischen Unterricht angewiesen, die bisher die Pandekten und das deutsche Privatrecht eingenommen haben. Demgemäß mußten die vorbereitenden Vorlesungen in bestimmte Beziehung zu dem deutschen bürgerlichen Recht und bzw. dem daneben in Geltung verbleibenden Landeszivilrecht gebracht werden. Da nun das neue Reichszivilrecht ebenso wie das noch geltende Landeszivilrecht geschichtlich zum Teil auf dem römischen, zum Teil auf dem deutschen Rechte beruht, so hat man die römische wie die deutsche Rechtsgeschichte unverändert beibehalten, obgleich die Bedeutung der üblichen Vorlesungen über römische Rechtsgeschichte für die Erkenntnis des modernen Rechtes jedenfalls eine geringe ist. Dagegen sind an Stelle der bisherigen systematischen Vorlesungen über römisches und deutsches Privatrecht zwei Vorlesungen getreten, die den Namen „System des römischen Privatrechts“ und „Grundzüge des deutschen Privatrechts“ tragen, während dem Bedürfnis einer allgemeinen Einleitung eine Vorlesung dienen soll, die als „Einführung in die Rechtswissenschaft“ bezeichnet wird. Aufgabe dieser Einführung ist diejenige, die bisher der juristischen Enzyklopädie und Methodologie zugewiesen wurde; sie bietet allein das, was der Anfänger braucht: Grundlage, Überblick und Wegweisung für das ganze Rechtsgebiet. Ebenso selbstverständlich ist es, daß die Grundzüge des deutschen Privatrechts eine zusammenfassende Übersicht über die verschiedenartigen Gestaltungen der deutschrechtlichen Institute des geltenden Privatrechts darbieten. Das System des römischen Privatrechts dagegen hat sich zunächst wie die Institutionen des römischen Rechts auf Darstellung des reinen römischen Rechts beschränkt, hat aber damit mehr und mehr in den Hauptpunkten die Darstellung der Veränderungen verbunden, in welchen das römische Recht als gemeines Pandektenrecht gegolten hat und nunmehr als Bestandteil unseres Bürgerlichen Gesetzbuches in Geltung steht. So hat sich die Vorlesung in steigendem Maße dem Zwecke angepaßt, der Einführung in das deutsche bürgerliche Recht zu dienen. Gleichwohl ist, wie schon hervorgehoben, in weiten Kreisen das System des römischen Rechts als propädeutische Vorlesung für das bürgerliche Recht abgelehnt und seine Ersetzung durch Grundzüge des bürgerlichen Rechts verlangt worden. In Übereinstimmung mit diesen Bestrebungen haben die deutschen Juristenfakultäten die Vorlesungen über Grundzüge des bürgerlichen Rechts als Vorbereitung der Vorlesungen über das bürgerliche Recht gebilligt, haben aber die gleiche Funktion der überlieferten Vorlesung über das System des römischen Rechts auch gutgeheißen. Der Studierende kann somit im ersten Semester neben der allgemeinen Einführung in die Rechtswissenschaft ebenso Grundzüge des bürgerlichen Rechts, wie System des römischen Rechts als Vorbereitung auf das bürgerliche Recht hören. Außer den genannten vorbereitenden Vorlesungen wird an vielen Universitäten (so in Preußen und Bayern) noch eine weitere propädeutische Vorlesung gehalten, die als Übersicht über die Rechtsentwicklung in Preußen bzw. in Bayern bezeichnet wird und den Hörer namentlich mit der besonderen Gestaltung der Rechtsquellen seines Heimatstaates vertraut machen soll. An anderen Universitäten hat man von der Einrichtung einer solchen Vorlesung abgesehen, vor allem in jenen Bundesstaaten, die wie Württemberg, Sachsen, Baden und Mecklenburg, das ganze in Geltung verbleibende Landeszivilrecht zum Gegenstand besonderer Vorlesungen gemacht haben, welche selbstverständlich auch die geschichtliche Entwicklung desselben zu berücksichtigen haben.

2. Zu den Vorlesungen, die eine Vertiefung der Rechtserkenntnis bezwecken, gehört vor allem:

a) Die Rechtsphilosophie, deren Aufgabe es ist (S. 211, Ziff. 3), Wesen und Bedeutung des Rechts überhaupt und damit zugleich die Stellung desselben innerhalb der ganzen Weltordnung darzulegen.

b) Eine Disziplin verwandter Natur ist das allgemeine Staatsrecht; während das (positive) Staatsrecht (S. 213, Ziff. 2) des einzelnen Staates (Reichsstaatsrecht, preußisches, bayerisches Landesstaatsrecht) die Verfassung und Verwaltung desselben darzustellen hat, hat das allgemeine Staatsrecht die begrifflichen Merkmale des staatlichen Daseins überhaupt zu bestimmen, also die verschiedenen Formen, welche die staatliche Organisation und deren Betätigung annehmen kann, festzustellen, sowie deren Abhängigkeit von bestimmten kulturellen, wirtschaftlichen und sozialen Verhältnissen der Bevölkerung, als auch deren Rückwirkung auf die Verhältnisse dieser Art nachzuweisen.

3. Von den nichtjuristischen Disziplinen sind wegen der Wechselwirkung, welche zwischen Recht und Wirtschaft besteht (S. 209), jene für den Juristen von größter Bedeutung, die in einem besonderen Sinn als Staatswissenschaften bezeichnet werden und die sich, wenn auch mit Bezugnahme auf den Staat, die Erforschung der Erscheinungen des wirtschaftlichen Lebens und der damit zusammenhängenden sozialen Vorgänge zur Aufgabe machen. Dahin gehören namentlich a) die Nationalökonomie oder (allgemeine) Volkswirtschaftslehre, welche die Grundsätze über Hervorbringung, Verarbeitung und Verteilung der Güter innerhalb der Volksgemeinschaft zu entwickeln hat. An dieselbe schließt sich an (als besondere Volkswirtschaftslehre) b) die öko-

nomische Politik oder Volkswirtschaftspflege, welche untersucht, wie der Staat zweckmäßigerweise auf Vermehrung, Verbesserung und gerechtere Verteilung der Produkte einwirken soll. c) Die Finanzwissenschaft hat es speziell mit der Wirtschaft (Haushalt) des Staates zu tun; sie lehrt, wie die für Bestreitung des Staatsaufwandes erforderlichen Mittel unter möglichster Schonung des allgemeinen Wohlstandes aufzubringen, zu verwalten und zu verwenden sind.

Eine nicht eigentlich juristische Disziplin ist auch die gerichtliche Medizin, welche die medizinischen Tatsachen für die Zwecke der Rechtspflege zu erforschen und zu verwenden hat. Solche Tatsachen sind beispielsweise Geburt und Tod eines Menschen, welche privatrechtlich (S. 42 f., Ziff. I) immer von Wichtigkeit sind (für die Rechtsfähigkeit desselben). Sie können aber auch strafrechtlich erheblich sein, so wenn der Tod eines Menschen auf dem Verschulden einer anderen Person beruht, somit vorsätzliche oder fahrlässige Tötung vorliegt. Ein Teil der gerichtlichen Medizin ist an sich auch die gerichtliche oder forensische Psychiatrie, welche jedoch im Hinblick auf die Eigenart der Geisteskrankheiten und ihre große Bedeutung für die Beurteilung der Geschäfts- und Zurechnungsfähigkeit einer Person (vgl. S. 43 ff., Ziff. II) meist Gegenstand besonderer Vorlesungen ist.

Viertes Kapitel.

Methodologie des Rechtsstudiums*).

§ 1. Vorlesungen und Übungen.

Vorlesungen. I. Die im vorausgehenden Paragraphen genannten Haupt- und Nebendisziplinen bilden den Gegenstand der eigentlichen Vorlesungen. Aufgabe der Vorlesungen ist es, in systematischer Zusammenfassung eine klare, übersichtliche und anschauliche Darstellung des gesamten Inhalts der einzelnen Disziplinen zu bieten, eine Darstellung, welche den Hörer ebensowohl durch folgerichtigen Aufbau zu mittätiger Gedankenarbeit zwingt, als ihm durch konkrete Veranschaulichung des Gesagten das befriedigende und

*) Vgl. Arndts, §§ 153—166, insbes. §§ 161—166; Gareis, §§ 59—61: insbes. § 61; die für die Neuordnung des juristischen Studiums grundlegende allgemeine Verfügung des preußischen Justizministers vom 18. Jan. 1897 (ergänzt durch Verfügung des Unterrichtsministers vom gleichen Tage) ist nebst den entweder völlig oder doch in den Hauptpunkten (abgesehen von der verschiedenen Behandlung des Landesprivatrechts in Mecklenburg, Sachsen) damit übereinstimmenden Verordnungen der deutschen Bundesstaaten abgedruckt in dem Werke von Daude und Wolff, Die Ordnung des Rechtsstudiums und der ersten juristischen Prüfung in den deutschen Bundesstaaten, Halle a. S. 1903, welches Werk auch die Studienpläne der deutschen Juristenfakultäten enthält; davon Separatausgabe für Preußen, 3. Aufl., Halle a. S. 1908; vgl. die amtlichen „Erläuterungen" (im Reichsanzeiger Nr. 24, 28. Jan. 1897) zu der genannten allgemeinen Verfügung des Justizministers. Sie ist durch eine Verfügung desselben Ministers vom 3. Juli 1912 in wesentlichen Punkten abgeändert und ergänzt worden. Die verschiedenen Verfügungen über die juristischen Prüfungen und die Vorbereitung in Preußen hat die Prüfungsordnung vom 17. Juni 1913 zusammengefaßt. An deren Stelle gilt nunmehr die (preußische) Ausbildungsordnung vom 11. August 1923 (Textausgabe mit Erläuterungen von A. Weinmann, Berlin 1924); siehe zudem „Die juristische Ausbildung in Preußen", bearbeitet im Bureau des preußischen Justizministeriums, Berlin

erfreuende Gefühl voller Einsicht und Erkenntnis verschafft. So bildet die Vorlesung die Grundlage, auf welcher der Hörer sich zu voller geistiger Beherrschung des dargestellten Stoffes durchzuarbeiten vermag. Dieses Ziel wird der Studierende umso sicherer und vollkommener erreichen, je mehr der akademische Unterricht an die Auffassung und das eigene Bewußtsein der Hörer anknüpft und damit auf wirklicher Gegenseitigkeit beruht.

Unter dem Einfluß dieser Überzeugung haben seit längerer Zeit namentlich seit dem Weltkriege konversatorische Vorlesungen*) Eingang gefunden, in denen der Dozent die Hörer zu tätiger Anteilnahme heranzuziehen sucht. Dabei wird sich der Dozent zweckmäßig eines Grundrisses bedienen, der eine Übersicht des Stoffes und die wichtigsten Gesetzesstellen enthält. Auf Grund entsprechender Vorbereitung der Teilnehmer wird die Diskussion naturgemäß sich richten auf Klarstellung der leitenden Gesichtspunkte, Auslegung der maßgebenden Gesetzesstellen und Einordnung derselben in den Zusammenhang der Darstellung. Daran wird der Dozent zweckmäßig eine Zusammenfassung der Ergebnisse der Besprechung anschließen und damit zugleich den Bedürfnissen der Teilnehmer nach Fixierung und Festhaltung entsprechen.

Konversatorische Vorlesungen.

1926. — Für Bayern kommen nunmehr nur in Betracht die Verordnung bzw. die Bekanntmachung „über die Vorbedingungen für den höheren Justiz- und Verwaltungsdienst“ vom 1. April 1925. Vergleiche auch J. Schiedermair, Vorbedingungen für den höheren Justiz- und Verwaltungsdienst in Bayern, München 1926. — Ortloff, Das Studium der Rechts- und Staatswissenschaften, Vorbereitung und Einrichtung, Halle a. S. 1903; Mittermaier, Wie studiert man Rechtswissenschaft?, Stuttgart, 2. Aufl. 1921. Zur 1. Aufl. 1911 E. Grueber im Archiv für Rechts- und Wirtschaftsphilosophie, 7. Bd. (1914), S. 567 ff. — H. Gerland, Die Reform des juristischen Studiums, Bonn 1911; darüber E. Grueber in der Kritischen Vierteljahrsschrift für Gesetzgebung und Rechtspflege, 3. F., Bd. 14, 1912, S. 84 ff.; P. Krückmann, Vorpraxis, Tübingen 1911. Vgl. außerdem E. Grueber, Die Vorbildung der Juristen und ihre Reform, Nürnberg 1910; Derselbe, Der Rechtsunterricht und die juristischen Prüfungen, in der Zeitschrift für Hochschulpädagogik, Bd. 3, 1912, S. 84 ff., und der Vortrag „Was können unsere Universitäten und Hochschulen für ihre Kriegsteilnehmer tun?“ München 1918. Mit Nachtrag „Das Kriegsnotsemester“, 1918.

*) Über Beziehungen dieser Vorlesungen zum Unterricht der Kriegsteilnehmer siehe den zuletzt genannten Vortrag und die Vorrede zu dieser Auflage.

Übungen. II. So groß demnach die Bedeutung der Vorlesungen auch ist, so bedürfen doch die Vorlesungen notwendig der Ergänzung durch Übungen, die einerseits auf Erklärung des Sinnes der Rechtsvorschriften (Exegese), andererseits auf deren Anwendung auf die bunte Mannigfaltigkeit der Lebensverhältnisse abzielen (praktische Übungen), mögen nun diese Übungen getrennt gehalten werden oder die Exegese lediglich durch die Notwendigkeit der Entscheidung der praktischen Fälle veranlaßt sein. Die Beteiligung an derartigen Übungen führt nicht nur zu lebendiger Auffassung und Vertiefung des ganzen Wissens, sondern zugleich zur Entwicklung jener dem praktischen Juristen unentbehrlichen Fähigkeit, die Rechtsregel rasch und sachgemäß auf den einzelnen Fall anzuwenden. Im Hinblick auf diese Vorteile kann die Beteiligung an den Übungen, und zwar für alle Rechtsgebiete ohne Ausnahme, dem Studierenden nicht nachdrücklich genug empfohlen werden.

Verhältnis der Übungen zu den Vorlesungen. III. Die Übungen können sich zu den Vorlesungen in verschiedener Weise verhalten. Meist setzen sie die Kenntnis der Vorlesung voraus, können somit Fragen und Fälle erörtern, die das ganze Gebiet der Vorlesung betreffen. Mitunter werden Übungen gehalten im Anschluß an eine in demselben Semester gehaltene Vorlesung und erstreben daher für die Teilnehmer eine mit der Vorlesung fortschreitende Vertiefung der Erkenntnis, sowie die Ausbildung der Fähigkeit das erkannte Recht im einzelnen Falle sachgemäß anzuwenden. Endlich aber können Übungen lediglich vorbereitend der künftigen Aufnahme von Wissensstoff zu dienen bestimmt sein und das muß namentlich die Aufgabe von Übungen sein, die im Anschluß an die Einführung in die Rechtswissenschaft und die Grundzüge des bürgerlichen Rechts gehalten werden, wenn diese Übungen, wie die Vorlesung, zugleich mit dem Anfang des ersten Semesters beginnen sollen. Hier kann der Dozent, wie einleitend auf S. 6—10 dargelegt worden ist, durch geeignete Fragestellung die juristisch noch ganz ungeschulten Teilnehmer anleiten durch eigene geistige Tätigkeit zunächst die Grundbegriffe des Rechts festzustellen und dann die rechtlichen Wirkungen der den Verkehr beherrschenden gegenseitigen Schuldverträge aufzufinden und ihnen dadurch zugleich das Verständnis der einschlägigen Gesetzesstellen erschließen*). An diese Grundlage selbst erarbeiteter

*) Vgl. hiezu Stammler, Aufgaben aus dem röm. Recht, 4. Aufl., Berlin und Leipzig 1919, § 5 Ziff. 1.

Rechtsüberzeugung schließt sich, zugleich in Anlehnung an die fortschreitende Vorlesung über die Einführung in die Rechtswissenschaft und Grundzüge des bürgerlichen Rechts, die Bearbeitung und Entscheidung einfacher (zivilrechtlicher) Rechtsfälle an*), die den Anfänger zugleich in die Kunst der Rechtsanwendung einführen sollen**). Darüber hinausgehend können die einführenden Übungen auch die Erkenntnis des öffentlichen Rechtes grundlegend fördern, namentlich durch konversatorische Erörterung der wichtigsten Gesetzesstellen aus den Gebieten des Staats-, Straf- und Prozeßrechts. Die überaus große Bedeutung, welche der einführenden Übung für das Verständnis und die geistige Durchdringung der Vorlesung über die Einführung zukommt und in Verbindung mit dieser Vorlesung als Grundlage aller anderen Vorlesungen, vor allem der Vorlesungen über den Allgemeinen Teil des bürgerlichen Rechts, das Strafrecht und das deutsche Staatsrecht, soll an dieser Stelle wiederholt in Erinnerung gebracht werden (vgl. S. 6—10). Hervorzuheben aber ist, daß nach den Erläuterungen zu der grundlegenden das Rechtsstudium bei Erlaß des Bürgerlichen Gesetzbuchs neu regelnden Verfügung des preußischen Justizministers vom 18. Januar 1897 (vgl. oben Anm. *) S. 218) der Studierende schon im ersten Semester neben den Vorlesungen über römisches Privatrecht an Übungen im römischen Recht teilnehmen soll. Diese Vorschrift behält ihre innere Berechtigung auch heutzutage; soweit die Vorlesungen über römisches Privatrecht wie die Grundzüge des bürgerlichen Rechts der Vorbereitung auf das bürgerliche Recht dienen sollen, werden auch die sich anschließenden Übungen der Erreichung dieses Zweckes dienen müssen und somit wohl den An-

*) Stammlers Aufgaben aus dem römischen Recht enthalten in allen Teilen des Buches zahlreiche Rechtsfälle und praktische Fragen, die auch zur Beurteilung nach deutschem bürgerlichem Rechte geeignet sind.

**) Die Rechtsanwendung wird nicht selten den Einfluß der Form auf die Willenserklärungen zu würdigen haben. Der Veranschaulichung solcher juristisch wichtiger Formen dienen insbesondere für das gesamte bürgerliche Recht der „Rechtsatlas" von P. Krückmann, 4. Aufl., Leipzig 1910, und für das Prozeßrecht die „Aktenstücke zur Einführung in das Prozeßrecht" von Friedr. Stein und Rich. Schmidt, wovon der Zivilprozeß in 10. Aufl., Tübingen 1927 f., der Strafprozeß in 5. Aufl., Tübingen 1927, vorliegt.

forderungen entsprechen, die für die Einführungsübungen überhaupt vorstehend dargelegt worden sind. Selbstverständlich können und tatsächlich werden die Einführungsübungen auch in einem der späteren Semester mit Erfolg besucht. Dagegen sind die Übungen im deutschen bürgerlichen Recht für Anfänger (über den Allgemeinen Teil und die Schuldverhältnisse) und für Vorgerücktere (über Sachen-, Familien-, Erbrecht) — mitunter auch über ein einzelnes Buch, z. B. den Allgemeinen Teil — in der Regel für diejenigen bestimmt, welche die betreffenden Vorlesungen schon gehört haben*).

§ 2. Grundsätze für Anordnung der Vorlesungen.

Anordnung der Vorlesungen.

I. Es liegt auf der Hand, daß ein zweckmäßiges Rechtsstudium Einhaltung einer gewissen Reihenfolge der Vorlesungen verlangt. Doch gibt es nur wenige Grundsätze, die schlechthin zu befolgen sind.

1. Die einleitenden Vorlesungen müssen vor den Vorlesungen gehört werden, welche sie vorbereiten sollen. Daher muß die Einführung in die Rechtswissenschaft mit Einschluß der Grundzüge des bürgerlichen Rechts, weil sie für alle Rechtsdisziplinen vorbereitet, überhaupt den Anfang des Rechtsstudiums bilden. Da sie zugleich eine besonders vertiefende Vorbereitung auf das bürgerliche Recht anstrebt, wird diese für den Erfolg des juristischen Studiums wichtigste Vorlesung ihrer Aufgabe kaum in weniger als 6 Wochenstunden genügen können. Mit dem Besuch der Vorlesung sollte sich die Teilnahme an praktischen, die Rechtserkenntnis belebenden, vertiefenden und die Rechtsanwendung fördernden Anfängerübungen sofort verbinden. — Neben der Einführung und den Grundzügen wird sehr häufig als zweite juristische Vorlesung der Allgemeine Teil des bürgerlichen Rechts gehört und das rechtfertigt sich durchaus insoferne, als die grundbegrifflichen Ausführungen der Einführungsvorlesung den entsprechenden

*) R. Stammler, Übungen im bürgerlichen Recht, 5. Aufl., Leipzig 1922. — Vergleiche zudem v. Jhering, Jurisprudenz des tägl. Lebens, 14. Aufl. von P. Oertmann, Jena 1921; v. Jhering, Zivilrechtsfälle, 13. Aufl., Jena 1925; Lenel, Praktikum des bürgerl. Rechts, 10. Aufl., Leipzig 1926.

Teilen der Vorlesung über den Allgemeinen Teil zeitlich vorangehen (siehe oben S. 5). — Als dritte Hauptvorlesung für das erste Semester empfiehlt sich im Gegensatz zu den beiden juristischen Vorlesungen die Allgemeine Volkswirtschaftslehre als grundlegende Vorlesung für das ganze Gebiet der Staatswissenschaften. — Auch rechtsgeschichtliche Vorlesungen können gegebenenfalls schon im ersten Semester gehört werden, sollten aber im Hinblick auf ihre vorbereitende Bedeutung nicht später als in der Mitte der Studienzeit besucht werden (siehe S. 6, vgl. S. 225).

2. Das Prozeßrecht soll erst nach den Vorlesungen über das materielle Recht, dessen Anwendung es bezweckt, gehört werden, also das Zivilprozeßrecht erst nach dem Privatrecht, das Strafprozeßrecht erst nach dem Strafrecht.

3. Das Privatrecht soll alter Tradition entsprechend den Anfang des juristischen Studiums bilden. Diesem Gesichtspunkt ist schon dadurch Rechnung getragen, daß die Grundzüge des bürgerlichen Rechts in das erste Semester verwiesen sind. An dieselben haben sich unmittelbar die Vorlesungen über das deutsche bürgerliche Recht anzuschließen, welche aber, da die Masse des bürgerlichen Rechts zu groß ist, auf zwei Semester verteilt werden müssen. Somit ist das bürgerliche Recht im zweiten und dritten Semester zu hören (auch wenn der Allgemeine Teil im ersten Semester gehört wird) und folgeweise die Disziplinen, welche wiederum das bürgerliche Recht zur Voraussetzung haben, wie das Handels-, Wechsel- und Seerecht und das Landesprivatrecht, das Zivilprozeßrecht und das Konkursrecht im vierten und fünften Semester. Doch kann das Handels-, Wechsel- und Seerecht, weil es wesentlich nur die Kenntnis des Allgemeinen Teils, der Schuldverhältnisse und des Sachenrechts voraussetzt, schon im dritten Semester mit Erfolg besucht werden. Die Anordnung dieser Vorlesungen, die auf den allgemein anerkannten Grundsätzen beruht, daß die propädeutischen Grundzüge dem bürgerlichen Recht, daß das für alle geltende bürgerliche Recht dem Sonderprivatrecht: Handels-, Wechsel-, Seerecht und dem Landesprivatrecht (S. 212 f. Ziff. 1 und 1*), daß das Privatrecht überhaupt dem Zivilprozeßrecht und daß das für alle Streitsachen geltende Zivilprozeßrecht dem Konkursrecht als Sonderzivilprozeßrecht vorausgehen muß, bietet dem Studierenden den Vorteil, im sechsten und letzten Se-

mester auch noch Übungen aus Disziplinen zu besuchen, die im fünften Semester Gegenstand der Vorlesungen waren, wie z. B. über Konkurs- und Verwaltungsrecht (S. 213 Ziff. 3* und 2). — Neben den genannten privatrechtlichen Disziplinen können gleichzeitig öffentlichrechtliche Fächer gehört werden, so schon im zweiten Semester Deutsches Staatsrecht, d. i. Reichs- und Landesstaatsrecht im Sinne des im Deutschen Reiche und in den Ländern geltenden Verfassungsrechtes (S. 213 Ziff. 2) und insbesondere das Strafrecht, welches als leichteste, menschlich besonders naheliegende Disziplin den Anfänger erfahrungsgemäß in hohem Grade anspricht. Dagegen wird das Verwaltungsrecht, das inhaltlich durch das Verfassungsrecht (Staatsrecht im eng. S.) bestimmt wird, immer erst nach demselben zu hören sein. Das Kirchenrecht und das Völkerrecht können an sich schon in früheren Semestern mit Erfolg besucht werden; doch setzt die Art der Behandlung des Stoffes nicht selten eine eingehendere Kenntnis des Staatsrechts bzw. auch des Verwaltungsrechts voraus, und insofern wird ihr Besuch erst für die späteren Semester anzuempfehlen sein. Ebenso wird die Rechtsphilosophie mit größerem Gewinn in späteren Semestern gehört werden, was um so mehr anzuraten ist, als der allgemeinen Grundlegung die Vorlesung über Einführung in die Rechtswissenschaft zu dienen bestimmt ist.

Einordnung der Staatswissenschaften

Im Gegensatz zu den staatsrechtlichen Disziplinen können die staatswissenschaftlichen ebensowohl in späteren wie in früheren Semestern gehört werden. Ersteres bietet neben der Förderung durch die bereits gewonnenen juristischen Kenntnisse den Vorteil größerer Reife in Erfassung der wirtschaftlichen Probleme, letzteres hingegen regt schon den Anfänger an, die Rechtsordnung in ihrer Wechselbeziehung zum wirtschaftlichen und sozialen Leben des Volkes zu erfassen und zu erkennen; nur ist in jedem Falle geboten, daß die Vorlesung über Nationalökonomie der über ökonomische Politik und Finanzwissenschaft vorausgeht. Es werden daher Studierende, welche allgemeine Volkswirtschaft gehört haben, nach Belieben in jedem folgenden Semester die eine oder andere dieser Disziplinen hören können.

und der gerichtlichen Medizin

Die Vorlesungen über gerichtliche Medizin werden im Hinblick auf die vielfache Beziehung zur Zivil- und Strafrechtspflege am zweckmäßigsten erst nach den Vorlesungen über Zivil- und Strafrecht sowie über Zivil- und Strafverfahren gehört werden.

In vorstehender Anordnung sind die historischen Vorlesungen über römisches und deutsches Recht zunächst nicht genannt worden. Wenn man erwägt, daß, von anderem abgesehen, das römische Recht Voraussetzung für Beteiligung an den späteren exegetischen Übungen im Corpus juris civilis*) unentbehrlich ist und anderseits, daß die Kenntnis der geschichtlichen Entwickelung des deutschen Rechts das Verständnis für unser öffentliches Recht sowie für die eigenartigen Bildungen, namentlich des Landesprivatrechts, wesentlich fördert, so wird man die geschichtlichen Vorlesungen, wenn und soweit sie nicht in den ersten Semestern gehört worden sind, spätestens in der mittleren Studienzeit hören, doch muß die Vorlesung über System des römischen Privatrechts, insoferne sie der Vorbereitung auf das bürgerliche Recht dienen soll, unbedingt im ersten Semester gehört werden.

Die allgemeine Verfügung des preußischen Justizministers vom 3. Juli 1912 hat es schon den Studierenden überlassen, den Gang ihrer Studien selbst zu bestimmen. Gleichwohl behalten die dargelegten Grundsätze für Anordnung der Vorlesungen auch in Zukunft ihre Bedeutung. Selbstverständlich müssen die vorbereitenden Vorlesungen zuerst, der Prozeß nach dem materiellen Recht, das allgemein geltende Recht vor dem es modifizierenden Sonderrecht, das Verwaltungsrecht nach dem Verfassungsrecht gehört werden. Wahrung dieses inneren Zusammenhanges setzte auch die genannte Verfügung voraus, welche überdies „die Vorlesungen, die den Studierenden den Überblick über die ganze Rechtsordnung und das Verständnis für deren Bedeutung vermitteln sollen" — theoretische und praktische Einführungsvorlesungen**) — ausdrücklich in das erste Semester verwies. Gleichwohl können die Studierenden triftige Gründe haben, von der ihnen empfohlenen Anordnung abzugehen, so, wenn die danach zu hörende Vorlesung zur Zeit nicht gelesen oder er in der dafür angesetzten Zeit einen anderen Dozenten hören möchte, auf dessen Vorlesung er das größte Gewicht legt. Deshalb haben die Anweisungen zum Studium, welche

---

*) Der Exegese dient B. Kübler, Lesebuch des römischen Rechts zum Gebrauch bei Vorlesungen und zum Selbststudium usw., 3. Aufl., Leipzig 1925.

**) Vgl. E. Grueber, Die Vorbildung der Juristen und ihre Reform, S. 12 f., und in der Zeitschrift für Hochschulpädagogik, 1912, Ziff. X, S. 87 f.

die Fakultäten erlassen, nur die Bedeutung von Ratschlägen, die nicht verpflichten, und deshalb kann der Studierende den Gang seiner Studien selbst bestimmen. Von der ihm gewährten Freiheit wird er um so mehr Gebrauch machen können, je gründlicher er die Vorlesung über die Einführung durchgearbeitet hat. Wer das ganze Rechtsgebiet in dem Hauptinhalt der einzelnen Disziplinen und in ihren gegenseitigen Zusammenhängen beherrscht, wird ohne Nachteil von der empfohlenen Reihenfolge der Vorlesungen abweichen können, wenn er nur nicht gegen die selbstverständlichen Grundsätze der Anordnung verstößt. Allerdings ist die Anordnung der Vorlesungen, welche vorstehend in diesem Lehrbuche vertreten wird, in ihrer Grundlegung für das deutsche bürgerliche Recht Gegenstand lebhafter Anfechtung. Nicht die Grundzüge des bürgerlichen Rechts, sondern die Vorlesungen über das System des römischen Privatrechts sollen nach einer noch immer recht verbreiteten Meinung auch für die Zukunft der Vorbereitung auf das deutsche bürgerliche Recht dienen. Indessen hat dieser Streit insofern eine praktische Bedeutung nicht mehr, als beide Vorlesungen nach Auffassung der deutschen Juristenfakultäten geeignet sind, der Vorbereitung auf das bürgerliche Recht zu dienen. Der Studierende hat somit die Wahl. Er kann im ersten Semester neben der Einführung in die Rechtswissenschaft entweder Grundzüge des bürgerlichen Rechts oder das System des römischen Privatrechts als Einleitung in das deutsche bürgerliche Recht hören. Im ersten Falle wird er, wie oben bemerkt, in nachfolgenden Semestern die Vorlesungen über die historischen Fächer besuchen; etwa im zweiten Semester römisches Recht, im dritten Semester deutsche Rechtsgeschichte und Grundzüge des deutschen Privatrechts. Im zweiten Falle dagegen wird alter Tradition gemäß mit dem System des römischen Rechts zugleich die römische Rechtsgeschichte im ersten Semester gehört, die deutsche Rechtsgeschichte und Grundzüge des deutschen Privatrechts folgen hier schon im zweiten Semester nach. In jedem Falle aber ist dem Studierenden dringendst anzuraten, im ersten Semester an praktischen Einführungsübungen teilzunehmen, denen es vor allem obliegt, grundlegend der Vorbereitung auf die Vorlesungen über deutsches bürgerliches Recht zu dienen (siehe oben S. 6).

Anordnung der Übungen.

II. Werden die Übungen im Anschlusse an die Vorlesungen gehalten, so soll sich der Studierende auch gleichzeitig mit der

Vorlesung daran beteiligen, wie an den soeben genannten Einführungsübungen im ersten Semester (vgl. S. 220 ff. Ziff. III); ist das nicht der Fall, so wird er sie zweckmäßig, so bald als möglich, nachdem er die Vorlesung über den Gegenstand der Übung gehört hat, besuchen. Hervorzuheben aber ist, daß nach der preußischen Ausbildungsordnung (für Juristen) vom 11. August 1923, die inhaltlich auch in anderen Ländern in Geltung steht, der Studierende behufs Zulassung zur Referendarprüfung (erste juristische Prüfung) die Teilnahme an fünf mit schriftlichen Arbeiten verbundenen rechtswissenschaftlichen Übungen nachweisen muß, von denen eine durch eine wirtschaftswissenschaftliche mit schriftlichen Arbeiten verbundene Übung ersetzt werden kann. Da nun die Ausbildungsordnung als Teil der Prüfung die Anfertigung von vier rechtswissenschaftlichen Arbeiten unter Aufsicht (Klausur) verlangt und zwar je eine Aufgabe aus dem Gebiete des bürgerlichen Rechts, aus dem gleichen Gebiete oder einem anderen Gebiete des Privatrechts, aus dem Strafrecht und aus dem Staats- oder Verwaltungsrecht, so belegen und besuchen die Studierenden dementsprechend Übungen aus dem bürgerlichen Recht, sowohl für Anfänger wie für Vorgerücktere, aus dem Strafrecht und aus dem Staats- und Verwaltungsrecht*) (Ausbildungsordnung § 5 Abs. 1 c; § 9 und § 12). — Im Gegensatz zu Preußen ist in Bayern die Zulassung zur Referendarprüfung (Universitätsschlußprüfung) nicht von dem Nachweis einer Beteiligung an irgendwelchen Übungen abhängig. Indessen verlangt auch Bayern als Teil dieser Prüfung die Anfertigung von vier Klausurarbeiten, die im wesentlichen, wie in Preußen, Aufgaben aus dem gesamten bürgerlichen Recht (zwei Arbeiten), dem Strafrecht mit Strafprozeß und dem öffentlichen Recht (Staats- und Verwaltungsrecht) umfassen. (Siehe hierzu § 2 Abs. 1 und 2 der Verordnung bzw. § 21 der Bekanntmachung vom 1. April 1925 „über die Vorbedingungen für den höheren Justiz- und Verwaltungsdienst"). Der Vorbereitung auf diese Prüfungen dienen an den bayerischen Universitäten wie an den anderen deutschen Universitäten dieselben Übungen über bürgerliches Recht für Anfänger und für Vorgerücktere, über Strafrecht und

Obligatorische Übungen.

*) Die Teilnahme an einer Übung über Staats- oder Verwaltungsrecht nachzuweisen ist dem Prüfling überdies ausdrücklich zur Pflicht gemacht (siehe Ausbildungsordnung § 5 Abs. 1 c).

über öffentliches Recht (Staats- und Verwaltungsrecht) und werden auch in Bayern allgemein besucht, obgleich das nicht vorgeschrieben ist.

§ 3. Reihenfolge der Vorlesungen.

Reihenfolge der Vorlesungen. I. Auf Grund der vorstehend (S. 222ff. § 2, Ziff. I u. II) gebotenen Gesichtspunkte dürfte sich, unbeschadet aller Freiheit im einzelnen, der Stoff auf sechs Semester verteilt, etwa folgende Reihenfolge empfehlen.

Erstes Semester: Einführung in die Rechtswissenschaft und Grundzüge des bürgerlichen Rechts und dazu Einführende Übungen — Deutsches bürgerliches Recht: Allgemeiner Teil — Allgemeine Volkswirtschaftslehre — gegebenenfalls Allgemeine Staatslehre und Politik und eventuell ergänzungsweise Römische, auch Deutsche Rechtsgeschichte (vgl. oben S. 6).

Zweites Semester: Deutsches bürgerliches Recht: Recht der Schuldverhältnisse und Sachenrecht — oder, wenn der Allgemeine Teil noch nicht gehört ist, nur Allgemeiner Teil und Recht der Schuldverhältnisse — Strafrecht — Deutsches Staatsrecht — Übungen im bürgerlichen Recht für Anfänger (Allgemeiner Teil) — System des römischen Privatrechts.

Drittes Semester: Deutsches bürgerliches Recht: Familien- und Erbrecht (bzw., wenn Sachenrecht noch nicht gehört ist, Sachen-, Familien- und Erbrecht) — Strafprozeßrecht — Handels-, Wechsel- und Seerecht — Grundzüge des deutschen Privatrechts — Übung im Strafrecht.

Viertes Semester: Zivilprozeßrecht — Rechtsentwickelung in Preußen, Bayern usw., bzw. Landesprivatrecht — Volkswirtschaftspolitik — Übung im bürgerlichen Recht für Vorgerücktere — Übung im Strafprozeßrecht.

Fünftes Semester: Verwaltungsrecht — Kirchenrecht — Konkursrecht (Zivilprozeß II) — Finanzwissenschaft — Übung im Handels-, Wechsel- und Seerecht.

Sechstes Semester: Völkerrecht — Rechtsphilosophie — Gerichtliche Medizin — Übung im Zivilprozeßrecht (mit Berücksichtigung des bürgerlichen Rechts) — Übung im öffentlichen Recht (Staats- und Verwaltungsrecht).

Studierende dagegen, welche sich veranlaßt sehen zum Zwecke der Vorbereitung auf das bürgerliche Recht im ersten Semester die Vorlesung über Römisches Privatrecht (nicht die Grundzüge des bürgerlichen Rechts) zu hören, können selbstverständlich daneben, wie bisher, Römische Rechtsgeschichte und in folgenden Semestern Deutsche Rechtsgeschichte und Grundzüge des deutschen Privatrechts hören, werden aber, mangels zureichender Vorbereitung, wohl davon absehen müssen im ersten Semester die Vorlesung über den Allgemeinen Teil des bürgerlichen Rechts zu besuchen. Im übrigen dürfte die vorstehende Reihenfolge der Vorlesungen auch von ihnen eingehalten werden.

Universitätsunterricht u. Studienzeit.

II. Alle vorstehend genannten Vorlesungen werden, von vereinzelten und nicht erheblichen Ausnahmen abgesehen, an allen Universitäten des Deutschen Reiches gehalten; ebenso ist für die Abhaltung von Übungen Sorge getragen; jedenfalls werden an allen Universitäten neben anderen die (obligatorischen) zivilrechtlichen und zivilprozessualen Übungen gehalten. Gleichwohl können Schwierigkeiten für den Studierenden dadurch entstehen, daß er eine Vorlesung, welche er in einem bestimmten Semester hören sollte, nicht hören kann, weil sie zurzeit nicht gelesen wird oder mit einer anderen Vorlesung kollidiert; dann soll er die Vorlesung womöglich im nächstfolgenden Semester hören. Abgesehen von solchen unvermeidlichen Störungen werden Mißgriffe leicht zu vermeiden sein, weil es ja nur auf die Anwendung der leitenden Grundsätze ankommt. Die Anwendung dieser Grundsätze wird Studierenden jener Bundesstaaten (Baden, Hessen, Württemberg bzw. Bayern), die eine längere Studienzeit als sechs Semester fordern, ohne Schwierigkeit möglich machen, Vorlesungen und Übungen angemessen auf sieben oder acht Semester zu verteilen. Seit geraumer Zeit wird in Hinblick auf den gewaltigen, immer wachsenden Stoff der juristischen Disziplinen, auf die Notwendigkeit, ihn in Übungen praktisch zu durcharbeiten, auf die wachsende Bedeutung der Staatswissenschaften, auch für die anderen Bundesstaaten eine Ausdehnung der Studienzeit auf acht oder doch auf sieben Semester angestrebt, ein Verlangen, das insofern um so mehr gerechtfertigt erscheint, als unsere Studienordnungen zur Förderung der allgemeinen Bildung der Studierenden überdies den Besuch von Vorlesungen aus dem Lehrkreis der philosophischen Fakultät angelegentlich empfehlen. (In Bayern ist der Besuch von philosophischen Vorlesungen, die im ganzen 24 Wochenstunden zählen müssen, vorgeschrieben, in Baden genügt der Besuch dreier philosophischer Vorlesungen.) Indessen konnte eine Verlängerung der Studienzeit vorerst nicht in Angriff genommen werden, weil die dringend gebotene Regelung des Studiums der Kriegsteilnehmer das allgemeine Interesse voll in Anspruch nahm und die möglichste Kürzung der Studienzeit verlangte. Auch gegenwärtig, obwohl wir von der Sorge für die Kriegsteilnehmer befreit sind, steht einer Verlängerung der Studienzeit die große wirtschaftliche Notlage entgegen, namentlich auch der studentischen Kreise, und die Notwendigkeit, die Studierenden tunlichst bald in den Dienst des Wiederaufbaues zu stellen. Höhere Leistungen aber können erreicht werden durch größere Anforderungen der Prüfungen und intensivere Ausnützung der gegebenen Studienzeit.

§ 4. Allgemeine Ratschläge.

Benützung der Vorlesungen u. häusliches Studium.

1. So groß der Einfluß ist, den die Angehörigen der sogenannten gelehrten Berufe auf die Geschicke der Mitmenschen auszuüben vermögen, so ist es doch keinem gegönnt, in so hohem Maße auf das Wohl und Wehe seiner Mitbürger und damit das Gedeihen der ganzen Volksgemeinschaft einzuwirken, als dem Juristen, mag er als Mitglied des staatlichen Verwaltungsorganismus berufen sein, leitend, führend und gestaltend in die Verhältnisse des einzelnen einzugreifen oder mag er als Richter zu erkennen haben über Mein und Dein oder über Güter, die unendlich höher stehen, über Ehre, Freiheit, Leben seiner Mitbürger. Eine so große, erhabene, Glück verheißende Aufgabe erfordert aber auch eine entsprechende, ihrer Verantwortlichkeit bewußte, würdige Vorbereitung. Um sein Ziel, die volle geistige Beherrschung des gewaltigen Stoffes und die Fähigkeit, denselben sachgemäß auf die Mannigfaltigkeit der Lebensverhältnisse anwenden zu können, ebenso leicht wie sicher zu erreichen, dazu kann der Studierende schon in der Vorlesung selbst beitragen, wenn er sich bemüht, statt die gehörten Worte nachzustenographieren, den wesentlichen Inhalt in Kurrentschrift zu Papier zu bringen. Dadurch wird er

zu eigener Mitarbeit, Zusammenfassung und Reproduktion des Gehörten genötigt. Die in dieser Weise fixierte Kette der Gedanken der Vorlesung (zweckmäßig veranschaulicht durch Andeutung der gebrauchten Beispiele) sollte dann tunlichst bald noch unter dem frischen Eindruck des Gehörten Gegenstand des häuslichen Studiums sein und mit Hilfe eines guten Lehrbuches und Vergleichung der einschlägigen Quellenstellen ergänzt und, soweit veranlaßt, berichtigt werden. Die dadurch gewonnene Vertrautheit mit dem Inhalt jeder einzelnen Vorlesung ebnet und fördert zugleich das Verständnis aller folgenden, mehr oder minder darauf gegründeten Vorlesungen und verschafft dem Studierenden zugleich jene Sicherheit des Wissens, die für erfolgreiche Beteiligung an den Übungen so außerordentlich erwünscht ist.

Vermeidung von Überbürdung.

II. Mit diesen Ratschlägen positiver Art muß aber auch eine Warnung, eine Art von Verbot verbunden werden. Der Studierende soll das Hören allzu vieler Vorlesungen vermeiden und von Anfang an darauf bedacht sein, die Übungen gleichmäßig auf die ganze Studienzeit zu verteilen. Drei, höchstens vier Vorlesungen täglich, wie die Teilnahme an zwei Übungen in der Woche genügt vollständig, das angestrebte Ziel zu erreichen. Nichts aber ist mehr zu widerraten als das bloße Hören vieler Vorlesungen, welche lediglich zahllose vage Vorstellungen hervorrufen, die ungeordnet nebeneinander hergehen und jede klare Auffassung der Rechtsgrundsätze und ihres Zusammenhanges unmöglich machen. Endlich, und vor allem muß der Jünger der Rechtswissenschaft eingedenk sein der Wahrheit, daß das Recht seine tiefste Wurzel in der Moral hat. Alles Wissen und Können frommt daher nichts ohne jene Lauterkeit der Gesinnung und jene feste Willensstimmung der Gerechtigkeit, welche nichts für sich beansprucht, was sie unter gleichen Voraussetzungen nicht auch anderen gewähren wollte, nichts einem anderen zufügen will, was sie sich nicht selbst zuzufügen willens wäre.

Sachverzeichnis.

(Zahlen bedeuten die Seiten, vorgesetztes *A.* bezeichnet Anmerkungen.)

E.

F.

G.

H.

J.

S.

T.

Verzeichnis

der angeführten Paragraphen des Bürgerlichen Gesetzbuchs.

(Die Seiten sind durch S., die Anmerkungen durch A. bezeichnet.)

Kolibri 360 GmbH
Ferdinand-Jühlke-Straße 7
99095 Erfurt, Deutschland
produktsicherheit@kolibri360.de